黄 博 著

如临大敌
谣言恐慌与大宋王朝
1054

中华书局

图书在版编目（CIP）数据

如临大敌：谣言恐慌与大宋王朝1054/黄博著. —北京：中华书局，2025.6. —ISBN 978-7-101-17119-8

Ⅰ. K244.09

中国国家版本馆 CIP 数据核字第 2025QV8844 号

书　　　名	如临大敌：谣言恐慌与大宋王朝 1054
著　　　者	黄　博
封面题签	刘德辉
责任编辑	董邦冠　刘冬雪
装帧设计	崔欣晔
责任印制	陈丽娜
出版发行	中华书局
	（北京市丰台区太平桥西里 38 号　100073）
	http://www.zhbc.com.cn
	E-mail:zhbc@zhbc.com.cn
印　　　刷	北京盛通印刷股份有限公司
版　　　次	2025 年 6 月第 1 版
	2025 年 6 月第 1 次印刷
规　　　格	开本/850×1168 毫米　1/32
	印张 14⅜　插页 2　字数 260 千字
印　　　数	1-8000 册
国际书号	ISBN 978-7-101-17119-8
定　　　价	78.00 元

目　录

楔子　谣言年代

　　这是一个在谣言中诞生和覆亡的王朝。大宋开国，谣言乱飞；两宋亡国，谣言四起。有关宋朝的历史，可以从"谣言故事"讲起。

　　后周显德七年（960）正月初四，也是后来大宋王朝的国庆之日——开基节。这一天上午，刚刚黄袍加身的赵匡胤（927—976），在亲信部将的簇拥之下，缓步登上了明德门。明德门是五代以来皇城的正门，带兵进入明德门，意味着皇帝的宝座已经近在眼前了。然而，赵匡胤面向城楼下巍然肃立着的禁军将士们，竟然让他们脱去甲胄，返回各自的营帐休息。

　　这是我们今天了解宋史最基本的史籍之一《续资治通鉴长编》所讲述的宋太祖开国之日的故事。

　　《续资治通鉴长编》是南宋四川籍史学家李焘（1115—1184）编写的一部编年体北宋历史巨著。此书根据宋代的实录、国史、会要等官方史料，以及宋人文集、笔记小说、行状、墓志等非官方史料的内容，详细记录了从宋太祖开国到宋钦宗亡国的北宋历史，基本上详细到了每一天发生了什么。因此，这部书成为今天我们重构北宋历史面貌的基础史料。

兵变夺位竟如此操作！什么是自信？这就是自信！

赵匡胤早已胸有成竹。对他来说，带兵造反是不必动手的，只需要动动嘴就行了。短短几日，凭着出神入化的造谣与传谣功夫，赵匡胤几乎兵不血刃地夺得了后周的天下。下面我们来看看他是如何操作的。

三天前，显德七年（960）正月初一，沉浸在新年喜庆中的后周君臣忽然得到前方镇州（治今河北正定）和定州（治今河北定州）的紧急军情，说是契丹正在大举入侵北部边疆，北汉的军队也从土门东下，与契丹大军会师。后周朝廷以恭帝的名义颁下诏书，让禁军统帅赵匡胤领兵前去抵御契丹和北汉的联军。

大年初一，古人称为"元正"，按唐代的制度，元正是重大节日，依唐人编写的政书《唐六典》的规定，朝廷在元正会"给假七日"，跟今天的春节黄金周一样，不过放假的日程却跟今天不太一样。具体的假日安排是：除元正这天之外，节前三日，节后三日，一共七日。这时，禁军统帅、殿前都点检赵匡胤正在跟宰相范质等朝中高官在宫中欢度新年，其余的文武百官以及军中将士们应该正在休假。

为了抵御北汉与契丹联军入侵，赵匡胤不得不在大年初一就开始带着手下的兄弟们加班。接到朝廷命其率军立即增援镇、定二州的旨意后，他立即召集禁军诸将收拾行装，准备出征。

显德七年（960）正月初三，赵匡胤带着禁军主力从京城开封出发，但用了一天的时间，才走到开封城东北四十里处的陈桥驿。据司马光（1019—1086）所著的《涑水记闻》所述，扎营陈桥驿的当晚，禁军将士们就聚在一起密谋拥立赵匡胤为帝，并且放话说："主上幼弱，未能亲政。今我辈出死力为国家破贼，谁则知之？不若先立点检为天子，然后北征，未晚也。"

这段话很是道出了当时普通士兵的心声："皇上这么小，什么都不懂，国家大事他又做不了主。现在我们上前线跟敌人拼死拼活，又有谁知道啊！"这话从将士们口中说出来，很能蛊惑军心。

司马光是宋代成就最高的史学家之一，虽然他自己可能更想做一个政治家。从他晚年当上宰相之后的所作所为来看，他以为自己是出色的政治家，多少还是有些幻觉在里面，但称他为一流的史学家，则是没有问题的。不过，作为史学家，司马光是有遗憾的，因为《资治通鉴》写到五代就结束了，止步于宋代开国的前夜。所以，晚年的司马光一直想写一部关于宋朝的史书，书名他都想好了，就叫"资治通鉴后记"，也就是《资治通鉴》的续集。《涑水记闻》就是他为撰写《资治通鉴后记》

所做的资料准备。不过，《涑水记闻》这部书，在司马光生前只是一部随手记录本朝历史的札记手稿。

我们现在看到的《涑水记闻》，是南宋初年由范冲（1067—1141）加以整理才成书的。范冲是北宋中后期的著名史学家范祖禹（1041—1098）的儿子，而范祖禹是当年司马光编写《资治通鉴》时最得力的助手。《涑水记闻》的内容主要是司马光从公卿士大夫中间听来的一些关于北宋前期历史的段子或内幕，细节丰富，内容精彩，唯一的缺点可能就是不能完全保真，而且有些内容与官方的宣传口径不太一致。

因此，南宋初年有书商私自刻印这部书后，司马光的后人司马伋怕受牵连，曾上书朝廷，严正声明此书不是司马光的著作。不过，当时的人以及后世的学者，都认为司马伋这是为了避祸而故意替自己的祖宗否认这部传世之作的著作权，怕的就是书中有些内容或许会引起朝廷的不满。

事实上，《涑水记闻》所说的"不若先立点检为天子"的故事，并非空穴来风。半年多前，也就是显德六年（959）四月，杀伐果断、英明神武的周世宗（921—959）在北伐前线忽染暴疾，只得紧急撤兵返回京城，从此一病不起，熬到六月，终于撒手人寰，年仅三十八岁。

周世宗自己是个军人皇帝，但对于军队却十分忌惮。他临终前，只召集了宰相范质（911—964）等人"入受顾命"。

关于周世宗临终前"入受顾命"的人选，叙述此事的《资治通鉴》只提到"范质等人"，未明确说明都有哪些人，一字未提赵匡胤。有意思的是，后来《宋史·王著传》中有"太祖与范质入受顾命"的说法，"太祖与"三字，明显是后世史家想当然地附会上去的。司马光身为宋人，在《资治通鉴》中凡有赵匡胤出场的地方，都会大书特书，绝不至于在如此重大的场合，把本朝的"太祖"放到"等人"里面。说明至少在北宋中期，史家并不认为赵匡胤有份出现在"入受顾命"的现场。

有意思的是，世宗在向范质等人交代后事的重要关头，耿耿于怀的居然是自己当皇帝之前的幕府旧僚王著（928—969）没有当上宰相，他感到有点对不起王著。他跟范质等人说："王著是朕做藩王的时候就跟着朕的老人了，朕这次病重，看来是不行了，朕走之后，你们替朕办一件事，就是用遗诏的形式任命王著为宰相，也算是了结了朕的一桩心愿。"

在这种生离死别之际，周世宗还念着跟"故人"的旧情，看似很有人情味，但作为皇帝，这种操作其实是非常不合格的。世宗这么做，只是感动了他自己，却得罪了所有人。对于宰相范质等文臣来说，王著除了是世宗的"故人"以外，几乎一无是处。

王著是后汉乾祐年间（948—950）的进士，青年时代已颇有才名，被世宗"召置门下"。广顺元年（951），世宗出任澶州

（治今河南濮阳）节度使，王著被辟为观察支使，后随世宗入朝，继续随侍左右。世宗即位后，他更是一路高升，最后官至翰林学士。

自唐代中期以来，翰林学士成为皇帝的高级顾问兼机要秘书，是文人们梦寐以求的清贵之职，在唐五代以来的文官体系中，其权势和地位离宰相仅一步之遥。许多文臣在拜相之前，担任得最多的实权要职就是翰林学士。此外，世宗与王著私人感情极好，"常召见与语，命皇子出拜，每呼学士而不名"——这通常是古代皇帝对待自己人的固定套路。

可惜的是，王著虽然有才，却是个酒鬼，做事极不靠谱，但世宗觉得他是自己人，"屡欲相之，以其嗜酒无检而罢"。在"迟留久之"之后，世宗居然在临终前向范质等人说出了"王著，藩邸旧人，我若不讳，当命为相"的遗言。

此时范质等人是什么感觉呢？

据《资治通鉴》的记载，他们见完世宗后从内廷出来，相互交底说："王著终日只知道喝酒，天天如梦游般游走在醉乡之中，怎能胜任宰相的重任！大家千万不要泄露皇上今天交代的这件事情。"显然，范质等人是不打算遵照世宗的遗言办事的。

其实这也不怪范质他们不厚道。王著爱喝酒，喝醉之后又喜欢发酒疯，他的荒唐事在当时可是出了名的。王著在北宋初年曾因醉酒干过一件非常出格的事。

翰林学士因为要为皇帝起草重要文件，经常需要留在宫里值夜班。建隆四年（963）的春天，王著在宫中值班的时候，喝得酩酊大醉。醉酒之后居然把头发解开，遮住脸，狼狈地跑到滋德殿前大呼小叫地要求见宋太祖。身为朝廷重臣，上班的时候喝酒就算了，居然喝醉了；喝醉了也算了，竟然还耍酒疯，不顾仪容，披头散发地在大半夜跑去撞击殿门骚扰皇帝。

宋太祖可不惯着他，把他叫来一顿臭骂，顺便将他之前在妓院酗酒夜不归宿的丑事也揭发了出来。"醉宿倡家"在宋代可是严重的违纪行为。据《宋史》王著本传记载，宋太祖最后罢了王著的翰林学士之职，"黜为比部员外郎"。

翰林学士是实权要职，而比部员外郎名义上是六部之一刑部下属的比部司的副长官，但实际上只是一个领着从六品俸禄的虚职。比部名义上是负责审计和纠察中央各部门经费使用情况的司级机关，但从唐末五代以来，这些职事早已归三司勾院和磨勘、理欠司负责，比部成了一个没有什么事情可做的闲散衙门。

由于王著确实容易喝酒误事，于是，面对周世宗临终的交代，后周宰相范质等人选择的是——不要让人知道。不知周世宗泉下有知，是该高兴自己托付得人呢，还是该因托付之人没把自己的话当回事暗自神伤呢。

周世宗的遗言肯定会得罪武将，那就更是不必说的了。他们跟着世宗打了一辈子仗，临死前都没见到皇帝一面，皇帝心心念念的居然是一个只知道喝酒的书生。周世宗把众多武将排斥在外，很明显是想在自己死后建立起一个由士大夫主导的文官政府。接下来的六个月里，以宰相范质为首的后周朝廷，大概是整个五代时期唯一一个具有文官政府性质的中央政府。

周世宗的身后，跟他一起征战疆场多年的兄弟们变成了可有可无的存在，思之不免令人心寒。周世宗在位六年，整军经武，所向无敌，军队给他的帝王事业创造出了前所未有的丰功伟绩。这样的安排，难免会让跟着世宗南征北战的将士们心灰意冷。

事实上，后周的新皇帝恭帝虽然年幼，但朝廷有宰相等人主持，军功赏格俱在，将士们真立了功，也不至于领不到赏。黄袍加身前，赵匡胤带着士兵们开赴战场之际，军中流传着这种说法："现在我们拼死拼活地为国家破贼杀敌，高居朝堂之上的那群文官老爷是不会到战阵上来看一眼的。我们立了功，又有谁知道！"这话直指将士们的痛点，把他们的诉求非常直白地揭开，其真正的用意是，要利用军队对文官政府的不信任，离间军队与朝廷的关系。拿这话说事的人，真正的诉求不是害怕立了功朝廷不知道，而是要趁此"将在外"的良机，"立点检为天子"，换上自己的老大当皇帝，由自己人做主。

所以这段"将士阴相与谋"的言语，只是借士兵的心声，浇赵匡胤自己胸中之块垒。而且最妙的是，这话虽然说出了赵匡胤的"心里话"，却把他的黑点洗得干干净净。谋朝篡位的事，是下面的人一时激愤的冲冠一举，赵匡胤是为势所迫，不得已而为之，且这些阴谋他既未参与，也不知情。

因此，这段"今我辈出死力为国家破贼，谁则知之"的表演，可谓深谙心理学与传播学的门道，绝非临场发挥、一时激情的飙演技，而是早有预谋且精心设计的一出重头戏。

为了进一步衬托"白莲花"人设，赵匡胤也拿出了影帝级的表演水准。当天夜里，将士们在外面密谋了一晚上，赵匡胤竟然在帐中内心毫无波澜地大睡了一夜。显德七年（960）正月初四黎明，"四面叫呼而起，声震原野"，都没能把他吵醒。

司马光在《涑水记闻》里说，这时"太祖尚未起"。大概是如此镇定自若太不符合常理，所以后来《续资治通鉴长编》在描写这段剧情时，称"太祖醉卧，初不省"。以醉酒为借口，让赵匡胤睡大觉，这才看似稍合情理一些。

不过，一个谎言往往要用无数个谎言才能掩盖，难免顾此失彼。醉酒的理由，细思仍然不合情理。赵匡胤身为出征大军的统帅，在军心不稳的时候醉酒酣睡，岂非有些太过没心没肺！

当将士们全副武装地冲进寝帐的时候，赵匡胤还躺在床上呼呼大睡。心腹赵普和亲弟弟赵匡义（939—997）——也就是后来的宋太宗（他在太祖即位后因避讳改名为"光义"，当上皇帝后又给自己改名为"炅"），叫醒赵匡胤，解释道："诸将无主，愿策太尉为天子。"闻听此言，赵匡胤这才"惊起披衣"，还没来得及反应，就被大家"相与扶出听事"，上演了著名的"黄袍加身"戏码。

只见一脸懵的赵匡胤被拥入军帐中的士兵们披上黄袍，"或以黄袍加太祖身，且罗拜庭下称万岁"。

尽管宋代的史书都把"黄袍加身"演绎成一场"意外"，但士兵能随手找到只有皇帝才能独享的黄袍，单从这一点来看就非常不像是因一时冲动而引发的士兵暴动事件。可以说，赵匡胤的心腹们，还是很会"抄作业"的。

十年前的乾祐三年（950），后周太祖郭威在后汉朝廷的威逼之下，被迫发动"澶州军变"。因为确属临时起意，事前完全没有准备，将士们在营帐内根本找不到"黄袍"，只能"裂黄旗以被威体，共扶抱之，呼万岁震地"。显然，郭威的这帮手下确实没什么造反的经验，事前准备是不充分的，只能把黄旗撕扯下来裹在郭威身上，权当黄袍一用。扯黄旗作黄袍，这才是为势所迫的临时起意。赵匡胤这种早就把黄袍准备好了的表演，显然不算。

显德七年（960）正月初四的早上，后周朝廷的宰相范质和王溥刚上完早朝，听到赵匡胤黄袍加身的消息后，惶惧不知所措。范质悔恨交加地抓住王溥的手说："仓卒遣将，吾辈之罪也。"

当时禁军的另一位统兵大将——天平军节度使、侍卫马步军副都指挥使韩通闻变之后，"惶遽奔归"，打算回到自己的府第组织人马进行抵抗，结果在半路上遇到赵匡胤的死党——散员都指挥使王彦昇。王彦昇居然在大街上策马追杀身为禁军高级将领的韩通，而且一路杀到韩通的府第，将韩通及其妻儿老小一起给斩杀了。

当天上午，赵匡胤率众入城，范质和王溥等后周朝臣在将士们的挟持下来到殿前司公署与赵匡胤相见。

这时，故意脱下黄袍的赵匡胤一把鼻涕一把眼泪地说了一番场面话："吾受世宗厚恩，为六军所迫，一旦至此，惭负天地，将若之何？"还不等范质开口，赵匡胤的部将罗彦瓌仗剑走到范质、王溥面前大喊："我辈无主，今日必得天子。"在将士们的逼迫之下，王溥"降阶先拜"，范质也只好"不得已从之，遂称万岁"。范、王二人，与赵匡胤从同僚变成臣子，一声万岁，君臣名分遂定。当天下午，赵匡胤在礼官的扶掖之下走进了举行重大典礼的崇元殿，穿戴好皇帝专属的衮冕礼服，"即皇帝位"。

显德七年（960）正月初四遂成为后周王朝的最后一天，从第二天开始，就是大宋建隆元年（960）正月初五了。历史将翻开新的一页。

即位之后的几天里，宋太祖开始着手奖赏从龙功臣，给自己的亲信和前朝重臣加官进爵，同时通知内外藩镇和南唐等名义上已尊奉中原正朔的南方割据政权改朝换代之事。除此之外，宋太祖主要干了两件事情，一是在当上皇帝的第二天制定了一个新规，要求征发丁夫疏浚汴河河道时，不得让老百姓自备糗粮，所有费用须由官府负担；二是在安排妥当了本朝功臣和前朝重臣后，召集百官商议赵氏皇家宗庙的制度设计和待遇安排。

宋太祖和他的群臣，全然忘了还有契丹、北汉联军南下的紧急军情需要去处理。只剩下《续资治通鉴长编》在这个月月底留下的一句不清不楚的交代——"镇州言契丹与北汉兵皆遁去"。

契丹与北汉联军南下，来得莫名其妙，撤得也莫名其妙，其目的似乎就是给赵匡胤黄袍加身制造机会。

现在回过头来看镇、定二州在大年初一传来所谓契丹与北汉联军入侵的紧急军情，不免感觉疑点重重。这也难怪清初著名诗人查慎行（1650—1727）慨叹"千秋疑案陈桥驿，一著黄袍便罢兵"。查慎行觉得不可思议的，并不是士兵拥立主帅、黄袍加身的闹剧，他想不通的是另外一件事情。将士们闹出"黄袍加身"这场大戏，公开的理由是在抵抗契丹、北汉南侵的军事行动中，因皇帝幼弱，前线将士立功后害怕功劳不为人知，即："今我辈出死力为国家破贼，谁则知之？"

有意思的是，黄袍加身前，将士们的诉求是"诸将无主，愿策太尉为天子"，但"诸将有主"之后，士兵们却都"解甲还营"。在陈桥驿这么一闹之后，赵匡胤带着禁军主力班师还朝，夺下后周皇位，实际上禁军主力并没有开赴前线，赵匡胤似乎完全没有把这件军国大事放在心上。面对十万火急的军情，刚刚建国的大宋君臣居然不再调兵遣将，及时救援，反倒有心情去管修汴河的工人自带干粮上工的小事。更奇怪的是，赵匡胤这么一顿操作下来，前线竟然也安然无恙。没过几天，契丹与北汉的联军便自己撤兵回去了。

"一著黄袍便罢兵"，你说奇怪不奇怪！

清代中期的著名史学家赵翼（1727—1814）看到查慎行的这首诗后，在其所著的《廿二史札记》中嘲讽查慎行"不知五代诸帝多由军士拥立，相沿为故事"，反以为这是"世所稀有之异事"，指责查慎行少见多怪。其实这是赵翼自己没读懂这首诗真正阴阳怪气的点在哪里。

赵匡胤在紧急军情面前淡定自若，这一点"细思极恐"。这个所谓的紧急军情，大概率是赵匡胤和他的亲信们无中生有地搞出来的谣言。没有人比他更清楚，这份紧急军情事实上一点也不紧急。

那么，契丹方面有没有真的大举进攻镇、定二州的可能呢？翻检《辽史》可以看到，应历十年（960）正月，整个辽国都无事可记，只有一条记事，就是"周殿前都点检赵匡胤废周自立"。而且，十多天前，辽国内部才刚刚经历了一次内乱。应历九年（959）十二月九日，王子敌烈、前宣徽使海思及萧达干等人谋反，当天就败露被抓了。十二月十日，辽穆宗举行了祭祀仪式，将平定逆党之事上告天地祖宗。显然，此时的契丹，不太可能有心情组织兵马大举南下。

更重要的是，镇、定二州作为当时后周北境的两大重镇，军事实力足以抵御外敌入侵。尤其是镇州，乃是著名的成德军节度使驻地，其历史可追溯到著名的安史之乱。宝应元年（762），为了笼络和稳住被迫归附唐朝但又手握重兵的安史叛军旧部，唐廷将安史旧部控制的恒州（后改名镇州）、赵州（治今河北赵县）、深州（治今河北深州）、定州、易州（治今河北易县）等地设置为一个藩镇，大历十二年（777）正式赐军号"成德军"。成德军素来号称"河朔强藩"，此后将近两百年，镇州一直都是成德军节度使的驻地。

建中三年（782），唐廷为分化成德军的势力，将定州和易州等地划出，创置了义武军。义武军的地盘不如成德军大，军队也没有成德军多，但处于边境的"三不管"地带，战事频繁，所辖部队的战斗力相当强悍。

唐五代以来，成德军和义武军都拥有较强的军事实力，绝不至于北汉、契丹的军队一有行动，就吓得慌忙向朝廷告急。

成德军自周世宗以来，就由后周的开国元勋、久经战阵的名将郭崇（908—965）坐镇。郭崇为应州（治今山西应县）人，"父祖俱代北酋长"。应州一带本是9世纪初沙陀人东迁代北时的主要聚居地之一，郭崇当为沙陀人无疑。郭崇"弱冠以勇力应募为卒"，后因骁勇善战成为后周太祖郭威的亲信大将。澶州军变以及郭威代后汉自立的过程中，郭崇前后周旋，居功至伟。周太祖时代，他任侍卫亲军马步军都指挥使，典掌禁军多年，直到周太祖临死前，才被外放为镇宁军节度使（驻地在澶州）。

郭崇在周世宗在位期间，与北汉和契丹多有交锋，且从无败绩，对敌经验丰富。据《宋史》郭崇本传记载，显德四年（957），"契丹出骑万乘余掠边"，郭崇不但成功地挡住了敌军的进攻，还率军反攻，"攻下束鹿县，斩数百级，俘获甚众"。

而义武军的实战能力，在当时甚至比成德军还要强悍得多。周世宗时，义武军节度使是当地豪强出身的孙行友（902—981）。定州自唐末五代以来，处于中原王朝与契丹的交界地带，战事不断。契丹人打过来，老百姓固然会惨遭屠戮；官军来了，征粮征兵，老百姓也疲于应付。恰好定州西边二百里的地方有一座大山叫"狼山"，山中有堡寨。为了躲避契丹军队和中原官军的骚扰，很多老百姓都跑到狼山避乱，人就越聚越多。

　　狼山中有一个名叫孙深意的尼姑，善于表演法术，众人皆奉之若神明，孙行友一家都是神尼的忠实信徒。神尼"坐亡"之后，孙家继续打着神尼的旗号，"因以其术然香灯"，成为狼山流民的首领。依靠这些相信神术的流民，孙家拉出了一支能征善战的队伍，"每契丹军来，必率其徒袭击之"，"捍御侵轶，多所杀获"。

　　到后周建立时，孙家经营定州一带已经二十多年，周太祖遂任命孙行友为义武军节度使。孙行友与契丹打了一辈子的仗，久经战阵，是个敢打敢拼的主儿。显德六年（959）周世宗北伐契丹时，孙行友曾奉命率义武军主力攻克契丹占据的易州，生擒契丹任命的刺史李在钦。

　　所以，显德七年（960）大年初一的时候，即便真有北汉、契丹联军南侵之事，镇、定二州的军事实力也足以抵御外敌。就算需要朝廷从中央派兵增援，也不至于要在大年初一的特殊时刻催促朝廷发兵相救。

　　此外，郭崇和孙行友长期在外，与赵匡胤等禁军大将并无交集，且以二人的地位和背景，也绝无可能帮助周世宗时代才在军中崛起的新人赵匡胤造谣，为他制造篡夺后周江山的机会。所以，镇、定二州的虚假军情，很有可能根本不是镇、定二州上报的，而是赵匡胤等人自己炮制出的一条只在京城内外流传的谣言。

选在大年初一造谣，就是要利用这个举国欢庆的时间点来衬托"主少国疑"的危机气氛。事实上，周世宗死于显德六年（959）六月，周恭帝虽然年幼，但有宰相辅政，日常事务并无滞碍，半年多以来，一切运行如常。手握禁军兵权且又得将士人心的赵匡胤一直无机可乘。镇、定二州虚假军情的谣言一来，立即让周世宗留下的文官政府慌了神，京城的气氛这才紧张起来。

赵匡胤及其亲信深谙造谣与传谣的门道，细看这段历史可以发现，黄袍加身的操作之所以能够大获成功，依靠的是一个精妙的造谣加传谣的"连环计"。整个过程中，他们先后制造了三个谣言。

第一个谣言是大年初一镇、定二州的虚假军情，这在京城上下制造了恐慌的氛围。紧接着，在大年初二，又在京城散布"策点检为天子"的谣言，为赵匡胤的兵变夺位营造舆论氛围。据《续资治通鉴长编》记载，显德七年（960）正月初二，殿前副都点检、镇宁军节度使慕容延钊率领先头部队从京城出发之时，开封城里开始谣言四起，"时都下谨言，将以出军之日策点检为天子"。

所谓"谨言"，是一个动词，意思是众口嘈杂地传说某件事情。利用大众之口，将某些隐秘之事宣之于世，历史上类似的事屡见不鲜，最有名的就是汉宣帝解决权臣霍氏的故事。据

《汉书》记载，霍光死后，霍氏子弟经常在一起宣泄对宣帝的不满，有人说起"民间谨言霍氏毒杀许皇后"，霍家子弟认为这是皇帝准备对他们下手而故意散布的谣言，危机感陡增，因此有了铤而走险的想法。最终霍家因谋反事败，霍家子弟或自杀，或被诛，霍氏势力被消灭殆尽。

成功的谣言，往往伴随着恐慌。契丹与北汉联军南侵和"策点检为天子"的两个谣言一前一后相继登台，一个是在渲染外患即将到来、一个是在营造内乱即将发生的氛围。在内外相交的双重恐慌之下，"士民恐怖，争为逃匿之计"。谣言与恐慌像一对孪生兄弟，两者都带有极强的"传染性"。

恐慌一般都是通过口头交流（即传播谣言）的方式在人群中散布开来，且多数情况下底层民众更容易被恐慌性的谣言鼓动，因为他们对大局一知半解，缺乏准确信息，往往容易在统治阶层下大棋的时候，陷入盲目和忧虑之中。

"点检做天子"的谣言，其实前一年夏天就已经在社会上流行开来。显德七年（960）春节这次，不过是翻炒旧闻罢了。

据《旧五代史》记载，显德六年（959）夏，周世宗亲征契丹，试图一举收复幽州时，"一日，忽于地中得一木，长二三尺，如人之揭物者"，拿起来一看，上面赫然写着"点检做"三字。这件事情，意图再明显不过了，就是想借这个写着"点检做"三字的木牌散布"点检做天子"的流言。而其时的殿前都点检，正是后周太祖郭威的女婿张永德（928—1000）。这件事明显是针对张永德的。史书上说当时"观者莫测何物也"，围观的人纯属揣着明白装糊涂。

古往今来，许多人都怀疑，"点检做天子"的流言就是赵匡胤在背后策划的，因为从后来的历史走向来看，他是最大的受益人。本着谁受益、谁造谣的原则，赵匡胤"作案"的嫌疑当然最大。

《旧五代史》在讲完"点检做"木牌事件后评论说，此事之后不久，"今上始受点检之命，明年春，果自此职以副人望，则'点检做'之言乃神符也"。这个评述，看似是在为赵匡胤表彰天命，其实是"高级黑"。这么一来，这个天意难测的偶然事件，成为赵匡胤走向人生巅峰的"符命"，岂不是在告诉世人，此事跟他绝对脱不了干系！《旧五代史》成书于宋太祖开宝七年（974），宋初史臣们的态度或可从中一窥。

不过，这种看穿一切的洞见，有可能只是后见之明的偏见。

事实上，在当时，这件怪事真正的受益者，不是赵匡胤，而是周世宗。赵匡胤最后渔翁得利，绝对是周世宗始料未及的。

其时世宗已沉疴不起，自知当不久于人世。身后之事，大概是这段时间他最大的心事。后周皇室情况之复杂，在整个历史上都是非常特殊的。在后周太祖郭威起兵前，后汉隐帝先下手为强，杀其全家，郭威三个成年的儿子一起殒命，导致其称帝后无亲儿子可以继位。世宗从小跟随姑母柴氏与姑父郭威一起生活，成为郭威的养子。因为郭威的亲子已经死绝，世宗后来是靠养子的身份继位为后周皇帝的。

张永德是太原本地的富豪，其父张颖年轻的时候，与尚是军中小吏的郭威成为至交好友，约为婚姻。张永德娶了郭威的女儿晋国公主，也算是郭威的半个儿子。在这种情况下，一旦周世宗离开人世，后周皇室宗亲中，论身份、论地位，最有资格和最有实力做皇帝的就是张永德。事实上，周世宗儿子继位的合法性不见得就比张永德高多少，加上世宗最年长的儿子，即后来的周恭帝此时也还只有七岁；而张永德正当盛年，且又军功赫赫，还是禁军最精锐的殿前军的统帅——殿前都点检。在周世宗看来，对自己的孤儿寡妇威胁最大的，非自己的这个好妹夫莫属了。

"点检做"木牌的突然出现，让张永德一下子陷入极为尴尬的嫌疑之地，也给世宗提供了一个处理张永德的契机——世宗以上天示警为由头，拿掉了张永德的军职。

事后不久，世宗下诏，"澶州节度使兼殿前都点检、驸马都尉张永德落军职，加检校太尉、同平章事"，以明升暗降的方式解除了张永德的兵权，让自己的亲信将领赵匡胤接任殿前都点检。这一安排非常及时，十天之后，世宗崩殂。此后，张永德一直在外任节度使，远离京城这个权力中心，从此与皇位无缘。若非这一番人事更替，半年之后，黄袍加身的很可能就是张永德而非赵匡胤了。

赵匡胤在这件事情上可以说是捡了个大漏。事情发展到这里，好像赵匡胤又脱不了干系了。那么，有没有可能，这件事是赵匡胤看透了世宗的心思，因此借机散布流言中伤张永德，好让自己上位呢？我认为这种可能性不大。

赵匡胤虽然成了"点检做"木牌事件最后的获益者，但在当时，他只不过是世宗用来牵制张永德的一颗棋子罢了。说到底，这件事最大的受益者还是周世宗本人，主导这件事情的"幕后玩家"，应该也是并且只能是世宗本人。赵匡胤是周世宗整顿禁军后成长起来的军界新秀，根基不深，想要在世宗和张永德的眼皮底下搞小动作而不被发现是不太可能的。事实上，这块"点检做"木牌的出现，只能是世宗本人亲手安排，旁人难以插手。

据《旧五代史》记载，"点检做"木牌发现的过程是，"帝之北征也，凡供军之物皆令自京递送行在。一日，忽于地中得一木"，玩其文意，这块神木虽然是从地里挖出来的，但出土地恐怕不是"第一案发现场"。这块木牌，大概率是世宗命人在京城做好后，用供应前线军需物资的运输渠道送过来的。

所以说，赵匡胤及其亲信在显德七年（960）正月初二翻炒半年前"点检做天子"的旧闻，简直太懂怎么造谣和传谣了。热点旧闻已具备一定的群众基础，谣言再次出现，对大众来说又有预言即将成真的心理暗示，所以把旧闻变成谣言会更有说服力。如果说，"点检做天子"的传闻第一次出现时大家还半信半疑的话，第二次出现，大部分人都会觉得这就是历史发展的必然，这次一定会应验。这对于击破大众的心理防线非常有用。从"士民恐怖，争为逃匿之计"的情况来看，显德七年正月初二的这场谣言大戏效果很好。紧接着，第三个谣言也开始在京城弥漫开来。

显德七年正月初三，京城的民众看到出征大军从爱景门出发时，"纪律严甚"，于是大家先前的恐慌情绪有所缓解，"众心稍安"。

这时，又有一个号称精通天文的下级军官苗训跑出来，在人群中散布赵匡胤天命攸归的流言。据说这时的天空中，"日下复有一日，黑光久相磨荡"，苗训跑去指着天上的两个太阳对赵匡胤的"亲吏"楚昭辅说："此天命也。"天无二日，民无二主，天上出现两个太阳，意思再明白不过了。天象就是上天的意志，上天已提前宣告，将有新皇帝取代旧皇帝。黑光磨荡，显然是指新太阳正在取代旧太阳，改朝换代就是这一两天的事了。

赵匡胤及其亲信造谣传谣手段之高，还表现在对谣言的精准投放和管控上。这三个谣言一环扣一环地相继放出，受众却不完全一样。北汉与契丹联军南下的谣言主要针对的是后周君臣，目的是要后周朝廷在情急之下让赵匡胤带兵出征，以便获得战时的禁军指挥权。当然，这个消息为老百姓所知，对于烘托紧张气氛也是有利的，所以赵匡胤等人并没有阻止这个军情泄露到民间——遇到这种紧急军情，为了安定人心，向老百姓隐瞒真相才是常态。换句话说，如果这个军情是真的，老百姓应该没有机会知道。

"策点检为天子"的谣言，其受众是京城的士人百姓，以及随军出征的广大将士，目的是为赵匡胤夺位制造舆论。但这个谣言，虽然属于趁乱起哄，却不是完全虚假，某种程度上就是赵匡胤的真实心声，所以在完全掌控局面以前，是不能让后周君臣知道的。

这时，一个奇怪的现象出现了——往往对我们最重要的事情，我们永远会是最后一个知道的！

当"策点检为天子"的谣言传得满城风雨，京中"士民恐怖，争为逃匿之计"的时候，"惟内庭晏然不知"。当赵匡胤之心人尽皆知的时候，周恭帝以及后周朝廷主政的宰相范质、王溥等人还浑然不知。等到显德七年（960）正月初四，一切安排妥当，赵匡胤率军回到京城之前，才派人提前回京将消息告诉范质等人。

赵匡胤的天命宣传，一定程度上起到了瓦解人心的作用，为他回师夺位减少了许多阻力。从陈桥驿回到京城的整个过程中，除了光杆司令韩通试图反抗、最后全家被杀以外，几乎没有发生任何暴力事件，更不用说有组织的军队抵抗了。其实，就连韩通的儿子韩微都接受了赵匡胤乃天命所归的宣扬，曾试图劝说自己的父亲放弃抵抗，接受现实。《宋史》韩通本传称韩微"见太祖有人望，常劝通早为之所"，意即让自己的父亲不要跟赵匡胤作对，要给自己留条后路。

韩通没听儿子的话，为韩家招来了灭门之祸。不过韩通的负隅顽抗也给赵匡胤的天命自信留下了不小的阴影。韩通之死，使得大宋开国兵不血刃、市不易肆的神话多少有些不够完美。多年以后，赵匡胤偶然见到韩通和他儿子的画像，仍然被勾起了非常不愉快的回忆。据《宋史》韩通本传记载，"后太祖幸开宝寺，见通及其子画像于壁，遽命去之"。

从显德七年正月初一到正月初三，赵匡胤及其亲信的这一套连环计操作下来，为赵匡胤取代后周称帝打下了非常好的舆论基础。天命人心，俱归艺祖，改朝换代在第四天终于顺利完成。可以说，谣言在大宋王朝的开国传奇中，发挥了微妙且至关重要的作用。

时间来到北宋末年，一轮又一轮有关大宋要亡国的流言开始甚嚣尘上。这时候，大家认为，天命已不在宋朝这边了。

宣和五年（1123），在金军一连串猛烈的攻势之下，辽国五京尽失，亡国已在旦夕之间。1123年四月，在与宋朝达成盟约之后，金军主动让出幽州及附近四州给宋朝，宋军在举国欢腾的气氛中进驻幽州（燕京）。北宋君臣多年想而不得的幽州故土，终于回到了中原王朝的怀抱。此时，距五代天下离乱、幽州落入契丹之手已快两百年了。

宣和四年（1122）十月，当宋军攻下易州的时候，宋徽宗就已迫不及待地将幽州改称"燕山府"。但宋军前线将帅不是贪官就是庸将，连战斗力弱的辽军也打不过，最终惨败，"烧营而奔，五军杂遝，扰攘散走，自相践踏奔堕崖涧者，莫知其数"。宋朝不得不向金国求援，金太祖答应出兵帮助宋军收复幽州等地。1122年十二月，金太祖挥师南下，攻占幽州。

在宋朝答应每年额外增加100万贯"代税钱"以后，金国答应将燕山府及其附属四州——檀州（治今北京密云）、顺州（治今北京顺义）、蓟州（治今天津蓟州）、景州（治今河北遵化）归还宋朝。但金军撤离前，在城中大肆搜刮钱财，劫掠人口，"合境不胜残扰"。幽州自五代中后期以来，长期处于契丹的管治之下，客观上避开了中原的战乱。宋初虽有收复燕云之役，但宋军每次都受阻于幽州城外，幽州城里的人民并未受到太多的战祸之苦。其后订澶渊之盟，两国和好，幽州人民安居乐业了百余年，号称富庶，经此之乱，几成废墟。

很多成了大宋燕山府民的幽州老百姓，在战乱之后过上了流离失所的生活，不得不跑到京城开封混口饭吃。据说，宣和末年（1124—1125），这些燕京旧人来到开封，也把自己的特色歌舞带了过来，其中最有名的是《臻蓬蓬歌》。此歌音节欢快，一边唱，一边跳，很受京城人民的喜爱，"人无不喜闻其声而效之"。但这首歌的歌词却暗藏玄机。

"臻蓬蓬，外头花花里头空，但看明年正二月，满城不见主人翁。"——这首歌随着燕人的到来唱遍了开封各地。

此时的开封，正是《清明上河图》里描绘的繁华帝京，处处是盛世如愿的欢歌。但这首燕人的民谣，却暗示徽宗朝廷这帮昏君奸臣早已掏空了大宋王朝，现下的繁华景象不过是"外头花花里头空"罢了。外强中干的北宋，跟风烛残年的辽国一样，都已经离亡国不远了。"明年正二月"就是宋朝的末日，而到时整个京城开封将再也看不到主人家。

如此不吉利的唱词，北宋朝廷却以"词本房谶，故京师不禁"，没当回事。宋人甚至以为这说的是别人家的事，哪知最后发现小丑竟是自己。

巧的是，北宋的亡国真的就发生在正月和二月。靖康二年（1127）正月，宋钦宗在金军的逼迫之下出城到金军大营谈判，从此被扣留，这时北宋实际上已经亡国了。二月，金朝统治集团正式决策废黜钦宗。北宋末年的太学生丁特起在《孤臣泣血录》中记载，当天钦宗被叫去听读金太宗的圣旨，诏书宣读完毕之后，"金人迫上脱去赭袍，尽皆扯裂"。随后，金人将徽、钦二帝以及赵宋宗室子弟悉数虏劫而去。开封城中的赵家人，除了赵构一个漏网之鱼以外，皆被一扫而空。

至此，北宋亡国已成定局。南宋人江万里（1198—1275）在其所著的《宣政杂录》中煞有介事地分析说，这首歌谣中的"明年正二月"指的是"次年正月，徽宗南幸。次年，二圣北狩"，显然未明个中机窍。

江万里在南宋末年曾经当过宰相。《宣政杂录》，顾名思义，其主题主要是讲述宋徽宗政和、宣和年间的各种故事，其中收录了北宋亡国时的许多怪异现象。据此书所说，除《臻蓬蓬歌》之外，流落京城开封的燕人，还有很多预言北宋亡国的把戏，其中一个是杂耍表演，"其伎有以数丈长竿系椅于杪，伎者坐椅上，少顷，下投于尖刀所围小棘坑中，无偏颇之失"。

这个表演的看点是，提前拿一根长竿，把一张椅子绑在竿头，表演者从摇摇欲坠的坐椅上纵身跃下，投身于四周都是尖刀的小棘坑中，这是拿命在搏眼球啊！试想一下，飞身而下的时候，如果稍有不慎，落在尖刀上，必定非死即伤，后果堪虞。

不过，这个表演真正的高潮不是表演者甘冒大险投身棘坑，而是他纵身一跃之前，总会念念有词地唱诵一首怪诗，其辞为："百尺竿头望九州，前人田地后人收。后人收得休欢喜，更有收人在后头。"这几句诗似乎是在暗示，宋朝虽然从辽国手中收复了幽燕地区，但须知螳螂捕蝉、黄雀在后的道理，宋朝也马上会像辽国一样，亡于新兴的金人之手。

宋代市民娱乐文化发达，尤其是京城，勾栏瓦舍遍地开花，茶楼酒肆无所不在，百戏伎艺的繁盛使得信息传播的渠道极其接地气，这也大大增强了人们通过口耳眼目获取并传递信息的能力。当"新声巧笑于柳陌花衢，按管调弦于茶坊酒肆"之时，这些由辽国的燕京旧人带来宋朝汴京开封的谣言，遍传于市井街巷之间。待到金军真的大举南下，这些谣言必然会在民间发酵成为宋朝命中注定的亡国预兆，一定程度上可以起到瓦解军心民心的作用。

到南宋末年，各种亡国的谣言大戏也开始精彩上演。

咸淳六年（1270），朝廷以宋度宗的名义下诏，明令"其自宫禁，敢以珠翠销金为首饰服用，必罚无贷。臣庶之家，亦宜体悉"。这一禁令客观上导致了临安城中妇女的审美转向，"以碾玉为首饰""簪琉璃花"的打扮，很快从临安风靡全国。于是，"京师禁珠翠，天下尽琉璃"的歌谣声闻四方。"琉璃"的流行，"识者以为流离之兆"。

果然，没过几年，宋元战场的形势就急转直下。咸淳九年（1273），坚持多年的襄阳失守，至德祐二年（1276）正月，元军攻破临安，天下流离的预警果然一步步成真。宋度宗时代，以"琉璃"喻"流离"，借此大造天下即将大乱的谣言，未免还有些隐晦。度宗死后，年方四岁的恭帝即位，亡国的谣言就传得更凶了。

元人刘一清所著的《钱塘遗事》记载，咸淳十年（1274）科举考试结果一公布，立即引得人们议论纷纷。因为进士第一名叫王龙泽，第二名叫路万里，第三名叫胡幼黄。这三个人的名字，要是放在平时实属平平无奇，但在南宋末年风雨飘摇之际，有人就开始编排起他们的名字来了。有人说，这三个名字都是亡国之名。临安城中很快就传出这样的流言："龙在泽，飞不得；万里路，行不得；幼而黄，医不得。"

这则谣言的意思是：飞龙落地，困于草泽；万里之路，有颠沛流离之忧；幼草枯黄，必是不治之症，放弃治疗吧！这"三不得"的说辞，把一个王朝的末日凄凉表现得淋漓尽致。

当然，南宋亡国后，关于南宋之所以灭亡的戏剧性的传言更多了，其中之一便是宋太祖与周世宗的宿缘纠葛。

明代中叶的郎瑛（1487—1566）在其所著的《七修类稿》中说，当年元军统帅伯颜攻下临安后，有人曾经一睹他的面容。后来这个人有机会在历代帝王庙里见到周世宗的画像，发现伯颜与周世宗的相貌居然完全一样——"分毫不爽"。因此，在世人看来，赵家天下的终结是天理循环、报应不爽的宿命。

有趣的是,《新五代史》称周世宗"器貌英奇"。伯颜本是蒙古宗王旭烈兀(1217—1265)的家臣。旭烈兀是元世祖忽必烈的弟弟,早年随另一宗王拔都(1209—1256)西征,打下了西亚的大片地盘,成为蒙古四大汗国之一伊儿汗国的开创者。伯颜年轻的时候,被旭烈兀带去觐见忽必烈。据《元史》记载,忽必烈在第一次见到伯颜时,"见其貌伟",惊呼:"非诸侯王臣也,其留事朕。"于是,伯颜留在元世祖的身边,从此走上了封侯拜相的"开挂"人生之路。

伯颜的"貌伟"之相,连藏文史籍《汉藏史集》(约完稿于1434年)都有记载,说他"躯貌魁伟"。尽管如此,周世宗和伯颜二人,或许气质上有相似之处,要"分毫不爽"就不可能了。这个伯颜酷似周世宗的谣传,绝对是好事者有意为之,不会是真的。但这又是宋代三百年来流行的国运与天命舆论的一种正常反应。

宋太祖自己也承认有负周世宗,当皇帝后,也因为这件事,被赵普"怼"得哑口无言。宋太祖有一次想让宿将符彦卿主管军务,赵普以为符彦卿"名位已盛,不可复委以兵权",太祖自信地说:"朕待彦卿厚,彦卿岂负朕耶!"结果被赵普反手"打脸"。赵普说出了那句流传千古的金句:"陛下何以能负周世宗?"太祖听后,先前在赵普面前的那种骄虚之气一下子消失了,只能"默然"。

　　宋太祖与周世宗的这种恩怨交融的复杂感情，在宋代就已被编排出许多谣言故事。王巩（1048—1117）在其所著《随手杂录》里说，宋太祖即位后，第一次进宫，见到宫嫔抱着一个小孩儿，随口问了一句小孩儿的情况，宫人回话说："世宗子也。"当时范质、赵普和潘美等一干大臣都在现场，太祖看着赵普等人，询问应该怎么处理，赵普等人齐声答曰："去之。"也就是杀之以除后患。只有潘美和一个武将在后面不肯说话。太祖便知道潘美这是有想法了。

　　"即人之位，杀人之子，朕不忍为也。"宋太祖低头说道。宋太祖也知道，自己凭着周世宗的提拔、重用和信任，才有今天。对恩人的儿子搞斩草除根，属实是有些过分了。

　　潘美迟疑一阵儿后，还是对宋太祖说出了心里话，他坦言道："臣与陛下北面事世宗，劝陛下杀之，即负世宗，劝陛下不杀，则陛下必致疑。"

　　潘美的这番说辞，看似不偏不倚，中立于宋太祖与周世宗之间，可是面对这种事情，忠诚不绝对，就是绝对不忠诚，其实是很有风险的。他这话的意思分明是杀了不好，但是杀与不杀，决定只能由太祖自己来做，他身为臣子，不敢在这个问题上说三道四。

　　在潘美的感化之下，太祖最后决定放过周世宗的这个遗孤，让潘美收养这个孩子做了大侄子，并且特意点拨潘美，让他把周世宗的儿子当侄子养，因为"世宗子不可为尔子也"。这个故事看起来令人颇为感动，潘美在面对考验的时候，敢于坚持人性，促使太祖对世宗产生愧疚之情，对世宗的儿子产生恻隐之心。潘美这个古典戏剧里常常以大反派形象出场的人物，在这个故事里，却是一个有良心的大好人。

潘美是太祖的心腹，二人私人感情极好。他敢于在这种微妙的事情上插一手似乎也合情合理。太祖黄袍加身那天，奉命提前回到京城传递消息的人，就是潘美。据《续资治通鉴长编》记载，黄袍加身的宋太祖带着北征大军从陈桥驿回师京城，"乃整军自仁和门入，秋毫无所犯。先遣客省使大名潘美见执政谕意"。这条史料显示，潘美是以太祖私人代表的身份提前回城，把兵变的事态通报给范质等后周执政大臣，为稍后太祖的登基仪式铺路的。

《随手杂录》所记的另外一条逸闻，也透露出太祖与潘美的关系非比寻常。太祖没事的时候，经常召潘美入宫，"或与之纵饮，至令宫女解衣，无复君臣之礼"。太祖与潘美平时可以一起喝酒，一起做一些出格的事情。无君臣之礼的潜台词就是有兄弟之情。背景这么深厚的潘美帮太祖给世宗养儿子，既能让太祖对世宗的负疚之心稍有所减，又不会让太祖因此对其产生不满与猜忌的情绪。于太祖而言，这是好兄弟在帮自己"背锅"啊！

可惜的是，这个故事虽然动人，却是无根之言，既不能证伪，也不能证实。说它是谣言，一点也不为过。宋代最著名的理学大师朱熹（1130—1200）曾为《诗经·大雅·荡》"流言以对，寇攘式内"一句作注，他解释说："流言，浮浪不根之言也。"古人很早就意识到，对这种无根之言，不必纠缠。

儒家经典《礼记》主张"流言不极"，唐代的经学家、孔子的三十二代孙孔颖达（574—648）解释说，为什么"流言不极"呢？因为有大智慧的人，"若闻流传之言"，正确的做法是"不穷其根本所从出处也"，也就是不把它当回事，更不去深究这个说法的来龙去脉。"识虑深远"的人，面对流言正确的做法是"闻之则解"，也就是对于流言，听听就算了，不会想着"穷极其所出也"，那样做只会浪费精力，自寻烦恼。

不过，检验谣言最好的办法，就是再听人说一遍这个谣言，因为真相永远藏在细节里。没有一个编造的故事，可以被分毫不差地重讲一遍。巧的是，这个故事，被两宋之交的王铚（？—1144）在其所著的《默记》中又讲过一次。他说太祖即位后，"艺祖与诸将同入内，六宫迎拜。有二小儿卯角者，宫人抱之亦拜"，太祖"询之"，宫人相告，"乃世宗二子"。这个故事里的太祖，性情就狠辣得多了，不等赵普等人出来唱黑脸，直接对诸将说："此复何待！"——留着他们等着过年吗！

左右之人闻言，即将这两个小儿"提去"，打算马上处理

掉，此时"潘美在后以手掐殿柱，低头不语"。太祖见状，诘问
潘美："汝以为不可耶？"潘美很镇定地说："臣岂敢以为不可，
但于理未安。"听闻此言，太祖也觉得不妥，"即命追还"，然后
"以其一人赐美"。事后，潘美"收之以为子"。

故事讲到这里，真相已经呼之欲出了。王铚的版本与王巩
的说法虽然"大同"，但小异的地方，却几乎全异，尤其是王巩
煞有介事地解释潘美只能把这个孩子当侄子养，而王铚直接说
当儿子了。

太祖代后周称帝后，作为世宗正牌继承人的恭帝活得好好
的，对于没什么威胁的世宗其余幼子，太祖不一定会动杀心。
这类故事反映了宋代社会舆论对世宗的同情，以及太祖对那些
还想着世宗恩情的昔日兄弟们的宽容。类似的传闻还有不少，
比如前面提到的，世宗临死前还想着的酒鬼王著，宋人也给他
编排过类似的剧情。

《国老谈苑》大概成书于仁宗时期，作者自号"夷门隐叟
君玉"，"夷门"为开封的别称，这个花名类似于"开封的一个
隐居小老头君玉"，作者显然不想让人知道他的真实身份。

在这本书里，作者讲述了有人想利用王著与周世宗的亲近
关系中伤他但没有成功的故事。有一次王著到宫中参加御宴，
宴会结束后，"乘醉喧哗"。太祖这次倒是对他颇为优容，见他发
酒疯，只是命人把他扶出去了事。但没想到，王著却不肯就这

么走了，他跑到一旁的屏风边上，"掩袂恸哭"了起来。

第二天，有人跑来跟太祖说，王著昨天又哭又闹的，是在"思念世宗"。太祖听后，却不以为意地说"此酒徒也"。并且解释说，王著为世宗幕府旧人，思念世宗，情有可原。而且他的情况，我一向都清楚，这都不算什么事。当然，太祖最后也不忘强调，就算王著真有什么想法也无济于事，他自信地对前来搬弄是非的人解释道："况一书生，虽哭世宗，能何为也？"

宋太祖对周世宗的这种复杂感情，宋人看在眼里，编出一些世宗与太祖之间的牵扯，也就好理解了。

更有意思的是，有关宋代亡国的谣言，并没有因为宋朝的灭亡而终结。南宋灭亡后，社会上流传着一种有关宋代国运的因果循环论。元末的陶宗仪（1329—1412）在其所著的札记《南村辍耕录》中把这事说得玄之又玄，神乎其神。他说"宋之兴，始于后周恭帝显德七年"，而"及其亡也，终于少帝德祐元年"，兴亡之间，也太巧了吧，因为少帝名叫"赵㬎"，年号叫"德祐"，合起来正好与后周亡国的年号"显（繁体字写作"顯"）德"相应。这不正是冥冥之中自有天意嘛！

陈桥兵变，太祖黄袍加身，代后周而建宋，源于大年初一北汉、契丹联军大举入寇的谣言；南宋末年，江湖传言，灭宋的元军主帅伯颜相貌酷似周世宗。这暗示着赵家天下的终结是天理循环，报应不爽。宋代可谓以谣言始，以谣言终。宋代是一个谣言满天飞的年代，宋人的谣言故事既是有趣的谈资，又是打开被正统历史记载遮蔽的宋代社会的一把密钥，里面蕴藏着许多不为人知的秘辛……

第一章

甲午年的魔咒

孟知祥的 934 年

王小波的 994 年

六十甲子歌

皇祐四年（1052）五月一日，据有广源州（治今越南高平省广和县）多年的当地豪酋侬智高突然率领部众袭击并攻下了北宋广南西路的重镇邕州（治今广西南宁）。

宋代广南西路的治所在桂州（治今广西桂林），邕州的经济实力和社会发展水平远远不如更靠近中原的桂州。比如人口一项，据元丰年间（1078—1085）统计，桂州有四万六千多户，而邕州只有五千多户。邕州人口在整个广南西路也是垫底的水平，且不说与它接壤的宜州人口多达一万五千多户，就连它旁边的小州宾州（治今广西宾阳）人口都有七千多户。邕州的经济水平，在整个广南西路是比较低的。

但邕州的军事战略地位却很高。唐五代以来，这里一直是建武军节度使驻地，也是宋朝中央在广西的军事桥头堡。虽然节度使的权力在宋代都已经被中央收回，节度使已成虚名，但节度州仍然是大州重镇的身份。宋太宗初年一度派兵经略交趾，而向朝廷献计趁当时交趾内乱出兵一举收复汉唐旧疆的，就是邕州知州侯仁宝（？—981）。侯仁宝后来领兵南征交趾，战死于白藤江口，宋朝收复交趾的计划功亏一篑。但由此可见，邕州一直是广西经略南疆的重要军事基地。

此外，邕州虽然只下辖两个县，但邕州所统领的由当地少数民族首领世袭管治的羁縻州却多达四十余个。其范围，除今广西的南宁市以外，还包括了今崇左市和百色市的大部分地区。据《宋史全文》记载，南宋中期主政广西的张栻（1133—
1180）曾说，广西边郡之中，"邕管为最重"，因为其"所管幅员
数千里"。

邕州管辖的四十多个羁縻州，基本上都处于各自为政的状
态。各羁縻州之间争夺地盘，相互攻杀，局面十分混乱。广源
州也是邕州所属的一个羁縻州，位于邕州西南方郁江（左江、
右江在南宁汇合后称"郁江"）的上源。史称该地"峭绝深阻"，
乃是一处地形险要、易守难攻的军事要塞，且矿产资源丰富，
"产黄金、丹砂"。广源州靠着黄金和丹砂这两种贵重物资的生
产和贸易，经济实力较强，"颇有邑居聚落"，已经形成了有一定
规模的市镇。

五代至宋初，广源州地处大理、宋朝以及交趾三方的中间
地带，政治地位既微妙又尴尬。根据宋朝方面的史料，广源州
最早归附宋朝是在太宗太平兴国二年（977），当时广源州酋长
侬民富向宋廷上缴了当年南汉政权给他的册封诏敕，请求宋朝
授予官职。有意思的是，大理方面的史料又显示，侬民富还拥
有大理高官头衔"坦绰"，这是南诏与大理政权内部设立的官级
官职。说明广源州酋长侬民富在各方势力中间周旋应对，借力
打力，以致不得不处于尴尬境地。

侬智高的父亲侬存福本是广源州附近傥犹州的世家土豪，
宋仁宗初年，侬存福趁乱夺取了广源州。拿下广源州后，他急

需得到宋朝中央的认可，把抢来的地盘合法化。沈括（1031—1095）在其所著的《梦溪笔谈》中曾提到，天圣七年（1029），侬存福主动归附朝廷，宋廷给了他"邕州卫职"的虚衔。虽然是个芝麻绿豆的小官，但他却从此拥有了朝廷命官的身份。有了朝廷的背书，侬存福更加有恃无恐地以武力兼并附近其他羁縻州的地盘。

不久之后，宋廷大概是意识到被侬存福利用了，广西转运使章频按照中央的命令收回了宋仁宗授予侬存福的邕州卫职，拒绝为其扩张背书。此后，在侬存福主动表示想要将所领地盘献给宋朝的时候，宋廷甚至宁愿"不受其地"。

但这并没有影响侬存福凭借广源州的经济实力野蛮生长。司马光在《涑水记闻》中解释说，"广源州地产金，一两直一缣"。他是真的家里有矿啊——守着金矿就可以发大财！侬存福"由是富强"，并借着"淘金热"，"招诱中国及诸洞民，其徒甚盛"。侬存福的迅速崛起，在宋朝看来，只是当地豪酋内部势力的此消彼长，只要不给自己惹事，并不想理会。不过这种情况却引起了当时交趾政权的高度关注。

1039 年，交趾李朝的最高统治者李德政（1000—1054）亲自带兵围攻广源州，越南方面的汉文史籍《大越史记全书》对此有比较详细的描述。交趾大军抵达广源州后，实力弱小的侬存福根本无法与之正面交锋，只得"率其部落，携其妻子，亡匿山泽"。但是，广源州地方不大，躲也躲不了，跑也跑不掉，李德政"纵兵追之，获存福及智聪等五人"。侬存福及其子侬智聪等被俘后，被押到交趾都城升龙（治今越南河内）斩首示众。

李德政是交趾李朝的第二代君主，于 1028 年继位，宋朝册封其为静海军节度使、交趾郡王。李德政在位时，加强中央集权，整军经武，交趾实力得到突飞猛进的提升。1044 年初，李德政亲率大军南征占城，大破占城军队，击杀占城王阇耶僧诃跋摩二世。尽管侬存福也遣使向交趾称臣，但迅速崛起中的南天一霸当然不会允许侬存福在自己眼皮底下逐渐壮大。广源州的自立自强之路被交趾无情地打断了。

另一方面，在交趾李朝看来，广源州等地是自己的地盘，侬存福等当地酋长都是交趾的臣属。在诛杀侬存福的诏书中，李德政声称，"朕有天下以来，将相诸臣，靡亏大节，异方殊域，莫不来臣。而诸侬世守封疆，常供厥贡"。从诏书上可以看到，李德政不但在国内以天子自居，更是模仿宋朝建立起了自己的天下秩序，早就把侬存福这种边缘地区的"墙头草"纳入交趾的君臣结构中了。事实上，广源州臣属于交趾的情况，北宋政府也很清楚。《续资治通鉴长编》在讲述广源州的历史时就曾解释过，"广源虽号邕管西羁縻州，其实服役于交趾"。

在交趾的李朝政权看来，侬存福兼并侬氏各部地盘，袭杀各部首领，是公然造反的行为。李德政指斥侬存福"妄自尊大，窃号施令"，具体就是指侬存福以武力兼并了附近的万涯州、武勒州等地，且自称"昭圣皇帝"，立国号为"长生国"，"缮甲治兵，坚城自守，无复奉土称臣"。侬存福想要以武力割据一方，自为一国，自然会引起交趾朝廷的震怒，遭到残酷的武力镇压。

好在这次灭顶之灾中，侬存福的妻子阿侬和另一子侬智高侥幸逃脱。1041年，侬智高与其母阿侬重新回到故土，取得了傥犹州的控制权，建号"大历国"。李德政再次派兵讨伐，将侬智高生擒，押回了交趾的都城升龙。

据《大越史记全书》记载，这次李德政"悯其父存福、兄智聪俱被诛，免其罪，复授广源州如故。以雷火、平安、婆四洞及思琅州附益之"。上次交趾朝廷对其父侬存福大开杀戒，而这次却能网开一面，恐怕不是因为李德政突然有了怜悯之心。用武力摧毁了侬存福政权后，交趾朝廷在广源州地区的统治非常不稳定。事实上，宋人对广源州地区的认知就是，当地部落"善战斗，轻死好乱"。交趾朝廷在处斩了侬存福后，急需本地的豪酋人物出来稳定局面。

侬智高遂成为替交趾朝廷稳定广源州地区的最佳人选。他既有当地豪酋的身份，又能征善战。大宋王朝未来的宰相、"十一世纪中国最伟大的改革家"王安石，早年曾为仁宗年间的广西转运使萧固（1002—1066）写过一篇墓志铭。王安石在文章中曾透露，与侬智高打交道多年的萧固称许侬智高"才武强力"，有一方豪杰之姿。

为了巩固对边境地区的统治，交趾朝廷一度重用侬智高。1043 年，李德政还派使者到广源州，"赐智高郡王印、仍拜太保"。这一时期的侬智高在交趾朝廷混得风生水起，乃至交趾朝廷内生出很多眼红他的谣言，一些流言还传到了宋朝境内。

比如司马光就听到一个消息，他在《涑水记闻》中说，侬智高"朝于交趾，阴结李德政左右，欲夺其国"。这个说法的真实性令人怀疑，但却反映了交趾方面不少人对李德政重用侬智高的不满和忧虑，也说明侬智高被时人视为一个有野心、不安分的人。对广西情况非常熟悉的萧固就认为，"智高才武强力，非交趾所能争而畜也"。

果然，没过几年，侬智高就带着族人造反了。据《大越史记全书》记载，1048 年九月，"侬智高以勿恶峒叛"。《梦溪笔谈》的说法则是，"庆历八年（1048），智高自领广源州，渐吞灭右江田州一路蛮峒"。侬智高试图脱离交趾自己单干，势必要面对极大的压力，因此非常迫切地需要依附宋朝，获得军事和政治上的支持。在这期间，他多次派人联络宋朝，希望得到宋朝的接纳。但宋朝方面却并不愿为了侬智高与交趾交恶，多次拒绝了侬智高内附的请求。据《续资治通鉴长编》记载，皇祐元年（1049）九月，侬智高因"求内附"不成，开始骚扰邕州边境。

《梦溪笔谈》则把这种紧张感描写得更加生动。沈括说，这时"广源州孤立无所归"，而交趾出兵围攻广源州，俘获其父侬存福，"交趾觇其隙，袭取存福以归"。但侬智高坚守广源州，战局一度陷入僵持。"智高据州不肯下"，还曾试图反攻交趾，"不克，为交人所攻"。反攻失败后，侬智高终于无法在广源州立足，"出奔右江文村，具金函表投邕州，乞归朝廷"。《梦溪笔谈》这段文字把侬智高当时孤立无援，无所立足，急迫地向宋朝求助的氛围烘托得非常到位。但其中关于侬存福的记述，显然有些记忆是错乱的，因为这时侬存福早就丧命多年了。

显然，由于长期对侬智高的漠视，宋朝这时对于侬智高的动向不太把握得住。宋朝方面不同的史料呈现出不同的细节，看来获得情报的渠道是多样的，说法并不统一，在相关细节上无法做到严丝合缝。这一特点，甚至贯穿了侬智高之乱的整个过程。从某种程度上来说，宋朝得到的有关侬智高的很多情报，本身就是一些传闻和流言。但这正好非常生动地反映了历史的复杂性：很多事情，并不像习惯了接受标准历史叙事的人们所坚信的那样一清二楚。

侬智高获得宋朝接纳的渴望是很强烈的。对他来说，交趾有杀父之仇。另一方面，侬智高据广源州自立，交趾也视之为心腹大患，必欲除之而后快。双方势成水火，已无共存的可能。在当时的形势下，侬智高除了投靠宋朝，获取中原王朝的大义名分和宋朝广西驻军的支持外，别无选择。侬智高所在的邕州所属的各羁縻州，长期受到中原文化的熏陶，在内心深处自然更加认同以宋朝为代表的中原正统，而不是交趾的闭门天子。

活跃于南宋后期的张端义，在其所著《贵耳集》中提到，侬智高参加过宋朝的科举考试，"发三解不得志"。说明侬智高接受过科举教育，能够通过地方上的发解试。参加礼部试虽然没有中第，但也说明他的汉文化水平和儒学基础都不差。《贵耳集》中的说法，看似孤证，但侬智高的情况并非孤例，当时广西一些羁縻州的土酋首领，借科举之路增强与宋朝的联系，同时提升自己在当地的政治地位，是很普遍的做法。

如庆历四年（1044）率部造反的广西当地少数民族部落首领区希范，是广西宜州所属羁縻州环州思恩县人。据《续资治通鉴长编》记载，区希范为人"狡黠，颇知书。尝举进士，试礼部"。看来他的情况跟侬智高一样，在走上造反之路前，都曾致力于科举，也都通过了发解试，到了礼部试阶段。可惜临门一脚，发挥不好，没能成功"上岸"，与进士功名失之交臂。另外，侬智高起兵前后的谋主——黄玮和黄师宓，都是广州进士。说明侬智高跟当时两广地区致力于科举的儒士们同在一个圈子，他曾经参加过科举考试的说法当非虚言。

因此，侬智高从交趾叛出实现自立之后，最初真是一门心思地想投入大宋王朝的怀抱。不过，宋朝虽然对广西边疆地区的具体情况以及侬智高的来历不甚了然，但很清楚接纳侬智高的利害得失，并不愿意火中取栗。

侬智高从皇祐元年（1049）起，一直希望宋廷能够接纳他。滕元发（1020—1090）所著的《孙威敏征南录》中记载，侬智高"始乞本朝补田州刺史，不得，又乞教练使，又乞特赐袍笏，又乞每南郊时贡金千两，愿常于邕管互市"。可见，侬智高首先希望的是得到宋朝的官职、服章，也就是获得合法的政治身份统领广源州诸部，"每南郊时贡金千两"是在对宋朝表忠心，互市则是希望宋朝能够给予他一些贸易政策上的照顾，让他在双边贸易中获得更广大的市场。但是这些要求，宋廷一概拒绝，"皆不许"。

面对广西转运使萧固提出的"以一官抚之，使抗交趾"的策略，宋廷充满了疑虑。朝廷遣使一再质问萧固，担心"智高故属交趾，纳之生事"，害怕接受侬智高内附会破坏宋朝与交趾的友好关系。朝廷质问萧固，能否保证接纳了侬智高后，交趾不会出兵相争。更重要的是，能不能保证侬智高坐大后宋朝不会被反噬——"能保交趾不争智高，智高终无为寇"。萧固自然不能保证接纳侬智高之策可以万无一失——"必保其往，非臣之所能"，所以朝廷最终还是否决了萧固的建议。

这样一来二去，拖了两三年的时间，侬智高的心态也发生了变化。在跟宋朝打交道的过程中，他发现宋朝两广地区军备废弛，吏治腐败，民心思变，自己与其跟正在上升期且军力强劲的交趾死磕，还不如转过头来，从宋朝嘴里抢一块肥肉来得划算。

皇祐四年（1052）四月底，他偷偷派人烧毁了自己的根据地，谎称"失火"，然后召集部众，对大伙说："平生积聚，今为天火所灾，无以为生，计穷矣。"大家辛辛苦苦积攒起来的家业，就这么付之一炬，反倒成全了他走投无路、起兵造反的"天意"。没了家当拖累，也就把部众推入置之死地以求生的创业激情中。他给大伙指出了一条"明路"，宣称："当拔邕州，据广州以自王，否则必死。"显然，拿下邕州和广州，割据两广，成为他起事之初的战略目标。侬智高当天就带着五千兵马沿郁江东下，一战拿下横山寨，直扑邕州。

不几日，侬智高就顺利地攻下邕州。五月，他进入邕州城，建号"大南国"，建元"启历"，自称"仁惠皇帝"，做起了割据一方土皇帝的美梦。

北宋完成统一之后，近百年来，军事压力都主要来自北方的辽和西夏，南方各州城池不修，驻军寡少，官方与民间都不见兵革多年。邕州失守后，两广的形势急剧恶化，半个多月的时间里，横州、贵州（治今广西贵港）、浔州（治今广西贵平）、龚州（治今广西平南）、藤州（治今广西藤县）、梧州、封州（治今广东封川）、康州（治今广东德庆）、端州（治今广东高要）等两广州郡相继被侬智高夺取。

　　侬军所到之处，面对的基本上是一座座不设防的空城。各州的守臣大多弃城而逃，虽说有官吏贪生怕死的原因，但主要还是因为无兵可守，不跑就只有等死。当然也有不怕死的，比如誓死坚守不肯跑路的康州知州赵师旦，他虽然慷慨赴死，但对大局于事无补。当时康州城中只有一个低级禁军武官"监押右班殿直"马贵所部三百人。面对侬智高的数千新胜之师，赵师旦毫无退敌之策，只能假装镇定地在敌军攻城之夜呼呼大睡，以安人心。第二天城破之后，赵师旦坦然赴死。他的死，不过是以必死之心给自己一个忠君报国的交代罢了。

　　侬智高率军一路势如破竹。五月二十二日，他抵达广州城下，开始了长达五十七天的广州围城战。其间侬军虽然多有小胜，但始终无法突破广州城防。屯兵坚城之下，时间一久，侬军终于支持不住了。七月十九日，侬智高不得不撤围而去，两广的危局才稍微得到缓和。随后宋廷开始调兵遣将，召集人马平定乱局。

　　九月二十八日，仁宗接受宰相庞籍（988—1063）的建议，起用名将狄青率领陕西精锐骑兵南下平乱。在接下来的几个月里，朝廷焦急地等待着前方的战况。此时离真正平叛之战的打响还有些时日。由于从陕西调兵需要时间，加之从开封南下广西路途遥远，狄青大军到次年（1053）正月才抵达广西前线的宾州。这是后话，现在暂且不表。

正在广西上演的这一幕，宋仁宗应该并不陌生。十多年前的宝元元年（1038），世代据守一方的李元昊称帝建国，引发长达数年的激烈战争，生生在辽宋之间打出一个新的政权——西夏王朝。仁宗靠着范仲淹等名臣的努力，勉强在西夏问题上保住了一些脸面。宋夏战争虽然打得难看，但最后好歹体面地结束了。

令人感慨的是，侬智高大军围攻广州的第二天，一代名臣范仲淹倒在了从青州调任颍州（治今安徽阜阳）的路上。皇祐四年（1052）五月二十三日，"先天下之忧而忧、后天下之乐而乐"的那个人在徐州与世长辞。

事实上，侬智高称帝建国，很可能会成为宋朝在南方面对的另外一个西夏。当朝廷部署人马、调兵遣将之际，仁宗心中也充满了忧虑。这时有人说："侬智高想要的是邕、桂七州节度使，朝廷只要满足了他的这个愿望，他就立即归降。"枢密副使梁适（1000—1070）严词驳斥了招安侬智高的想法，他对仁宗讲："若尔，二广非朝廷有矣。"其实，邕、桂七州主要包括的是广西一路，如果侬智高真的坐稳了广西的地盘，则广东也不能久为宋土。所以，若果真以邕、桂七州节度使相授，则侬智高就是另一个元昊，两广之地就是另一个西夏。侬智高对宋朝而言，实是心腹大患。

　　然而，奇怪的是，狄青率军南下之后，在皇祐四年年末的最后一段时光里，最让仁宗忧心的却不是败报频传的两广战局。这时，朝野上下正在盛传的一则关于四川将要发生大乱的谣言，完全转移了仁宗的注意力。这段时间，仁宗似乎对兵凶战危的广西前线已经胸有成竹，反倒开始对太平无事将近半个世纪的四川忧心忡忡。

　　一百二十年前，后唐的西川节度使孟知祥于甲午年（934）攻取了蜀地，建立了后蜀政权。六十年前的甲午年（994），王小波、李顺起义在四川爆发，使得宋朝西部的大片国土陷入混乱。因此，四川的百姓对甲午年这个自带灾难阴影的年份记忆深刻。下一个甲午年即是 1054 年，按照前面两个甲午年的经验，即将到来的第三个甲午年也必将有大乱发生，而且这第三个甲午年离现在已经很近了。四川的百姓在这个谣言的影响之下，感到非常恐惧和不安。

　　皇祐四年（1052）十二月的某一天，仁宗召见了宰相庞籍，跟他聊起了朝野上下传得沸沸扬扬的甲午再乱谣言。据史料记载，仁宗当时"从容"地对庞籍说："昔孟知祥以后唐甲午岁得蜀，至本朝咸平中，岁在甲午，盗发益州（治今四川成都），西土大扰，故蜀父老识之。来岁复在甲午，蜀人以为恐，其精择可镇静者。"其时，"岁在甲午，蜀且有变"的传言，不仅"蜀人"尽知之，四川以外的人也无不听闻了。

通常来说，谣言最大的敌人就是时间，因为时间终将证明，一切虚妄的流言蜚语是假非真。然而这次，时间本身就成了造谣的对象。从仁宗跟庞籍谈话的内容来看，这时皇帝显然并不像史料所说的那样"从容"。其实，对当时的人而言，甲午再乱的谣言，既是对"过去历史"事实的再确认，又是在历史经验的基础上对即将到来的"未来现实"的提前预警。特别是这个"未来"已经迫在眉睫，怎能不叫人胆战心惊呢！

孟知祥的 934 年

孟知祥（874—934）是五代十国时后蜀的建立者，本为后唐西川节度使。后唐明宗在位时，孟知祥通过武力及其他政治手段逐渐控制了整个蜀地，长兴四年（933）二月，任东、西川节度使，封蜀王。同年十二月，明宗驾崩，后唐闵帝即位。一个月后，即闵帝应顺元年（934）正月，孟知祥在成都自称皇帝，国号蜀。此年正是甲午年，这就是所谓的"昔孟知祥以后唐甲午岁得蜀"及"孟知祥据蜀"的历史经验。相对于仁宗朝的"甲午再乱"，孟知祥的 934 年可称之为"甲午始乱"。

有意思的是，孟知祥能够据蜀立国，本身就与当时后唐朝廷内外一系列谣言所引发的混乱局面有关。

　　后唐庄宗同光三年（925）九月初，当前蜀皇帝王衍正带着太后、太妃们一起在青城山的著名景点丈人观和上清宫游玩之际，后唐皇宫之中，唐庄宗与心腹重臣郭崇韬（865—926）正在密谋如何吃掉已经腐朽不堪的前蜀政权这块肥肉。就在几天前，庄宗才把皇子李继岌（909—926）封为魏王。郭崇韬对庄宗说："魏王地当储副，未立殊功，请依故事，以为伐蜀都统，成其威名。"在郭崇韬看来，灭蜀之战，将会成为魏王李继岌刷战绩的"经验包"。

　　然而，郭崇韬不知道的是，这个看似天上掉下来的馅饼，其实是个陷阱，最终会成为让自己跟李继岌共赴黄泉的"加速包"。

　　李继岌其时不过十五六岁，年轻，缺乏军事经验。从尸山血海里走出来的庄宗还是很清醒的，他沉思片刻后对郭崇韬说："魏王年纪还小，岂能独当一面自己领兵打仗，此战还得为他找个会打仗的副手才行。"庄宗觉得李继岌不能独当一面，只能当个挂名的统帅，真正负责打仗的还得另有其人。庄宗看着郭崇韬说："这个副手的人选，爱卿你最合适！"郭崇韬就这样上了自己给自己准备的贼船。

　　同光三年（925）九月十日，庄宗正式下诏，让魏王李继岌与郭崇韬率后唐禁军主力六万人西征讨伐前蜀。

　　临行前，郭崇韬对庄宗说："孟知祥信厚有谋，若得西川而求帅，无逾此人者。"这句嘱托改变了孟知祥的命运。平蜀之后，虽然郭崇韬因为某些原因而死于非命，庄宗对郭崇韬的信任也产生了严重动摇，但庄宗仍然遵守了与郭崇韬的约定，让郭崇韬推荐的孟知祥出任西川节度使。

后唐伐蜀的军事行动进展十分顺利，出兵之后仅七十日就结束了战事。十一月二十七日，前蜀皇帝王衍身穿白衣，口衔玉璧，牵着一头羊，用草绳绑着脑袋，徒步走到成都北五里处的升仙桥，等待李继岌和郭崇韬前来受降。前蜀群臣则穿着丧服，光着脚，抬着棺材，惴惴不安地在后面等着。李继岌首先走上前去，接过王衍口中衔着的玉璧。接着郭崇韬缓步过来，为王衍解开绑缚在身上的绳索，然后命人烧掉了前蜀大臣们抬来的棺材。这番操作，表示前蜀君臣这群亡国之人得到了新天子的赦免，也标志着前蜀政权在四川十八年的统治正式寿终正寝。

十二月十七日，按照与郭崇韬的约定，庄宗下诏，任命孟知祥为西川节度使。当时孟知祥正以"知北都留守事"之职镇守太原，庄宗派人急召他来京城洛阳准备赴任之事。孟知祥到洛阳以后，发现京城里盛传着郭崇韬图谋造反的谣言。

郭崇韬本来深受唐庄宗的信任，他建议李继岌担任主帅伐蜀，自己在幕后指挥。这本是一石二鸟之计：一来可以为庄宗培养继承人，二来可以使自己对未来的皇帝有扶保之功。

但他低估了人性，这一去，就走向了不归路。

李继岌年轻且无战场经验，担任主帅，只能是挂名，一切军务都是郭崇韬主持，全军上下有事都找郭崇韬。郭崇韬每天清晨例行公事地到李继岌帐前打个招呼，就又忙自己的事去了。《资治通鉴》评述说，"崇韬终日决事，将吏宾客趋走盈庭"。与郭崇韬门前的热闹相比，身为主帅的李继岌门庭冷落，不免心有不甘。

后唐军进入成都以后，前蜀旧人都走郭崇韬的门路行贿求官，争着以宝货、妓乐相送。李继岌得到的"不过匹马、束帛、唾壶、尘柄而已"，他手下的宦官们都没法趁机大捞油水。加上郭崇韬厌恶宦官，经常打压他们，宦官们害怕郭崇韬将来权势更甚后，自己日子会更不好过，于是到处散布郭崇韬想要据蜀自立、企图谋害李继岌的谣言。

当庄宗派亲信宦官向延嗣来成都察访前线情况的时候，李继岌身边的心腹宦官李从袭便造谣说郭崇韬有异志，因为他曾听到郭崇韬的儿子郭廷诲跟其父说："蜀地富饶，大人宜善自为谋。"意思是劝郭崇韬将富饶的蜀地占为己有。李从袭还危言耸听地给向延嗣分析，后唐灭蜀大军的将士都是郭崇韬的部下，李继岌现在的处境是"寄身于虎狼之口"。向延嗣回到洛阳后，将这些话转述给了庄宗的皇后刘氏，刘皇后听了信以为真，天天跑到庄宗面前哭闹，"请早救继岌之死"。

庄宗听了这些传闻，对郭崇韬的信任不能不有所动摇。

他在翻看国库的账目时发现，前蜀亡国后朝廷所收缴的资财很少，就问刚从成都回来的向延嗣："都说蜀地的珍宝财物多得数都数不清，为什么伐蜀大军上交给朝廷的战利品如此之少呢？"向延嗣知道机会来了，立马火上浇油地说："臣听说，蜀地的珍宝财物都被郭崇韬父子装到自己腰包里了。"他还详细罗列出郭崇韬得到的财物：黄金万两、白银四十万两、铜钱百万缗、名马千匹，其余的珍宝不可胜计。因为前蜀财富大部分都被郭崇韬拿去了，所以"县官所得不多耳"。向延嗣是懂得怎么"带节奏"的，庄宗听后果然"怒形于色"。

同光三年（925）闰十二月二十四日，孟知祥出发去成都前，按例向庄宗辞行。两人见面后，庄宗对孟知祥说："闻郭崇韬有异志，卿到，为朕诛之。"只是听到传闻，就要杀戮功臣，可见流言的威力。好在孟知祥与郭崇韬关系很好，当即劝说庄宗道："郭崇韬是国家之勋旧重臣，绝不会有谋反之类的歪念，可否等臣到了蜀地仔细观察一下情况再说。如果他没有异志，就把他打发回来好了。"

庄宗听后，觉得有理，决定看看情况再说。于是召来衣甲库使马彦珪，让他到成都后暗中观察郭崇韬的心思，如果郭崇韬肯听命班师回朝，则不必行诛杀功勋重臣的非常之事；如果郭崇韬拖着不肯回来，就可以与李继岌一起把他解决掉。

马彦珪私下跟向延嗣打过不少交道，平日里没少听闻郭崇韬企图割据蜀地的流言。他觉得庄宗还是太心善，在他看来，都到这个时候了，庄宗竟然还不肯对郭崇韬死心，这就像痴女子天真地盼着负心汉回心转意。

见完庄宗后，马彦珪居然私自跑到皇后刘氏那里，跟皇后说："臣听向延嗣谈论蜀中的形势，恐怕朝夕之间就会出大事。现在皇上却犹豫不决、当断不断，成败之机往往稍纵即逝，哪里能够等真出了事，再隔着三千里向朝廷请示汇报啊！"刘皇后知道郭崇韬的实力，如果他真要造反，魏王李继岌年幼，在军中又无威信，到时必死无疑。刘皇后更是觉得，事情如此紧急，实在不应该用自己爱子的生命去冒险。于是皇后再次找到庄宗，希望皇上当机立断，下定决心诛杀郭崇韬。

这个道理其实大家都知道，只是庄宗与郭崇韬毕竟君臣一起打拼多年，还是有些感情的。庄宗还是坚持不能听信谣言而滥杀功臣，一正本经地解释道："传闻之言，未知虚实，岂可遽尔果决！"庄宗虽然也信谣，但没全信，对谣言还是保持着高度的警惕，采取的是不能不信也不能全信的策略。不在谣言的急流中凭一时冲动下决定，往往是对付谣言最好的办法。

可惜的是，庄宗的皇后并没有这样的定力。在遭到庄宗多次冷静拒绝后，皇后决定靠自己的努力搏一把！她从庄宗那里回到自己的寝宫后，直接摊开纸笔写下了给李继岌的"教令"，让他先下手为强，杀了郭崇韬以绝后患。

数日之后，孟知祥一行走到石壕村——就是很久以前，安史之乱中杜甫"暮投石壕村"的那个地方。马彦珪突然半夜把孟知祥叫了起来，宣读诏书，让他加速前进，尽快赶到成都赴任。孟知祥猜测，这下郭崇韬肯定凶多吉少了，暗中感叹道："乱将作矣！"随后，他开始昼夜兼程奔向成都。

同光四年（926）正月十一日，孟知祥终于抵达成都。这时，整个成都的街道上弥漫着人心未安的紧张空气，因为四天前，伐蜀唐军实际上的最高统帅郭崇韬被李继岌派人暗杀了。

正月初七，郭崇韬像往常一样前往参见李继岌，结果在上楼的时候，被李继岌的手下李环敲碎了脑袋。李继岌杀了郭崇韬后就率领大军离开成都，打算班师回朝，留下烂摊子让孟知祥收拾。孟知祥本就有军政长才，到任后，"慰抚吏民，犒赐将卒"，一番娴熟的操作下来，很快军心就安定了。

郭崇韬的死，间接导致了后唐庄宗政权的覆灭。

郭崇韬死后，后唐朝廷继续追捕并诛杀郭崇韬在洛阳的亲族和党羽，搞得军中人心惶惶，各种谣言满天飞。"民间讹言"，朝廷之所以如此，是因为郭崇韬在成都杀了李继岌，据有蜀地自立为王了。还有更刺激的谣言：皇后因为李继岌之死，怨恨庄宗不肯及时出手救爱子之命，一怒之下，竟然把皇上也给杀了。人们纷纷传言，外有重臣叛乱，内有皇帝被杀，现下京城已经大乱。

不明真相的士兵们听到这些谣言后，尽皆蠢蠢欲动。同光四年（926）二月，贝州（治今河北清河）的戍卒听信了"皇后弑逆，京师已乱"的谣言，劫杀了主将，正式起兵造反。

庄宗后期重用宦官，压制军队势力，引起了将领们的不满。郭崇韬无故被杀，他的众多亲信被株连，整个后唐军心大乱，由此引发的贝州兵变是后唐军队积蓄已久的不满情绪的大爆发。之后，甚至连庄宗派去镇压兵变的名将李嗣源也加入了叛军之列，京城更加人心浮动。同光四年（926）四月，庄宗为乱兵所杀，李嗣源入主洛阳，很快就稳定了局面。后唐在经历了一场兵变之后，实际上已经实现了一次不变更国号的改朝换代。

这时，从蜀中班师还朝的李继岌正走到长安附近，得到庄宗已死的消息，知道自己肯定不会见容于李嗣源。他眼见大势已去，哭了一阵之后，自己躺到床上，让亲信随从李环将自己缢杀。真是天道轮回啊！就在四个月前，奉李继岌之命袭杀郭崇韬的，也正是这个李环。

李继岌死后，李嗣源在洛阳即皇帝位，是为后唐明宗。

明宗是庄宗之父晋王李克用的养子，与庄宗并无血亲关系。称帝前，曾有大臣建议改换国号，明宗念及旧情，保留了"唐"的国号。论起来，孟知祥跟庄宗的关系，比明宗与庄宗还要近一些。孟知祥的夫人，是庄宗的胞姐琼华长公主，明宗即位后，改封她为福庆长公主。

明宗对孟知祥颇为猜忌。郭崇韬遇害、李继岌离开成都之后，孟知祥迅速控制了西川局势，特别是很轻松地平定了李绍琛之乱，充分展示了实力，刚刚即位的明宗不敢对其轻举妄动。

当初，李继岌率军离开成都后不久，军中将士因郭崇韬之死以及随后朝廷对郭氏亲党的大清洗，心怀怨愤。大军行至剑州（治今四川剑阁）时，大将李绍琛举兵造反，不过很快就被孟知祥联合诸将镇压了下去。这几个月是庄宗政权崩溃、明宗朝廷尚未建立的中央权力空窗期，孟知祥借稳定蜀中局势之机，大肆招兵买马，扩充实力。

四月，明宗即位后，发现孟知祥已有尾大不掉之势，才开始与心腹大臣们商量如何削弱孟知祥在西川的权势，可是已经来不及了。十月，明宗下诏让李严入蜀担任"西川监军"。

庄宗的失国，导火索是郭崇韬之死以及随后流行的各种唯恐天下不乱的谣言，但这些谣言之所以能动摇军心，根本上还是因为庄宗重用宦官、猜忌武将，导致后唐军队将士与他离心离德。谣言虽然是假的，但也绝不会凭空产生，庄宗猜忌大将、打压军队势力，将士们看在眼里，怨在心头，被谣言煽动也就在情理之中。

明宗上台后，为了安抚武将，宣布废除了庄宗时代推行的宦官监军之制。让士人李严去西川监军，成了为孟知祥量身定做的对人不对事之举。孟知祥当然知道李严的到来意味着什么。

明宗选李严来西川监军，其实是个愚蠢透顶的决定。李严当年曾奉庄宗之命出使前蜀，在成都亲眼见到四川的繁华富庶和前蜀政权的军政腐坏，觉得有利可图，也有机可乘。回京之后，他力劝庄宗起兵伐蜀，这才有了以后的这些故事。

之后李严跟随魏王李继岌、郭崇韬领兵伐蜀，后唐军包围成都后，李严自告奋勇，入城劝说前蜀皇帝王衍及群臣开城投降。李严对自己在四川干的这些事引以为荣，认为自己对"蜀事"经验丰富，是解决孟知祥问题最合适的人选。这次的差事，是他自己主动向明宗讨来的。

李严没想到的是，他这一去其实是送死。前蜀政权虽然腐朽，但它的存在至少能保持四川社会的和平安定不被破坏。而后唐大军灭蜀之后，蜀地一度陷入大乱。蜀人对导致前蜀亡国的李严恨之入骨，蜀地的舆论对他非常不利。临行前，李严的母亲已有不祥的预感，她对儿子说："今日再往，必以死报蜀人矣！"

李严的命运果然不幸被老母言中。天成二年（927）正月，李严抵达成都。孟知祥几句话就引爆众怒，把李严架到了火上烤。孟知祥当众揭穿了李严的黑历史，说他挑唆庄宗出兵伐蜀，间接导致郭崇韬被杀、庄宗遇害及后唐朝廷易主。李严以一己之力，灭亡了前蜀和后唐两个王朝——"遂致两国俱亡"。从这个角度看，李严不仅是蜀人的仇人，也是后唐将士的仇人。如果他没有撺掇伐蜀之役，李继岌和郭崇韬就不会互相猜忌，各种谣言也不会产生，贝州不会发生兵变，庄宗也不会死。

前蜀的亡国，当然是李严直接造成的；后唐的亡国，李严也难辞其咎。在成都，蜀人也好，后唐将士也罢，都把仇恨的矛头指向了他。

气氛烘托到这里，只有杀了李严，才能让蜀人与驻蜀的后唐将士消气。孟知祥说完，"众怒不可遏也"，李严就被将士们拉出去砍了。

事后，孟知祥上书明宗解释说："李严来成都后，擅用威福，假传圣旨，已经被我杀了。"李严死后，明宗为稳住孟知祥，还派人去成都传诏安抚他。

这时，孟知祥的夫人与其子孟仁赞（后改名孟昶，即后来的后蜀第二任皇帝）刚好从太原出发，前去成都与孟知祥团聚。他们刚走到凤翔，李严遇害的消息就传到了这里。凤翔节度使李从曮（898—946）见孟知祥敢杀害朝廷派去的监军，担心他要造反，于是自作主张把他的妻儿扣押了下来。

当有人怀疑你造反的时候，你最好是真的想造反。郭崇韬没有谋反之心却死于非命，而真想造反的孟知祥，朝廷还得哄着他。明宗知道孟知祥的妻儿被扣后，为了安抚他，特地跟李从曥打招呼，让他放人，允许他们入蜀团聚。

尽管明宗有意示好，孟知祥却无法与明宗共情。从"两国俱亡"的说辞里，可见在孟知祥心中，庄宗死后明宗称帝重建的后唐，已是另一个王朝。真正的后唐，已经随着庄宗之死亡国了。要孟知祥做明宗的忠臣，甘心听命于新的后唐朝廷，对孟知祥来说，实在是"臣妾做不到啊"。

天成四年（929），明宗朝廷稳定了中枢局势后，开始试图重新掌控已是半独立状态的巴蜀地区。主持中枢军政的安重诲开始安排亲信入蜀，在阆州（治今四川阆中）设立保宁军，以李仁矩为节度使。阆州等地原属东川，孟知祥就挑唆东川节度使董璋出头找茬儿。长兴元年（930）九月，董璋出兵攻破阆州，斩杀了李仁矩。后唐朝廷被彻底激怒了，明宗下诏让石敬瑭——你没看错，就是那个后来为了当儿皇帝，割让燕云十六州给契丹的石敬瑭——率领大军入蜀讨伐叛乱。

石敬瑭大军一入蜀，很快就攻下剑门关。孟知祥全力出击，派大军进驻剑州，将后唐军阻击在巴蜀腹地之外，使其无法前进。这时，之前谋划伐蜀、一度权倾朝野的安重诲，在后唐朝廷的内斗中也已失势。石敬瑭本就对伐蜀兴趣不大，现在久战无功，长途作战的后勤压力又与日俱增，于是不断上表劝说明宗罢兵停战。长兴二年（931）二月，在没有得到明宗明确回复的情况下，石敬瑭以军粮耗尽、不堪再战为由，率领后唐大军北返。后唐中央以武力解决蜀地军阀问题的最后努力宣告失败。

这时，安重诲已经失势被杀。明宗下诏说，安重诲是因为"离间孟知祥"等藩镇重臣，致使天下多事才被朝廷正法的。明宗把"锅"全甩给了安重诲，以此来安抚孟知祥。孟知祥抓住这个朝廷向他示好的机会，故意刺激东川节度使董璋。董璋为人有勇无谋，以为孟知祥跟朝廷勾结，要出卖他。长兴三年（932），董璋率军进攻成都，被孟知祥击败，回到东川节度使的驻地梓州（治今四川三台）后，被部将杀死。至此，孟知祥兼并了东川之地，将整个巴蜀大地纳入自己的掌握之中。

长兴四年（933）二月，明宗下诏拜孟知祥为东、西川节度使，封蜀王。事态发展到这种地步，对孟知祥而言，在蜀中称帝建国，只是时间问题了。这时，明宗朝廷又祸起萧墙。

明宗戎马半生，继位时已经六十岁，但一直未立太子。他的一堆儿子里面，成年的只有二人：秦王李从荣（？—933）和宋王李从厚（914—933）。秦王李从荣最为年长，当时在京城，任河南尹、判六军诸卫事，又兼天下兵马大元帅、中书令，具有事实上的皇太子地位。但李从荣为人戾气极重，与明宗身边的将相皆合不来，特别是与明宗身边的近臣势同水火。宋王李从厚则年纪尚轻，为人懦弱，当时在外任天雄军节度使，镇守河北重镇魏州（治今河北大名）。

长兴四年（933）十一月，明宗病重，秦王李从荣竟然带着一群乌合之众袭击宫门，想要攻入皇宫提前抢班夺位。禁军从宫门冲出，李从荣的草台班子看到真正的军队，吓得全都作鸟兽散。李从荣自己跑回家，躲在床下不敢出来，最后被前来平叛的禁军拉出来结束了性命。

爱子作死身亡，明宗大受刺激，没几天就撒手人寰。

明宗一死，孟知祥再无顾虑，后唐应顺元年（934）闰正月二十八日，后唐王朝的检校太尉兼中书令，行成都尹兼剑南东西两川节度使、管内观察处置、统押近界诸蛮，兼西山八国云南安抚制置等使、蜀王孟知祥，在蜀中将士及文武官员的轮番联名劝进后，终于同意应天顺人，在成都即皇帝位，建国号为"蜀"，史称"后蜀"。

明宗死前，宋王李从厚被紧急召回洛阳。明宗死后，李从厚在诸将的拥立下即皇帝位，是为后唐闵帝。闵帝即位后，军国大事都由拥立他的权臣做主，在外的功臣宿将多被猜忌。孟知祥称帝后不到一个月，明宗的养子、时任凤翔节度使的潞王李从珂（885—936）就被朝廷逼反。李从珂骁勇善战，早年跟随明宗屡立战功，在军中颇有威信。控制了闵帝的朝中权臣们各怀鬼胎，谁都不愿出力平叛。应顺元年（934）三月，朝廷勉强纠合了五道节度使的兵力，围攻凤翔。

　　面对朝廷大军，李从珂登上城楼，对攻城的士兵哭诉说：

"吾未冠从先帝百战，出入生死，金疮满身，以立今日之社

稷；汝曹从我，目睹其事。今朝廷信任谗臣，猜忌骨肉，我何

罪而受诛！"边说边哭，攻城的士兵听后都颇为同情。

　　这时，山南西道节度使张虔钊为了立功，不顾士兵死活，

"以白刃驱士卒登城"。围城士兵的心态彻底崩了，觉得自己跟

李从珂一样遇人不淑，于是全都临阵倒戈，投奔了李从珂。围

城的各路节度使见状，都各自带兵遁走。形势发生逆转，李从

珂从被进攻的一方，变成了进攻方，他立即趁势率军东进。四

月，李从珂率军进入洛阳，取代李从厚成为后唐王朝的新君，

是为后唐末帝。

　　所以，934 年这个甲午年，对于孟知祥来说是一个好运的

年份。孟知祥据蜀自立后，不但未受到任何来自后唐朝廷的清

算和军事干预，反倒因为后唐内乱得了一个大便宜。李从珂称

帝前夕，从凤翔前线逃归兴元（治今陕西汉中）的山南西道节

度使张虔钊带着山南西道诸州投降了孟知祥。至此，一个完整

的四川盆地，尽入新生的后蜀政权之手。孟知祥的历史使命完

成了。

　　七月，刚刚当了皇帝不到半年的孟知祥崩殂，其子孟昶即

位。对于蜀地而言，动荡的时代终于结束了。此后，蜀中一直

比较太平，直到 964 年新建国的宋朝出兵讨伐后蜀，四川的老

百姓在乱世之中度过了整整三十年的和平时光。

看完"甲午岁孟知祥据蜀"的故事，我们可以发现，孟知祥的 934 年，对于蜀人来说，并不是一个恐怖的记忆。蜀人害怕的，其实是枭雄的崛起造成的群雄相争的乱局，蜀人恐惧的，是巴蜀大地将近十年兵连祸结的惨痛经历。只是这些记忆，全部凝结到了甲午年这个符号上而已。

王小波的 994 年

孟知祥的甲午年其实并不可怕。真正让宋仁宗害怕的是"本朝咸平中，岁在甲午，盗发益州，西土大扰"的故事。不过，仁宗学习国史时显然不够认真，这话里错漏颇多。记忆失真对于谣言的内容制造来说，并不是一件值得大惊小怪的事情。谣言在流传过程中，往往会因为转述，或者口误，或者一时的记忆错乱而失真。

事实上，真宗咸平年间，四川的确发生过一次较大的变乱，即咸平三年（1000）的王均兵变。叛军一度占领成都，坚持达十月之久，但咸平三年是庚子年而非甲午年。

王均是驻蜀禁军神卫军的都虞候，他治军松散，喜欢带着手下喝酒赌钱，所部置办军装的经费都被他和士兵们平日里吃喝玩乐挥霍光了。咸平二年（999）十二月十五日，益州知州牛冕与益州钤辖符昭寿在成都东郊主持例行大阅兵，蜀人喜欢凑热闹、看稀奇，成群结队地到东郊观看。当时神卫军驻守成都的有两队人马，一队由王均指挥，一队由董福指挥。董福治军严格，所部经费充裕。阅兵时，董福所部军装新鲜光亮，而王均所部的士兵一个个穿得破破烂烂。成都民众看在眼里，自然议论纷纷，这让王均手下的士兵觉得很没面子。

不过，王均手下的士兵很有意思，军装破败被人嘲笑，他们不怪自己的领导王均治军无方，反而认为是禁军驻益州部队的最高指挥官益州钤辖符昭寿和益州知州牛冕偏心，故意让他们在众人面前出丑，因此在阅兵场上就骂了起来。

士兵们对符昭寿的印象极差。此人出身富贵，是五代宋初宿将符彦卿（898—975）之子。符家自五代以来几世皆为军界大佬，符彦卿之父符存审随晋王李克用征战多年，官至卢龙节度使，镇守幽州。符彦卿年轻时跟随后唐庄宗南征北战，屡立功勋，至后周时，成为河北藩镇中实力最强的天雄军的节度使，手握后周至北宋初年藩镇集团中一支举足轻重的军事力量。此外，符彦卿的长女嫁给了周世宗，是世宗的第一任皇后——宣懿皇后。她在显德三年（956）病逝后，周世宗又迎娶了她的妹妹，并在临死前将其立为皇后。宋太祖黄袍加身时，后周王朝的太后就是这位妹妹。

　　进入宋朝以后，符家仍然是第一等的皇亲国戚。符彦卿的第六女在后周时嫁给了还是禁军小校的宋太宗。宋朝建立后，她跟着宋太宗一起腾达，累封汝南郡夫人、楚国夫人、越国夫人。可惜的是，她死于开宝八年（976），没有等到宋太宗当上皇帝。太宗即位后，符氏被追封为皇后，是为懿德皇后。

　　符昭寿出身于这样的家庭，性情自然骄横放纵，为官只知贪图享乐，不务正业。他在益州钤辖任上，"不亲戎务"，看不起手下那些大头兵，不愿跟他们打交道，军务都是派他的亲随处理，平时士兵们连他的人影都看不到。符昭寿的亲随还经常仗势欺负普通士兵和军校，士兵们自然把账都记到了符昭寿头上。

　　符寿昭不管军务，还醉心捞钱，不过他捞钱的方式跟一般的贪官不一样，不是收受贿赂直接捞钱，而是进军"高端制造业"，自己下场赚大钱。他在成都时，最大的爱好是研究和改进蜀锦的织造工艺。成都的蜀锦天下闻名，是具有高附加值的暴利产业。符昭寿平时亲自操办的正事，就是召集大批锦工织造华丽的蜀锦。据说他织锦所需的原料，都是从市场上强制征购和直接掠夺来的，简直是无本生意。估计那些锦工也是被他强制征调来免费干活儿的，工钱肯定也不要想领得到。因此，符昭寿不但不得军心，也不得民心。

　　更糟糕的是，益州知州牛冕也是个无所作为的庸官，平时得过且过，对符昭寿的事不敢管也不愿管。军心不附，民心不顺，益州的局势就像一个火山口，随时有可能喷发，只需要等到一个点燃的机会。

很快，引爆一场规模空前的兵变的导火索就出现了。

大阅兵后的半个月，咸平二年的除夕，牛冕为自己的亲兵准备了酒食，让他们高高兴兴地过个年。符昭寿则只顾自己快活，根本没想到过年要为所部士兵们做些什么。士兵们看在眼里，恨在心头。有个叫赵延顺的士兵不满已久，早就与人暗中谋划发动兵变，报复符昭寿。

第二天，咸平三年（1000）正月初一，有位宫中派往峨眉山办事的宦官返京，路过成都。平时什么事都不管的符昭寿突然觉得这是个表现的机会，决定亲自招待这位宦官。他找来负责马匹的小吏，让其准备马匹鞍具，他要亲自给这位宦官送行。赵延顺等人听说后，跑到马厩里，把所有的马都放到庭中乱跑。庭中瞬间就乱成一锅粥，人们大呼小叫，喧声不止。赵延顺等人趁乱冲进公堂，一剑把他杀死。随后，发动兵变的士兵占领了甲仗库，控制了铠甲、武器等军用物资。

这时，知州牛冕正坐在州署里接受官员们的新年拜贺，听到兵变的消息，吓得马上跑路。他和转运使张适"缒城"而出，跑到离成都一百多里的汉州（治今四川广汉）去了。因为益州军政两界的大佬们或死或逃，乱兵很快就控制了局面。只有都巡检使刘绍荣拔剑与叛卒搏斗，但终因寡不敌众，被控制了起来。

事情进展得太顺利，反倒让这些普通士兵有些不知所措。赵延顺只是一个大头兵，在军中的威信远远不足以领导大家。他觉得，要成事必须得找个军官领头才行，于是找到刚刚被他们抓住的都巡检使刘绍荣，打算尊奉他为兵变士兵们的统帅。刘绍荣严词拒绝，举起弓来对着叛卒大骂："我燕人也，比弃彼归朝，肯与汝同逆邪？亟杀我，我宁死义耳！"

这时，都监王泽的一顿瞎指挥，给乱军送来了兵变的领导人。王泽听闻兵变，召来王均说："汝所部兵乱，盍自往招安？"王泽觉得，这是王均手下闹出来的事情，想让他自己去平息这个乱子。王均被迫来到叛卒中间，赵延顺左手提着符昭寿的首级，右手举着佩剑，正不知如何是好，看到老上司王均来了，立即眼前一亮，带着士兵们踊跃高呼，把王均送上了叛军主帅的宝座。

王均平时虽然治军不严，又喜欢喝酒赌钱，但能与士兵们打成一片，反而颇得军心。有了王均做主，士兵们热情高涨，驻守成都的几支禁军，如骁猛军、威武军等都加入了叛乱的阵营。

王均看到自己如此受欢迎，当仁不让地当了乱军首领，并宣布改号"大蜀"，"改元化顺，署置官称，设贡举"，不但创立国号和年号，建置百官，甚至还开科取士，顷刻之间新朝雏形就有了。这么麻利地一顿操作下来，不得不让人猜疑，这次兵变真正的主谋不是赵延顺等几个普通士兵，王均在关键时候出现并顺利接手兵变的部队，或许不是都监王泽的大意，而是经过精心设计的。《续资治通鉴长编》补白说，王均称王建国以后，"以神卫小校张锴为谋主"，很有可能这一切都是这个张锴提前谋划和安排好的，赵延顺只是在前台负责表演而已。

当时，整个宋朝官方在四川的军事布局，成都的驻军最多，禁军主力皆屯驻于此，其他州县基本上没有正规的军事力量。得到屯驻成都的禁军各部响应后，王均手上掌握的军事力量，在整个四川地区已是无敌的存在。

从王均及其同伙随后的行动部署来看，他们还是很有战略头脑的。立国之后，他们花了十来天的时间稳定成都及其外围的局势，然后展开军事行动。咸平三年（1000）正月中旬，王均率军北上，攻绵州（治今四川绵阳）不克，于是扑向距成都五百多里的剑州。剑州乃蜀中门户剑门关所在，封闭剑门关，由北方南下的宋朝官军大部队就无法展开大规模的军事行动，就算人多势众，被堵在险要的关隘之下，也是有力无处使。孟知祥当年就是抢先占据剑州，成功阻击了后唐的平叛大军。

从这个操作来看，王均是知晓历史的。

可惜的是，当时的剑州知州李士衡是个狠角色。他听说兵变爆发，驻成都的禁军大都已参加叛乱，判断叛军人多势众，剑州城决计守不住，与其与剑州城共存亡，做无谓的牺牲，还不如保存实力，以逸待劳。于是他下令焚毁城中仓库，将官方储藏的金帛物资全都搬走，率众放弃剑州城，避入剑门关。李士衡打算带着一股小部队，凭借剑门关天险阻击叛军。几天之后，王均率领叛军主力抵达剑门关下，被官军击溃，元气大伤，只得暂时退回成都。

王均兵变发动的时间节点，对于这些叛军来说，其实非常有利。当时宋廷关注的焦点都在北方，咸平二年（999）年底，契丹大举入寇，真宗在十二月离开京城开封，亲自进驻大名府，坐镇前线指挥各路兵马与契丹大军对峙。咸平三年（1000）正月中旬，北方战事稍缓，真宗从大名府启程返京，走到半路，收到益州发生兵变的消息，当即任命雷有终为泸州观察使、益州知州兼提举川峡两路军马招安巡检捉贼转运公事，率精锐禁军步骑八千人入蜀平叛。

由于四川的门户剑门关掌握在朝廷军队手上，入蜀大道畅通无阻。二月中旬，雷有终率领禁军主力赶到成都外围，因为贪功冒进，官军进入城中后，被叛军"关门打狗"，损失惨重，双方暂时进入相持阶段。四川与中央交通通畅，官军从兵力到后勤都可以源源不断地得到补给，叛军被围困于成都一隅之地，精兵越打越少，后勤也越打越难，攻守之势发生了决定性的转变，局面对叛军越来越不利。只是因为官军将士的贪腐与无能，战事才拖延了大半年。

九月下旬，官军终于攻入成都，王均率少量部众趁乱连夜从万里桥门突围而出，往南逃窜。十月初，王均率残部逃至距成都 400 多里的富顺监（治今四川富顺）时被官军追上，全军覆没。王均见大势已去，自缢身亡。

王均兵变，对于四川的普通老百姓来说，又是一场损失惨重的无妄之灾。这次兵变主力虽然是驻蜀禁军，但兵变发生后，也挟持了不少民众。如王均率众进攻剑门关时，双方一交战，叛军中"民之胁从者，率多奔溃"，可见，不少老百姓被迫加入了叛军，事后被官军招降的多达千人，这些被胁从的百姓，很多成了兵变的炮灰。

王均率主力攻打剑门关的时候，蜀州（治今四川崇州）知州杨怀忠觉得可以趁成都空虚将其夺回。但他手上并没有正规军，只能调集乡丁、巡检兵和当地的民间武装清坛众的头目，拼凑成军。杨怀忠一度攻入成都子城的北门，最后"兵势不敌"，被迫撤出。据《续资治通鉴长编》分析，此战之所以功败垂成，是因为杨怀忠临时调集的这批乌合之众入城之后"颇贪剽劫，故致败绩"。可见，这一战，成都城中老百姓的生命财产必定损失惨重。

雷有终率官军主力第一次进入成都时，中了王均"关门打狗"之计。此战之败，据《续资治通鉴长编》记载，也是因为官军进城后，"多分剽民财，部伍不肃"。这些官军与强盗无异，进城之后分头抢劫百姓，无心作战，才使叛军有机可乘，捕捉到反攻的战机。官军如此，叛军也好不到哪里去。官军攻城时，成都城中的老百姓"皆逬走村间"避难，叛军为了阻止老百姓逃亡，大搞恐怖主义式的大屠杀，"遣骑追杀，或囚絷入城，支解族诛以恐众"。

残杀老百姓的事官军也没少干。官军攻入成都后，雷有终怀疑城中潜伏有叛军余党，竟"遣人于街郭纵火"，又在城楼之下，"积薪于旁，厝火其上"，然后把城中男子"魁壮者"都抓起来，硬说他们是叛军的同党，不由分说直接命人"捽投火中"。这一残酷的抓人烧人的暴行，从早上一直进行到下午，"焚数百人"，连宋朝官方都觉得此举"颇为冤酷"。

因此，比起孟知祥据蜀，王均兵变对于蜀人来说，记忆要惨痛得多，民间传言中把咸平三年（1000）这个庚子年误认为甲午年，或许与此有关。好在，仁宗虽然记忆有误，但《续资治通鉴长编》和《宋史》在记载此事时有一段史家的旁白，可补仁宗的记忆之失。《续资治通鉴长编》解释说："初，孟知祥据蜀，李顺起为盗，岁皆在甲午。或言明年甲午，蜀且有变。"《宋史》的说法是："人言：'岁在甲午，蜀且有变。'孟知祥之割据，李顺之起而为盗，皆此时也。"

显然，真正的甲午二乱，是著名的王小波、李顺起义。

据《皇宋通鉴长编纪事本末》记载，淳化四年（993）二月，李顺的姐夫王小波因为"贩茶失职"，走投无路，于是率众起事，打起了"吾疾贫富不均，今为汝均之"的大旗，引发了宋代历史上最为著名的一次农民起义，即通常所说的王小波、李顺起义。

《皇宋通鉴长编纪事本末》是宋代基本史籍《续资治通鉴长编》的姊妹篇。由于《续资治通鉴长编》篇幅巨大，且逐日记事，读者读了后面难免忘了前面。而宋代历史上连续发生的某件事情，因为以时间为纲记事的缘故，被分散到各个时间点上，读者很难理清头绪。南宋末年，杨仲良以纪事本末体的形式，把《续资治通鉴长编》的内容分门别类地摘录到一起，以便更为完整地展现一些重大事件的全貌，于是就有了《皇宋通鉴长编纪事本末》。

淳化五年（994）正月二十二日，起义军攻入成都城，李顺自号"大蜀王"，建元"应运"，略具立国的规模，然后分兵攻取四川各处州县，"北抵剑关，南距巫峡"，在短时期内占据了整个四川盆地。这就是《续资治通鉴长编》《宋史》所谓的"李顺起为盗""李顺之起而为盗"的历史事实。而巧得不能再巧的是，李顺率领起义军攻入成都称王建国的淳化五年（994），也是干支纪年的甲午年。王小波、李顺起义，就是甲午二乱。

甲午二乱的关键人物是王小波和李顺，其中王小波尤为关键，虽然在起义发生后不久他就战死了，但这次起义的策划、组织、发动，从星星之火发展到燎原之势，撼动全蜀，他都发挥了不可替代的作用。王小波和李顺应该都是宋太宗时永康军青城县（治今四川都江堰东南）人，关于他们的职业，正史中无明确的记载。起义发生将近百年之后的元祐元年（1086），蜀人苏辙在给朝廷的奏疏中提到李顺与其姐夫王小波发动起义，是由于"贩茶失职，穷为剽劫"，可见他们应该都是茶贩。

青城山自唐代以来就是成都乃至四川最著名的茶叶产地之一。北宋中后期，成都人范镇（1009—1088）在所著的《东斋记事》中曾指出，"蜀之产茶凡八处，雅州（治今四川雅安）之蒙顶、蜀州之味江、邛州（治今四川邛崃）之火井、嘉州（治今四川乐山）之中峰、彭州（治今四川彭州）之堋口、汉州之杨村、绵州之兽目、利州（治今四川广元）之罗村，然蒙顶为最佳也"。

范镇是宋代较早通过科举考试而闻名全国的四川人。他在宝元元年（1038）考中进士，皇祐年间（1049—1053）得宰相庞籍的赏识，擢拜起居舍人、知谏院，以敢对朝政时事发表意见而闻名朝野。仁宗晚年无子，储嗣不立，成为大宋王朝最大的隐患。范镇是第一个将这个议题抛出来的人，他态度坚决地一连十九次要求仁宗早做打算，尽快收养嗣子，于英宗和神宗可谓是有大功之人。

范镇在英宗时累任翰林学士、判太常寺，后出任陈州知州。神宗即位后，又历任翰林学士兼侍读学士、群牧使、勾当三班院、知通进银台司、纠察在京刑狱等。他因与王安石变法主张不合，心灰意冷，上疏请求退休，于熙宁四年（1071）以户部侍郎致仕。其后优游士林近二十年，累封蜀郡公，名重当世。他死后，名满天下的苏轼（1037—1101）为他写了墓志铭，官至门下侍郎（相当于副宰相）的韩维（1017—1098）为他写了神道碑，可谓备极哀荣。

范镇评定的蜀中八大名茶，在当时和后世都广为流传。而其中的"蜀州之味江"所在之地，即今青城山附近的街子古镇，就是王小波、李顺的家乡。当地农民在山中大量种植茶树，多以贩茶为生。

茶叶在宋代是生活必需品，生产量和消费需求都很大。嘉祐四年（1059），时任江南东路提点刑狱的王安石曾说，"夫茶之为民用，等于米、盐，不可一日以无"。于是，种茶成为当时比较赚钱的营生，吸纳了大量社会劳动力。在小农经济为主的宋代，贩茶成为少数几个具有高附加值的商业活动之一。北宋政府也发现了这个巨大的商机，在开国伊始就盯上了茶叶的生意。

早在乾德二年（964）朝廷就定下榷茶制度，全国各地的茶叶生意，分片区由政府垄断经营，各产茶区的老百姓不得自由买卖茶叶。茶民收获的茶叶，一律由官府统一征购，"民敢藏匿而不送官及私贩鬻者"，不但茶叶会被全部没收，相关人员还要负刑事责任。一般来说，私贩茶叶，会按律以茶价高低分级定罪。茶价五百文以内，流放二千里，茶价超过一贯五百文，处以死刑。此外，组织武装团伙贩卖私茶，也会被处以极刑。

宋朝政府施行榷茶制度的主要目标，就是切断茶叶生产者和销售商之间的直接联系。政府在茶叶生产区设置政府垄断经营的茶叶官场，农户生产的茶叶除了自用以外，必须全部按照官价出售给指定的官场。而且为了阻断商业资本参与茶叶生产，茶农都会"先受钱而后入茶，谓之本钱"。

本钱制的本质就是官府利用权力垄断茶叶生产中商业资本有可能进入的环节，彻底切断商业资本参与茶叶生产的可能性。这样，商人如果想要做茶叶生意，只能从政府手中获取茶叶，除此之外别无其他渠道。为此，朝廷在交通要道设置榷货务，将各地征购来的茶叶堆集一处。商人向政府交钱以后，再去各个榷货务取茶贩卖。

在这个过程中，政府先是以低价强行收购茶农手上的茶叶，然后再以高价卖给茶商，通过权力垄断获取高额收益。《宋会要辑稿》食货部分的数据显示，南宋孝宗在位时期，官方在产茶地建州（治今福建建瓯）可以用 190 文一斤的价格从茶农手上收购茶叶，然后再以 361 文一斤的价格卖给茶商，什么都不用做，仅坐地起价，就可以从中获取 90% 的利润。这个政策之下，茶农当然备受压榨。茶商其实也好不到哪里去，只能在流通环节赚一点辛苦钱。对商业资本来说，在最赚钱的茶叶生意上只能分一点蝇头小利肯定是不甘心的。

不知出于何种考虑，在王安石变法之前，宋朝政府一直没有在四川推行茶叶榷禁制度，而是允许四川的茶农自行销售，这可能是因为宋朝政府在四川搞钱的办法更为高级。

一是比起在其他地方采取的与商人争夺商品经销权来获取暴利的小伎俩，宋朝政府在四川有更厉害的金融武器——铁钱。宋朝禁止四川使用铜钱，而是代以本身价值更低的铁钱，划定四川为独特的铁钱专行区。这也是为什么世界上最早的纸币雏形"交子"是在四川发明的，因为铁钱太重，携带极为不便。禁用铜钱，专用铁钱，相当于直接抢钱。宋廷在四川已经获取到了足够多的利益，很可能就看不上茶叶生意的小钱了。

二是四川有比茶叶更挣钱的生意——丝织业。宋代时蜀锦名闻天下，丝织业利润巨大，政府制定了非常严格和严密的垄断丝织业收益的各项政策。依靠丝织业的垄断利润，宋朝政府已经赚得盆满钵满，对茶叶生意的兴趣就小得多了。

商业资本是逐利的，商人们很快发现，放眼全国，四川茶叶贸易居然是一片蓝海，在这里茶叶是可以自由生产和自由交易的。于是，商业资本深度参与了四川的茶叶生意。神宗在四川推行榷茶之前，蜀人吕陶（1027—1103）说，川茶最著名的生产基地——彭州导江等地的运营情况是这样的："茶园人户多者岁出三五万斤，少者只及一二百斤，自来隔年留下客放定钱，或指当茶苗，举取债负，准备粮米，雇召夫工，自上春以后，接续采取。"

吕陶是熙宁十年（1077）前后"川茶变法"时的彭州知州，他的祖籍为眉州彭山县，其家后来徙居成都，所以《宋史》称其为成都人。吕陶对川茶的运营情况非常熟悉，他在那段时间接连给朝廷上了好几道奏疏以阐明四川的茶法情况，其中收入他的文集《净德集》的《奏具置场买茶旋行出卖远方不便事状》是一篇非常重要的关于四川茶叶产销运营情况的一手资料。上述所引吕陶的那段话表明，商业资本深度参与了川茶的生产和销售过程。如当时有一种叫作"客放定钱"的金融产品，实际上就是商人以预付款的形式提供给茶园经营者的生产经营性贷款。

当然，这笔钱对于茶园经营者来说并不好拿，因为提前"指当茶苗"，显系低价折卖，以这种方式拿到的周转资金，相当于变相的高利贷。由于茶业生产需要大量的人工，生产经营成本极高，茶园经营者不得不举债雇用工人从事茶叶生产。在商业资本面前，茶园经营者也好，茶园里的打工人也好，都是弱势群体，茶叶生意利润的大部分应该都被商业资本拿走了。

　　这可能就是王小波等人"贩茶失职"的直接原因。从王小波的起义口号"吾疾贫富不均，今为汝均之"来看，他们最初斗争的矛头指向的是"富人"，而非官府。苏辙说王小波、李顺是"贩茶失职，穷为剽劫"，估计是商业资本大量进入四川茶叶市场，挤占了许多小商小贩的生存空间，造成他们的经济状况恶化，最终导致他们带着贫苦百姓铤而走险。

　　因穷困潦倒而"聚众为乱"，在宋代其实是很常见的事情。就在王小波等人起事前后，宋太宗亲自从中央官员中挑选了八人担任巡察员，分别巡察江淮、两浙、陕西等地，所到之处，"宣达朝旨""询求物情""招集流亡""案决庶狱"，并调查收集贪官污吏以及不称职官员的各项罪证，上报朝廷。这次"八人分路巡抚"的安排，据说就是因为江淮、两浙、陕西等地近年来旱灾不断，"民多转徙，颇恣攘夺"，也就是在自然灾害的打击下，破产农民成了流民，形成许多小股的"盗匪"。王小波等人"聚众为乱"，最初可能也是如此。但后来他们的星星之火渐成燎原之势，则是宋廷中很多人都没有想到的，以致这场在后世声名赫赫的大起义到底是如何爆发的，史书上的记载极为模糊。

　　王小波、李顺起义爆发的时间，宋代史书记载颇为混乱。时间线最为清楚的《续资治通鉴长编》，对早期起义的情况完全没有记录，直到淳化五年（994）正月初，才首次出现关于起义军的记载："李顺引众攻成都"，几天之后，起义军就攻陷了成都，引发全国震动。起义军具有攻占四川军事、政治和经济中心成都的实力，显然是长期发育的结果，这时离起义的爆发，时间上肯定已经过了很久了。在起义的初始阶段，官府很可能是把他们也当成了同时期那些小打小闹的流民盗匪，没太把他们的反抗当回事。

期间，太宗跟宰相吕蒙正聊天，谈起五代末世天下大乱，兵连祸结，十室无一存的惨状。太宗回忆，当时的人都说，太平日子再也不可能重现了。然后他突然话锋一转，夸起了自己的"成绩"。他说："朕即位以来，对政事都是亲力亲为，现在国家的情况，大体上都还行。我常常感念，因为上天的恩赐，才有如今的繁荣昌盛，更明白了走出乱世，关键还是在人。"

显然，不知道四川已经出大事的宋太宗，此时还志满意得地在臣下面前享受自己是太平盛世开创者的无限荣耀。可是没过几天，李顺就率领起义军打进了成都。西土大乱的消息传来，太宗被"打脸"打得实在太快。

元代在宋代官方资料的基础上编写的《宋史》，倒是在《太宗本纪》中明确指出王小波率众起事的时间是淳化四年（993）二月，称"永康军青城县民王小波聚徒为寇，杀眉州彭山县令齐元振"。《宋史》的淳化四年二月说，大概沿袭的是宋代官方最流行的说法。南宋时蜀人彭百川所编《太平治迹统类》中也说，"淳化四年二月，青神县民王小波作乱"，尽管其中的"青神县民"当为"青城县民"之误，但时间跟《宋史》的记载是对得上的。所以，后来很多著作都把王小波起事的时间认定为淳化四年二月。

关于王小波、李顺起义的记载，还有一部值得注意的史书，那就是北宋中后期完成的《隆平集》。该书为著名文学家曾巩（1019—1083）所撰，这部书比前文所引证的那批史书成书时间更早。有意思的是，曾巩在书中给出了一个与宋代官方叙事很不一样的说法："王小波、李顺皆青城县人。淳化三年（992），聚众为乱，先陷青城县。四年，劫彭山县令齐元振金帛，元振率众拒之，逐元振，贼势渐盛。"

显然，曾巩有着比宋代官方更丰富的信息渠道。他获得了关于王小波、李顺起义的早期信息。将这两种说法放在一起看，发现它们很是严丝合缝。

笔者推测事情的经过应该是这样的：992 年，王小波等人聚众起事后，最初在家乡附近活动了一段时间，随后占据青城县作为自己的根据地。此后加入起义军的贫民越来越多，王小波的力量渐渐壮大。附近最臭名昭著的大贪官彭山县令齐元振，由于民愤极大，成为起义军接下来重点打击的对象。起义军在 993 年二月出兵袭杀齐元振，声势大振，从而引起官府的注意。所以宋代官方的记录，以 993 年二月起义军袭杀齐元振为起义之始。

　　王小波、李顺起义可以说是宋代规模最大的一次起义。宋代的农民起义整体上规模都不大，虽然其首领称王称帝者不少，但多以一州一县的小打小闹为主，能够跨州连郡，占领一个片区的情况极为少见。王小波、李顺起义在巅峰时期，几乎震动了整个巴蜀地区。

　　起义军的势力范围，按《续资治通鉴长编》的说法，李顺自称蜀王之后，"遣兵四出侵掠，北抵剑关，南距巫峡，郡邑皆被其害焉"。具体来说，起义军最初攻占了青城县，之后攻下彭山、江源，在年末进克蜀州、邛州，接着连下永康军、双流、新津、温江、郫县、汉州等州县。起义军在淳化五年（994）正月攻下成都后，更是声势大振，分兵四出攻取巴蜀地区的各处州县。

　　"北抵剑关，南距巫峡"，即占领剑门关和三峡，从而阻断宋军主力进入四川，这是起义军下一步的战略目标。李顺在成都称王之后，以成都为中心，三面出击，扩大地盘。在北线，起义军最初进展十分顺利，主力从成都北上，很快攻下绵州、剑州，但受挫于剑门关下。剑门关的宋军只有数百人，因此李顺只派了数千人围攻，但遭到剑门关守将上官正的拼死抵抗。宋军人数虽少，但斗志不衰。这时成都的溃兵也来到剑门关，与城内宋军内外夹击。攻城的这支起义军大败，几乎全军覆没。

剑门关之战的失败，意味着起义军试图拿下剑门关，封闭北方入蜀通道的战略计划成了泡影。宋军主力可以从北方源源不断地进入四川。剑门关战役的失利，事实上已经注定了起义的最终失败。

在东线，起义军试图封闭三峡，切断宋军主力从三峡水路入蜀的通道。向东推进的战略进展比较顺利，从宋军在994年五月反攻时收复失地的相关记载来看，起义军最初应该很轻松地拿下了阆州、巴州（治今四川巴中）、蓬州等地，但受阻于梓州（治今四川三台）城下。

梓州是东川重镇，距成都二百多里，是从成都东进的重要门户。梓州知州张雍很有些才干，听说成都失守，立即调动各方力量，加强军备，"训练城中兵，得三千余，又募强勇千余"，梓州城中守军达到五千人以上。起义军围攻梓州八十多天，毫无进展。五月以后，增援的宋军主力抵达梓州。见官军人数越来越多，越战越强，起义军只得撤围而去。虽然拿不下梓州，但起义军继续在东线攻城略地，不过因为梓州城的坚守，起义军东进的速度受到严重影响。

起义爆发后，宋军主力兵分两路入川，除剑门关一路外，还有一路从峡路入川的。这支宋军一度在梁山军（治今重庆梁平）、广安军（治今广安）、渠州（治今渠县）、果州（治今南充）之间与起义军激战。六月，峡路行营的宋军在雷有终的率领下在合州（治今重庆合川）大破起义军，收复合州，起义军在东线的攻势才被官军压制住。

广安军、渠州、果州、合州与成都的距离在五百里到六百里之间，这说明起义军的东进战略并没有因为梓州这颗钉子而止步不前，起义军的控制范围显然已深入到了川东嘉陵江流域的丘陵地带。可惜的是，一直到成都失守前，起义军最远也只打到了靠近长江沿线的合州和梁山军一带。这时只有从合州继续沿嘉陵江南下攻取渝州，或从广安军穿过川东的平行岭谷地带攻下忠州，才能真正控制长江水道，顺流而下进占夔州。所以，起义军离实现封闭三峡的战略目标还有一段距离。

通过川东诸州沿嘉陵江南下进入长江，的确可以实现封闭三峡的战略目标。而从成都南下，沿岷江经眉州（治今四川眉山）、嘉州和戎州（治今四川宜宾），也可进入长江，最后顺流而下进抵三峡。但起义军的南下战略，比起北线和东线，却更加困难。北线和东线虽然最终也没有实现战略目标，但北线至少打到了剑门关下，东线基本上控制了嘉陵江流域，将战线推进到了长江干流的外围地带。而南线，起义军刚出成都就遇到了硬茬，费尽心力，却连成都外围的眉州和陵州（治今四川仁寿）都打不下来。

眉州离成都很近，相距约 160 里，起义军占领成都后，李顺立即派出以吴蕴为主帅的十余万人起义军主力进攻眉州。眉州的兵马监押李元汶嗅觉非常灵敏，当他听说起义军占领成都后，就第一时间着手整编眉州城的守军，组建了一支 7000 人的守城部队。这时从邛州、黎州（治今四川汉源）和雅州又逃来溃兵 600 多人。在李元汶的直接指挥下，在"一把手"知州李简、"二把手"通判王象的联合领导下，眉州守军将近 8000 人，硬是扛住了起义军十多万人的持续围攻。他们从当年春天一直坚持到夏天宋军主力收复成都后分兵前来增援，致使起义军的南进战略受挫于此近半年。

同一时期，起义军在陵州的进展也很不顺利。事后陵州知州张旦、通判张翼得到了朝廷的嘉奖，说明起义军没有突破宋军的陵州防线。陵州的位置与眉州差不多平行，离成都也只有 160 多里。比起向北和向东差不多 600 里的推进距离，起义军向南推进最远也就只有 160 里。眉州和陵州久攻不下，使得起义军在前期未能实现对川江上游沿线地区的控制，也就失去了顺江而下占据三峡的可能。本来，四川盆地内长江流域的嘉州、戎州、泸州、渝州（治今重庆）、涪州（治今重庆涪陵）、忠州（治今重庆忠县）、万州、开州、夔州（治今重庆奉节）等地，一旦突破一个，就可以顺流而下，逐个击破。

淳化五年（994）五月，宋军主力收复成都后，王小波、李顺起义已基本宣告失败。但由于当时宋军兵力有限，主要集中在成都，李顺的部将张余竟然能够带着万余残部从成都撤出南下，然后一举攻陷嘉州、戎州、泸州、渝州、涪州、忠州、万州、开州等八州，势如破竹，直抵夔州城下，才被前来救援的宋军主力击溃。

虽然起义军企图占据整个巴蜀的战略计划未能实现，但起义军在第一阶段所攻取的地盘已相当广阔。除成都以外，起义军向北占有绵州、剑州，往西占有永康军、蜀州、邛州、彭州等成都平原地区及其外围地区，向东占有巴州、阆州、果州、渠州、广安军、梁山军、合州等嘉陵江流域地区，几乎包括了除长江干流沿线州军以外的整个四川盆地，所据有的州军数量接近二十个。

像这样规模的起义，在整个宋代，大概只有北宋末年一度攻下浙东六州五十二县的方腊起义才可以勉强与之相比。除了波及范围广以外，王小波、李顺起义对宋朝统治者信心的打击在整个宋代也是绝无仅有的。综观两宋三百余年历史，小打小闹的农民起义此起彼伏，从未停歇，但都不成气候，对宋朝统治者来说，都是癣疥之疾，只要派兵镇压，解决这群闹事的"刁民"永远只是时间问题。面对王小波、李顺起义，宋朝统治者却差点彻底"破防"。淳化五年（994）八月，当宋军收复成都，基本上大局已定的时候，宋太宗竟然对参知政事赵昌言（945—1009）说："西川本自一国，太祖平之，迄今三十年矣。"这话从太宗嘴里说出来，大臣们是很震惊的。

宋太宗似乎是在安慰自己，要是镇压起义失败，宋朝丢了四川，也是可以接受的。因为四川不是大宋王朝的固有领土，只是宋太祖三十年前机缘巧合之下捡便宜得来的一块肥肉罢了。特别是他还强调四川成为大宋王朝的一部分至今只有三十年，算不上有多悠久的历史和感情。

这话说得颇有些"渣男"的心态——"咱们谈恋爱的时间不长，彼此爱得也不深，可以随时接受分手的结果"。幸好赵昌言听了太宗这段不负责任的自白后，立即表示"国家士马精强，所向无不克"，这才打消了太宗试图放弃四川的荒唐念头。

"吾疾贫富不均，今为汝均之"是王小波率众起事时喊出的口号。王小波、李顺起义之所以让北宋统治者心惊肉跳，是因为起义军有了明确的斗争目标，那就是要"均贫富"。这一点，在整个中国农民战争史上非常光彩夺目。大部分情况下，老百姓因为走投无路才会铤而走险，大部分的起义，起义者只是被形势裹挟，浑浑噩噩地走上了"造反"之路。能够在造反的时候发出底层人民心声的，本就凤毛麟角，发出的声音还能有清晰的目标和主张，更是少之又少。

秦末陈胜、吴广起义时喊出"王侯将相宁有种乎"，呼唤政治权利的平等，几乎振聋发聩了两千年。王小波、李顺起义，则彻底摆脱了从政治身份去争取权利平等的农民局限性。王小波"均贫富"的口号，揭露出广大人民群众不幸福的根源——经济上不平等。

不过，"吾疾贫富不均，今为汝均之"这句话到底是什么意思，仍然值得再思考。王小波所说的"贫富不均"所针对的是当时四川社会的何种矛盾呢？现代人看到"均贫富"这样的口号，可能会认为王小波带有经济上的平均主义倾向，认为他的矛头可能指向"富人阶层"。但如果仔细体会王小波说这话的历史情景，可能会发现实情并非完全如此。

《皇宋通鉴长编纪事本末》中追述王小波、李顺起义爆发的起因时说，"蜀土富饶，丝帛所产，民织作冰纨绮绣等物，号为冠天下"，意思是说，四川因为手工业发达而成为当时的经济富裕地区，所以此前后蜀政权的财政收入非常丰厚，"府库益以充溢"。等到宋朝灭亡后蜀，发现四川从唐末五代以来积聚起来的财富简直多得触目惊心。宋朝攻取四川后，将蜀中累年所积，分成两批，"重货铜布"走水路经三峡运往江陵，然后"调发舟船，转送京师"。而"轻货纹縠"走陆路，"发卒负担"源源不断地运往开封。不过数年，四川地区数十年来积累起来的财富，就"悉归于内府矣"。

宋朝政府统一四川之后，吃相难看地发了大财。官员们都纷纷以为四川是可以大发横财之地，争相设法搜刮四川的财富。

　　宋朝政府在成都除了征收正常的赋税以外，还增设"博买务"，企图垄断四川特别是成都发达的丝织业的全部收益。一方面"诸郡课民织作"，官府亲自下场，在生产环节残酷压榨丝织品的利润空间；另一方面"禁商旅不得私市帛"，从流通环节严格限制民间丝织品市场的正常运营。这样双管齐下，宋朝政府几乎完全垄断了成都丝织产业的全部利润。

　　宋朝政府从上到下就只想着把四川的财富全部榨干，"日进上供又倍其常数，司计之吏，皆析秋毫"。久而久之，积累起了犹如滔天洪水般的民怨，只等哪一天决堤溃围，迎来灭顶之灾。

　　王小波喊着"吾疾贫富不均，今为汝均之"的口号，带着起义群众干的第一件事情就是攻打彭山县，袭杀了"与民为仇，受赇得金帛，多寄民家"的县令齐元振。齐元振死后，他的钱财被起义军散发给老百姓。起义军还把齐元振开膛破肚，把大把的钱财塞进他的肚子里。《皇宋通鉴长编纪事本末》推测说，这样做是因为"恶其诛求之无厌也"。

　　如此反常地羞辱一个人的尸体，可见起义军和老百姓对齐元振怨恨有多深了。起义军针对的并不是一般意义上的有钱人，而是那些利用官府权力作威作福的贪官，以及制定并执行上述残酷压榨政策的四川地方当局和北宋朝廷。

　　起义军对付普通的富人，手段反倒相对温和。

沈括在《梦溪笔谈》中提到，起义军每到一个地方，对待经济意义上的"富人大姓"，只是没收他们的财产，通常的做法是把富人们召集起来，让他们各自上报自家的财产，给他们留足日常生活所需，多余的财产才会被起义军拿来分给百姓，所谓"悉召乡里富人大姓，令具其家所有财粟，据其生齿足用之外，一切调发，大赈贫乏"。

只没收多余财产的处置方式，比起义军对权贵阶层，如齐元振之流的处理方式，可谓是天壤之别。起义军把靠贪腐发家成为一方巨富的齐云振"杀人辱尸"，似有不共戴天之仇，而对于普通的"富人"，只要钱，不要命，并没有太大的怨恨。

事实上，对贪官污吏以及宋朝统治者的不满，才是这次起义能够发展成为宋代历史上规模最大的农民起义的主要原因。"时值东西两川，天旱大饥，吏失救恤，纷扰流离日多"，由于官府只知搜刮钱财，而不知救民于水火，导致大量贫民人心浮动。起义爆发之后，"旬日之间，归之者数万"。这次起义，之所以对宋朝统治者震动极大，除了前述的攻占州县众多、波及的地域范围广大之外，还因为参与人数在整个宋代都是空前绝后的。

据《皇宋通鉴长编纪事本末》记载，起义军在淳化四年（993）十二月攻陷蜀州前，已有一万多人，之后接连攻下蜀州、邛州等地，声势大振。在次年正月攻占成都前，起义军人

数已经达到数万人之多。此后，分兵出击的各路起义军，进攻
剑门关的有数千人，驻守剑州柳池驿的有五千人，进攻广安军
的有三千人，驻守葭萌关一线的有万余人，驻防巴州一带的有
五千人，坚守成都的有十余万人。

此外，还有起义军将领相贵率领的进攻梓州的二十万人，
进攻陵州的五万人，进攻眉州的起义军大将吴蕴所率领的十余
万人。成都失守后，起义军部将张余带领突围部队从成都南
下，一路攻下嘉州、戎州、泸州、渝州、涪州、忠州、万州、
开州。《续资治通鉴长编》《宋史》都没有说明这支起义军的具
体人数，但宋军主力在夔州击溃这支起义军时，斩首两万余
级，按起义军在吃败仗时的战损率推测，这支队伍应该接近
十万人。

可见，整个王小波、李顺起义期间，四川人民参加起义军
的人数有五六十万人，这在宋代农民战争史上显然是一个相当
醒目的数字。可见，宋初的三十年，宋朝在四川的统治是多么
不得人心了。

关于这一点，宋朝统治者自己也是供认不讳的。

淳化五年（994）九月，起义军基本被镇压下去后，宋廷
以太宗的名义发布了罪己诏。一般来说，古代的罪己诏都是大
臣模拟皇帝的口吻说的一些罚酒三杯之类的套话，往往并不是
皇帝的真心话。但据说负责起草罪己诏的翰林学士钱若水完成

初稿拿给太宗过目时，太宗笑着对钱若水说："朕为卿润色，可乎？"说罢，提笔修改起了诏书中的字句。

此举大违常规。按唐宋时代的传统，翰林学士起草诏书，乃是代天子立言，用现在的话说，翰林学士就是皇帝的"嘴替"。干这样的活儿，翰林学士必须得跟皇帝心意相通才行，皇帝也必须让大家感受到他与翰林学士是想法一致的，否则这个天子喉舌的活儿就没法干了。所以，皇帝往往会给足翰林学士面子，充分尊重翰林学士拟写的稿子，不会轻易改动。如果皇帝亲自动手涂改翰林学士拟好的诏书，一方面说明这位翰林学士已不能充分理解圣意；另一方面则表明皇帝对这位翰林学士能否胜任这一重要工作产生了怀疑。

如大中祥符六年（1013）六月，当时的翰林学士杨亿负责起草给契丹的答复诏书，其中有"邻壤交欢"一语，真宗看后，在这句话的旁边批注了"朽壤""鼠壤""粪壤"等字样，意为"壤"字组词通常都不是什么好词，如此措辞，恐怕有损宋辽之间和谐友好的外交气氛。杨亿见到真宗的批注之后，立即将"邻壤"改成了"邻境"。第二天，杨亿就"引唐故事"，即援引唐代的惯例，向真宗提交了辞职申请。因为按唐代的规矩，"学士草制有所改为不称职"。真宗不得不对杨亿好言慰喻了一番，才让他打消了辞职的念头。

事后，真宗谈起这件事，很郁闷地对身边的大臣"吐槽"

说："杨亿真有气性，不通商量。"真宗没有意识到，自己给杨亿起草的诏书做批注，和对方商量诏书中文字用法，放到唐宋翰林学士为皇帝起草诏书的传统中，乃是一种公开处刑，意味着皇帝不再信任这个"嘴替"了。对杨亿来说，事情发展到这种地步，已经非常不体面，这时他必须主动辞职，才能让自己稍微有点体面。

只不过，这次真宗恐怕真的只是一时手痒，才会在杨亿拟写的诏书上做批注，并没有想让杨亿辞职的意思，所以才极力好言挽留。好玩的是，真宗在事后也没有明白这个惯例到底是怎么回事，甚至误解了杨亿，认为杨亿是在给自己耍性子，是"不通商量"——尽管真宗觉得大臣有点性格也是好事。但从真宗的误解可以看到，皇帝也认为正常情况下自己不应该对翰林学士起草的诏书指指点点，而翰林学士在起草诏书时被皇帝"指点"，是有资格生气的。

理解了这一唐宋时代的政治文化传统以后，再来看太宗亲笔修改罪己诏的举动，我们才能理解，为了表达出真正的"圣意"，太宗在客观上是不惜让钱若水难堪的。但主观上，太宗又并没有对钱若水感到不满，纯属是借罪己诏的机会说点真心话，深刻反思和总结王小波、李顺起义的经验教训。所以，当太宗跟钱若水说打算"润色"一下词句的时候，不得不笑着说——"笑谓"。太宗用微笑向钱若水示好，意在表明他这次提笔修改诏书，是对事不对人。所以，在这份向天下宣示平定王小波、李顺起义的罪己诏中，多少是有些真心话的。

《宋大诏令集》收录了这份罪己诏，在诏书中，太宗首先承认四川自古以来就是个好地方，"惟彼蜀川，素为乐土"。王小波、李顺起义在四川闹得这么大，不是因为这里"穷山恶水出刁民"，四川风俗历来淳良，"本为礼义之乡，不识干戈之事"，所以就更不能"甩锅"到四川人民头上。太宗说他冷静下来后仔细思考，这次闹出这么大的事来，问题不在于人民不行，所谓"静言思之，非民之咎"。在一通真诚的反思之后，太宗认为，错在自己委任非人，即朝廷派往四川的贪官污吏才是引起这次大乱的根本原因。他感叹，"亲民之官"，即四川各州县的地方官员，"不以惠和为政"；"管榷之吏"，即四川财政赋税系统的官员，"惟用刻削为功"，官员们的腐败无能才是王小波、李顺起义最终在四川酿成大祸的根源。

从一向只会埋怨老百姓不体谅朝廷难处的封建统治者嘴里，说出如此的"非民之咎"的言辞，足见宋朝统治者真的是被这次起义触及灵魂了。王小波、李顺起义带给宋朝统治者的可不是小小的震撼。

本来，小农经济时代，农业生产主要以家庭为单位进行，有组织的农民极少，平时生产协作需要团队组织的情况也极少，真要把农民组织起来反抗官府的统治，有很大困难。即便发动起来了，他们也会因为没有共同的生产生活经历而缺乏团队协作能力，组织化水平低，在面对当时规模最大、社会化组织程度最高的力量——朝廷时，反抗能力极弱，基本上掀不起什么风浪。因为团队协作能力决定着一个组织的领导力，大部分时候，由小农组织起来的反抗力量，其组织领导能力都较差，对朝廷的威胁并不大。

但茶叶生产不同，它是高度组织化的产业。种茶本身用不了多少人手，但采茶与制茶却是需要在短期内聚集大量人工才能完成的高度组织化和协同化的工作。如四川著名的产茶地彭州导江县的堋口，每年春冬两季，会有大量打工人为茶园打短工，当时很多小茶园的经营者，"每年春冬，雇召人工薅划，至立夏并小满时节，又雇召人工趁时采造茶货"。可见，采茶制茶的过程中，已经产生了大量的雇佣劳动关系。这些采茶和制茶的佣工数量众多，是宋代民间社会最大规模的有组织人群，连一向可以任意欺压百姓的官府，在他们面前也会心虚。

比如，熙宁十年（1077）四月十七日，官府在堋口设置茶场收购新茶，当天这处官办茶场花费了 3600 贯钱，收购了茶户带来的茶叶六万多斤。由于前来卖茶的茶户太多，负责收茶的官员把所带的茶钱全都用光了，只得暂停收购。

四月十八日，管勾堋口茶场的主官尹固和濛阳县主簿薛翼二人向上级申请再下拨 6000 贯作为额外的购茶款。四月十九日，这笔购茶款还没送到，可一大早当地茶户就聚集到茶场要求官府继续收购茶叶。这时天又在下雨，尹固向大家说明要等购茶款运到，天晴之后再开场收购茶叶。没想到，茶户们群情激愤，一起冲入官厅，把尹固围了起来，要讨个说法。

面对这种公然挑战官府权威的聚众闹事行为，尹固却不敢把茶户怎么样，只能灰溜溜地跑路。茶户还穷追不舍，主簿薛翼在返回途中走到净众院时，竟然有茶户追上来殴打薛翼手下的公人，甚至"兼扯破薛翼袍袖"，搞得官老爷们颜面扫地。这次"致打公人，毁骂官员"的恶性事件，因为闹事的人太多，"系属人众，难为止约"，尹固向上级汇报时，不是要求严惩闹事的茶户，或严厉镇压茶户的寻衅滋事行为，而是让当局立即派遣县里的官员"赴茶场告谕园户"。

据负责调查并向朝廷上报案情经过的彭州知州吕陶在《奏为官场买茶亏损园户致有词诉喧闹事状》中的说法，1077 年四月十九日这次"致打公人，毁骂官员"的群体性事件的参与者有五千人之多，其中大部分应该都是为茶园经营者采茶制茶的佣工。

可见，茶园经营者和打工者的高度组织化水平，让官府也不得不有所忌惮。吕陶也并没有过多地追究参与闹事的茶户的责任，反而认为这是茶法改革后，茶户"被官场减下价例，大有侵损，以至嗟怨，聚众喧闹"。在吕陶看来，官府所设茶场没有及时收购茶叶，只是茶户们不满朝廷茶法改革而宣泄情绪的一个引子，这次官府资金准备不充分，他们才有了正当的宣泄理由。

事实上，官府依靠手中的权力施行超经济残酷压榨，是宋代官民关系紧张的主要原因。反抗这种压榨，争取符合市场逻辑的经济环境，也是老百姓"闹事"的主要动力。所以像王小波、李顺这样从事商业活动的农民，最容易起来组织群众造反。有时为了反抗官府对商业利润的垄断，四川人民甚至还会组织武装力量从事商业活动。

就在甲午再乱谣言流行的前几年，戎州（治今四川宜宾）人向吉等人"操兵贾贩"，也就是拿着兵器贩卖货物。注意，他们带着武器做生意，并不是要欺行霸市、强买强卖，而是仗着人多的武力优势，拒绝给官府上交过境的商税，所谓"恃其众，所过不输物税"。

所以，熙宁十年四月中旬爆发的堋口茶场群体性事件，就整个过程表现出来的种种特点来看，完全不像是一群"老实巴交"的农民干得出来的。这件事情，显然带有某种"工人运动"的性质。从这个角度看，王小波、李顺"贩茶失职"后带领四川人民反抗宋朝政府在四川的腐朽统治，最后成为整个宋代规模最大、影响最深远的一次农民大起义，也就绝非偶然了。

六十甲子歌

对于仁宗年间的四川人民来说，王小波、李顺的故事，离
这甲午再乱谣言流传的"当下"，还不到六十年。当年劫后余生
的人们，其中尚在人世的肯定还不少。兵连祸结的惨剧历历在
目，他们听到这个谣言后，如何能不惊心！所以仁宗才说"故
蜀父老识之"。何况"来岁复在甲午，蜀人以为恐"的说辞，很
有可能并非无知小民自己吓唬自己，造谣和传谣的人真正想吓
唬的，可能是当时的统治者——仁宗君臣。

其实在平时，宋朝大臣也经常用王小波、李顺起义来吓唬
皇帝。熙宁七年（1074）正月，神宗派遣三司勾当公事李杞到
成都去考察在四川实施市易法是否合适。有意思的是，在此之
前，神宗已经派出过蒲宗闵、沈逵等人去考察过一次了。作为
王安石变法的重要内容之一，市易法早在熙宁五年（1072）三
月就已经颁布施行，但在四川却迟迟未能推行，就是因为当年
的王小波、李顺起义给了神宗和王安石很大的压力。反对推行
市易法的参知政事冯京（1021—1094）对神宗说："曩时西川因
榷买物，致王小波之乱，故颇以市易为言。"

所谓"榷买物"，就是官府对一些涉及民生的日用消费品进
行"专卖"，严格管控诸如茶、盐、酒、醋等商品从生产、运输
到销售的各个环节，以限制正常的商业活动为手段，为官府获

取高额的垄断利润。王安石变法期间的市易法则更进一步，直接利用政府的权力优势下海经商赚差价。市易法的具体办法是由政府出面，出钱设置"市易务"或"市易司"之类的国营商品批发机构，在商品价格下跌时出资大量收购商品，商人交纳一定数量的抵押货品后，可去政府主管的仓库里提货到市场上销售，政府从中赚取一定的利息。

市易法一方面可以调节物价，一方面又可以增加财政收入，看起来相当美好。但在实际操作过程中，具有强权地位的官府亲自下场做生意，跟抢劫其实没什么两样。对老百姓来说，这绝对是日常生活中的灾难事件。鉴于"榷买物"曾经激起过王小波、李顺起义的惨痛教训，神宗对于要不要在四川推行市易法举棋不定。后来虽然在成都设置了市易务，但只开办了两个月就撤销了。足见王小波、李顺起义的余威，直到八十年后仍然保护着四川人民免受市易法的骚扰。

显而易见，面对"岁在甲午，蜀且有变"的谣言，真正应该害怕的，可能并不是一般老百姓，而是北宋朝廷。这样的流言，未尝不是一股蠢蠢欲动的暗流，背后是有人想借机制造舆论搞事情，而且是搞大事情。

这则谣言，不像一般的传闻那样纯属无中生有。相反，它确实是基于一些已经发生的客观事实。它发出"来岁复在甲午"的预警，乃是在过往历史基础上进行的鉴往知来。历史是纷繁复杂的，总有些偶然事件如同空中的尘埃，不经意间飘到一处，会给人们一种难以言喻的巧合感。这种巧合，在大家眼中仿佛隐藏着某种神秘的因果，诱导人们用尽心思去探寻、解读这种联系背后的必然性。于是，有意也好，无意也罢，人们总试图抽丝剥茧，找出一条贯穿其中的线索。仿佛这就是上天预先制定的法则，适用于所有同类的情境。

人们开始坚信，每一件类似的事情从发生到结束，都将遵循神秘的天意指引，如同被预先设定好了剧本，一幕幕演下去。身处其中的人们往往容易忽略巧合的本质就是偶然，也容易忘记现实的多变与不可预测。在人们的心中，这条规律如同一条坚实的锁链，将同类的事件紧紧锁定在一起。人们沉迷在虚幻的确定性带来的安全感中无法自拔，从而无法看到事物背后的真相。然而，历史并不是"因为所以"那么简单。每一个事件发生和演变的场域都是独特的，它们的发生并非简单地遵循某种规律式的天意，而是受到无数因素的影响，包括环境、人的选择，以及无法预料的突发事件。

甲午再乱谣言所基于的事实便是："孟知祥据蜀，李顺起为盗，岁皆在甲午。"根据这一事实可以得出的结论就是：凡是甲午年，四川都会有大乱发生。"或言明年甲午，蜀且有变"就是用这种思维模式推论出的结果。这种自证预言式的谣言，往往从当时人们的认知出发，人们肯定认为这些想法既不是出于偏

见，也不是一种盲目的武断，而是他们自己从历史经验中认真
观察得出的真理性结论。现代社会学中有一个著名的托马斯定
理，"如果认为某些情形为真，结果它们就会成为真的"。甲午再
乱的谣言所散布的灾祸预测，在某种程度上也可以起到相似的
作用。

巧合的是，甲午年与蜀地的联系并不仅仅出于宋人的见
闻。据《三国志》记载，早在东汉末年，孙吴集团的星占术士
吴范就曾预言，甲午年将是刘备得蜀之年："及壬辰岁，范又白
言：'岁在甲午，刘备当得益州。'"

吴范是会稽人，早年即以"治历数，知风气"而"闻于郡
中"。孙权据有江东后，吴范就跟着孙权鞍前马后，靠着精妙的
算法，能准确地预测吉凶，因此显名于世。建安十七年（212）
壬辰岁，刘备正率军在蜀中与刘璋对峙，胜负未分。刘备孤军
深入，兵马不多，加上后勤补给困难，舆论并不看好他。如益
州从事郑度就认为，刘备"悬军袭我，兵不满万，士众未附，
军无辎重"，只要采取坚壁清野的打法，刘备必败。

果然，刘备围攻雒城一年，毫无进展，身边天下知名的一
流谋士、号称"凤雏"的庞统也中箭身亡。曹操那边甚至已经
有谣言流传说刘备已死，曹操手下的文武官员都开始为刘备这
个宿敌的意外之死举杯相庆了，所谓"时有传刘备死者，群臣
皆贺"。

因此，当吴范在建安十七年预测两年后的甲午年（214）刘备将成为益州之主，大部分人是不相信的。被孙权派去招诱张鲁的大将吕岱此时正好从西蜀东返，向孙权报告说，他返程途中路过白帝城，看到刘备"部众离落，死亡且半"，刘备想吞并益州，"事必不克"。孙权听后，更觉得吴范的预言是在胡扯，但吴范却信心十足地说："臣所言者天道也，而岱所见者人事耳。"意思是：你们看到的事实只是你们以为的事实，那不是真相，只是表象，我看到的符合"天道"，才是真相。真相可以根据天道进行预测，非肉眼所能看透。神奇的是，甲午年的夏天，刘备大军抵达成都城下，尚有实力但已无斗志的刘璋主动放弃抵抗，开城迎降，刘备就这样从刘璋手中夺得了益州地盘。

甲午似乎与"得蜀"或"失蜀"有着不解之缘。

从《续资治通鉴长编》《宋史》等以官方信息为主的史料来看，甲午再乱的谣言是在皇祐四年（1052）十二月引起仁宗重视而成为朝堂上公开讨论的话题的，说明此前一段时间，这个谣言肯定已经在京城传开了。而在四川，这个谣言生成的时间应该更早。

两年前，皇祐二年（1050）十一月，益州知州田况任满还朝，出任主管全国财政工作的三司使。他撰写了一本小书《儒林公议》，这部书中讲述了一个"土牛偶人"的奇闻。故事发生在太平兴国三年（978）程羽任成都知府的时候。当年立春前的一天，县里的吏人放了一个土牛偶人在州署外面，引得大批群众前来围观。吏人眼见人多，害怕土牛偶人被围观的人损坏，于是把它搬到府衙的厅堂之内。这时知府程羽正好出来，见到了厅上放着奇怪的土牛偶人，感觉事有蹊跷，询问是怎么回事，负责的人就把情况跟程羽汇报了一下。

程羽听后感慨地说："农夫牧竖非升厅之人，兆见于此，不祥莫大焉！"当时听到这话的人都觉得程羽未免太过小题大做。多年以后，"至甲午岁"，即淳化五年（994），李顺攻入成都，以农夫的身份称王建国，"果有村氓叛，窃入据城邑焉"，大家才叹服程羽是有些东西的。程羽当然不可能在十六年前就预知王小波、李顺起义爆发，这个故事显然是事后的附会之辞。田况在1050 年前后听说这个故事，恰恰说明将甲午年与四川的变乱神秘地关联在一起的说法，在这个时候就已经比较流行了。

同样的干支每隔 60 年就会重复一次，如果这个时间记号在过去每次重复时都有大事发生的话，那么当它即将再次出现的时候，人们就会联想到之前发生过的事情，尽管这些事情在后来也许并无征兆。而甲午这个时间记号对于四川的意义是非同寻常的。后蜀建国和王小波、李顺起义这两个甲午年的变乱事件，有着相同的建国地点，相同的政权名号，传说中甚至有一脉相承的血缘关系。当时有传言说李顺是后蜀末代皇帝孟昶的遗腹子，这种说法在南宋中后期仍然十分流行，后来到四川任职的陆游还听到过这种说法，并把它记到了《老学庵笔记》里。仅仅是"甲午"这一标识，对蜀中人心的震撼就已经足够大了。

"岁在某某，天下如何"之类的歌谣，是老百姓最喜闻乐见的谣言传播形式。

据史料记载，宋代四川民间正好流行着一首叫"六十甲子歌"的谣谚。至和二年（1055）十二月，为了应付甲午再乱谣言而被宋仁宗派来坐镇成都的程戡（990—1066），在任满回朝后特意奏请朝廷禁止民间传习此类颇具危险性的歌谣，他说："前知益州，风闻俗所传岁在甲午，当有兵起，而民心不安，盖淳化中李顺狂逆之年。请禁民间私习《六十甲子歌》。"这则史料中所说的《六十甲子歌》，其具体内容今人已无从知晓，但应该是宣讲某个年份对应某些灾祸事件之类的预言式口诀，这种类似民谣的预言歌诀，最易煽动人心。

虽然这首《六十甲子歌》的具体内容史料上并没有记载，但唐末五代活跃在四川的著名道士杜光庭（850—933），在其整理的道教典籍《太上洞渊神咒经》中收录有一首以干支纪年排序依次分年预言吉凶祸福的歌谣，《全唐诗补编》给这首歌谣拟了个题目，就叫"六十甲子歌"。

《太上洞渊神咒经》中收录的这首《六十甲子歌》，大致就是把某一年与某些"祸事"和"惨状"联系起来，编成顺口溜，如"甲子秋，耕民怀苦忧。禾苗不成实，灾厄害田畴。但看入秋后，高田不可守。辛苦临冬春，父子离乡走。兄弟成路人，妻子单糊口。万姓悉灾迍，民随千里走"。这是歌谣的第一段，也是干支纪年的第一年甲子年的情况，粮食歉收，饥民流离失所，简直惨不忍睹。

第二年的乙丑年，又是"乙丑春，瘟灾害万民。夏首灾疫起，偏伤楚鲁人。家类悉糊口，吴地又分张。民奔千里外，六畜悉逢殃。高田但种植，低处伤苗秀。灾疫如去年，不得归家守"。乙丑年比甲子年还惨，瘟疫灾害接连而至，而且还有比较精准的受灾地域范围的预测，如楚地（泛指今两湖、江淮一带）、鲁地（泛指今山东西部、皖北和苏北一带）将从夏天起遭受灾疫，之后灾疫还会蔓延到吴地（泛指今苏南、浙北一带）。

跟甲子、乙丑的惨状比起来，甲午年虽然也有灾祸发生，但总体还算平稳，不过是遭点水旱之灾，日子困难一点罢了。

"甲午初，水旱定难除。车马行湖底，船则纳山居。低田纵耕植，冬藏定是无。欲知成家处，山际但耕锄"，湖泊干涸得可以行车走马，水旱之后，富饶的平原上定会颗粒无收。反倒是山间的贫瘠之地，多少还能有些收成。想要度过甲午的灾年，最好是躲进山里过清苦的日子，至少有口饭吃，不会被饿死。

杜光庭士人出身，科举考试失意后入道修行，因其文化功底深厚，很快就成为全国知名的高道。成名之后，他被唐僖宗看中，召入宫廷，为皇帝提供道教方面的服务。后来黄巢起义军攻入长安，唐僖宗在中和元年（881）带着百官到成都避难。杜光庭跟着唐僖宗到了成都，发现这里是一个修道的洞天福地，便打算在四川长居不走了。后来黄巢起义被镇压，关中形势好转，他又跟唐僖宗一起回了长安。

光启二年（886），唐僖宗在军阀的逼迫下再次流亡，第二次入蜀避乱。杜光庭跟着皇帝再次流落成都，从此不再返回长安，隐居于青城山二十年，把余生光阴都留在了四川。前蜀的开国皇帝王建及其子后主王衍都对他尊奉有加，封他为蔡国公，赐号广成先生。杜光庭成为前蜀朝廷的大红人，《资治通鉴》称他"博学善属文，蜀主重之，颇与议政事"。他是当时道教界中著述最为丰富的人物，《道藏》中收录他的著作多达26种268卷。

一般认为，《太上洞渊神咒经》成书时间最早可以追溯到西晋末年，这部道教经典中大部分内容可能产生和流行于东晋南北朝时代，但也有一些内容形成的时间可能晚一些。现存杜光庭整理的这首《六十甲子歌》大概是唐代流行的作品。《全唐诗补编》将这首诗认定为唐诗，理由是其中有一句诗"官吏逐阶迁，诸道咸通彻"，里面讲到了"道"这个只有唐代才有的一级行政区划。不过，事实上，宋初也一度沿用"道"的名称，直到太宗时代，经过多次调整才最终改"道"为"路"的。

多说几句，《太上洞渊神咒经》有着浓烈的"救世主"思想，激励着中古时代一代又一代的"造反者"。这部道经声称乱世之后有真君出来救世，并最后会终结世人苦难。第一卷《誓魔品》里说："甲申灾起，大乱天下。天下荡除，更立天地，真君乃出。既来，圣贤、仙人及受经文之者，一切来助左右，东西南北道士为佐，无有愚人。"这个救苦救难的真君，就是广大受苦受难的老百姓的大救星，也就很容易成为无道乱世中带领饱受压迫的人民起来造反的领导者。

中古时代有一个神奇的"撞名"现象，就是一个又一个名叫"李弘"的人带领平民百姓起来造反，试图创造一个新世界。从东晋明帝太宁元年（323），道士李脱及其弟子李弘举行起义开始，到隋炀帝大业十年（614）"扶风人唐弼举兵反，众十万，推李弘为天子，自称唐王"为止，二百余年间，以李弘的名义发动起义的英雄豪杰络绎不绝，李弘的身影遍及安徽、山东、四川、湖北、陕西、甘肃、河南各地。

李弘起义的时间如此之久，涉及的地域如此之广，从汉人社会到少数民族部落社会中皆有之，最有可能的原因就是，《太上洞渊神咒经》中预言的救世主——真君的名字就叫"李弘"。经中有"真君者，木子弓口，王治天地大乐"的预言，所谓"木子弓口"，即是"李弘"的拆字游戏。

虽然没有直接证据可以证明杜光庭整理的《太上洞渊神咒

经》中收录的这首《六十甲子歌》就是宋仁宗甲午年（1054）前后程勘在四川听到的那首《六十甲子歌》，但两者可能在形式上是很相似的。考虑到杜光庭的后半生是在四川度过的，而北宋中期又有《六十甲子歌》流行于四川地区，判断两者之间存在着某种渊源应该是没有问题的。这说明，类似的以特定的年份搭配某种灾祸的"时间—事件"的关联性信仰，从唐末五代以来一直到北宋都是广为流传的。

《六十甲子歌》的谣谚盛行于民间，其思想基础和受众都比较"江湖"；而在庙堂之上，类似年数与王朝国运之间的神秘关联，也以文史经典记载的方式源远流长。

咸平三年（1000）十二月，北宋前期著名的诗人和直臣，当时正在黄州（治今湖北黄冈）当知州的王禹偁（954—1001），听说离京城开封不远的濮州（治今山东鄄城）因为城池失修，竟然被一股盗贼趁夜攻入州城，濮州知州、监军等地方大员都惨遭劫掠。王禹偁于是向真宗上书，痛陈各州城池不修、武备废弛的乱象。

他在奏疏中解释为什么太平盛世也要加强军备建设的理由很值得玩味。他说："臣按司马迁《天官书》云：'天运三十岁一小变，一百年一中变，五百年一大变，此常数也。'古圣知其如此，设备以待，虽变不乱。国家以建隆甲子岁下西川，甲午岁复乱，三十年之应也。"

　　"建隆"是宋太祖的第一个年号。太祖时的甲子岁即 964年，这一年十一月，宋太祖命将出师，并在次年正月攻入成都，吞灭了割据四川的后蜀政权，这就是所谓"国家以建隆甲子岁下西川"。其实王禹偁对年份的记忆是有偏差的，因为建隆的年号只用了四年。建隆四年十一月，在举行了唐末五代乱世以来几十年都未曾举行过的南郊大礼后，太祖下诏改元"乾德"。所以，"建隆甲子岁"正确的算法应该是"乾德二年甲子岁"。

　　乾德二年（964）宋朝出兵收取西川，与淳化五年（994）王小波、李顺起义攻入成都，确实相隔三十年，这在王禹偁看来，正是应了"天运三十岁一小变"的国运命数。

　　《史记·天官书》中年数与国运之间存在着微妙关联的观点，是可以拿到台面上进行正式讨论的常识，这个观念出自经典正史，所以在朝堂之上具有较强的正当性。王禹偁以天运推算人运，认为王小波、李顺起义造成的"甲午岁复乱"，是天运小变之应，这与《六十甲子歌》的知识来源和预言逻辑形同而实异。

　　对于古人来说，《史记》是提供历史观和塑造世界观的经典著作。司马迁曾说："夫天运，三十岁一小变，百年中变，五百载大变；三大变一纪，三纪而大备：此其大数也。为国者必贵三五。上下各千岁，然后天人之际续备。"这段话表明，早在汉代，中国人的时间计数就已不是一个纯粹的数学问题，而是关涉到国家社会命运的大事。30 年、100 年、500 年、1500 年、4500 年，这几组年份计数对社会将有重大影响。而在这一连串的年份计数中，30 年和 500 年尤为重要，这就是所谓的"为国者必贵三五"。

事实上，司马迁自己写《史记》的历史使命感，也是建立在"三五之运"上的。他在《太史公自序》中自承，"先人有言：'自周公卒五百岁而有孔子。孔子卒后至于今五百岁，有能绍明世，正《易传》，继《春秋》，本《诗》《书》《礼》《乐》之际？'意在斯乎！意在斯乎！小子何敢让焉。"周公死后五百年有孔子，孔子死后五百年肯定会有人出来接续孔子的历史使命。司马迁觉得那个人就是自己，"三五之运"的信念强化了他当仁不让的著史勇气。可见，在中国古代，时间与天运相关的思想源远流长。

这一时间与天命的信仰深深影响着古代乃至现代的中国人。谣言和信仰有时的确不易区分，谣言有时会以信仰的面貌出现，甲午再乱谣言的依据既掺杂着真假参半的过往事例，又蕴含着根植于中国文化的长期信仰，遂于甲午年（1054）在四川引发了一场前所未有的大恐慌。仁宗召见宰相庞籍谈话的皇祐四年（1052）十二月，按干支纪年的话，已是壬辰年年底，离甲午年实际上只剩一年多一点而已。

留给仁宗君臣和四川人民的时间，已经不多了……

第二章

献上盛世之花

天圣六年（1028）十一月十三日，益州派人给朝廷进献了一种"异花"。这种奇异的花，《宋史·五行志》上说，"似桃，四出而千百苞骈联成朵"，看来此花外形像桃花，盛开时有四个花瓣，千百朵压着枝头，有雍容华贵之气象。

据说当时才十八岁的宋仁宗对这种花很有兴趣，所谓"上颇异之"。有意思的是，在这种"益州异花"绽放的同时，朝中也开始流传一个意味深长的说法：蜀中的老人们纷纷感叹，"此花不开六十余年矣"。在这样的舆论氛围烘托之下，这种花后来被叫作"太平瑞圣花"。言外之意就是，此花在沉寂了六十年后再次开放，表明太平盛世真的来临了。

事实上，巴蜀地区进入太平盛世的舆论大规模地出现，的确是在仁宗初年，蜀中老人的感受并非纯粹的盛世宣传。细读史料可以发现，宋仁宗在位初年的天圣年间（1023—1032）是巴蜀地区太平祥瑞出现得最多的一个时期。在益州的太平瑞圣花盛放的三年前，汉州德阳县的均渠乡有一个叫张胜的人在家里砍柴，他随手剖开一块木柴，木头上赫然显现出"天下太平"的四字文样，张胜一家立即向地方和朝廷汇报。天圣三年（1025）四月二十二日，仁宗下诏赏赐张胜茶叶和绢帛，并且将均渠乡改称太平乡。

显然，朝廷这么重视这件事情，不外乎是因为这是一个可以大树特树的典型，同时说明这时四川地区的舆论环境已经逐渐向好，太平盛世已经来临的说法在民间逐渐流行开来。这些祥瑞事件在此时集中出现，虽然不无粉饰太平之意，但也说明四川已与乱世渐行渐远了。再过二十年，四川地区因安定局面的长期持续，已出现人口过剩的情况。仁宗在皇祐二年（1050）曾因"蜀民岁增，旷土尽辟"而打算招徕蜀民到京西路开荒，以减轻四川的人口压力。看来，仁宗即位以来，四川地区的形势是越来越好的，至少到 1050 年前后，朝廷也好，四川人民也罢，都认为太平盛世并非只是一种自欺欺人的宣传，大家真心觉得，日子越过越好了。

可是，两年后的皇祐四年（1052）年底就闹出个甲午再乱的谣言，引起朝野震动。乍一看，这个谣言颇有些在太平盛世制造乱世焦虑的险恶用心。

甲午再乱的传闻，无疑是先从四川民间兴起，再扩散到京城的达官贵人中间，最终成为朝堂讨论的重要议题。生活在宋仁宗时期的益州诗人张俞（1000—1064）正好经历了这次谣言事件。他对此事的描述是"无知民传闻其事，鼓为讹语"。同为蜀人的苏洵（1009—1066）记录这件事情时，文字更具煽动性，谓"妖言流闻，京师震惊"。可见，甲午再乱的谣言，从民间兴起，有大量四川民众参与传布，其影响之大，已经造成了一种四川即将发生大乱的舆论，影响到了民众日常心理与仁宗君臣的朝堂决策。

不过，对于甲午再乱谣言最初是如何产生并传布开来的，史料记载甚少。若非流传太广，造成仁宗的焦虑，也许这一事件就会像当时许多在民间流传的小道消息一样被历史遗忘。但有一点是可以肯定的，即它产生于四川民间。从仁宗提到"故蜀父老识之""蜀人以为恐"，以及张俞所言"无知民传闻其事"来看，谣言的确兴起于四川民间。此时离宋朝将四川纳入治下已近百年，四川安定局面的维持也超过半个世纪。生活在太平之世的四川人，何以在这个时候会对谣言有这么大的兴趣呢？

现在，我们品一品本章开篇讲述的益州太平瑞圣花的故事。太平瑞圣花是显示太平盛世到来的征兆和祥瑞，这一点很好理解。但值得玩味的是蜀中老人对于四川太平历史的时间记忆——"此花不开六十余年矣"，意思是六十多年前这种象征太平盛世的异花还是经常盛开的。那就是说，六十多年前蜀中还是太平盛世，四川地区太平年代的终结是在六十多年前。这话从宋朝统治者的角度来看，可谓"细思极恐"，因为从益州献上太平瑞圣花的天圣六年（1028）往前推64年，正是北宋攻灭后蜀政权统一四川之际。

可见，天圣六年太平瑞圣花的出现，虽然承认了在临朝听政的皇太后刘氏和年轻的宋仁宗的治理之下，四川终于迎来了太平盛世，但却狠狠地讽刺了北宋前六十年在四川的治理成绩，认为北宋的治理甚至还不如乱世五代十国的后蜀王朝。

六十多年前经常开放太平瑞圣花的时代，不正是后蜀王朝统治时期吗？

五代为乱世，以及北宋是唐末五代以来乱世的终结者的说法，大概是绝大部分宋人以及宋代以后的人们共同制造和认可的。有意思的是，对宋人以及后人的五代观感和认知影响极大的《新五代史》，正是在甲午再乱谣言流行之际写成的。

皇祐五年（1053），本名《五代史记》的《新五代史》书稿基本完成。在欧阳修的笔下，五代是中国历史上空前黑暗的乱世，所谓"五十三年之间，易五姓十三君，而亡国被弑者八"，"于此之时，天下大乱，中国之祸，篡弑相寻"。一方面是政局混乱，另一方面是道德沦丧，文化衰绝，所谓"礼乐崩坏，三纲五常之道绝，而先王之制度文章，扫地而尽于是矣"。而北宋建立后，扫平诸国，完成统一，革除五代之弊，才得以重现太平盛世。

在绝大多数宋人看来，北宋前期的六十年，世道日渐向好，有一种欣欣向荣的氛围。比如在甲午再乱之说闹得最凶的时候出任益州知州的张方平（1007—1091），在仁宗年间说过这样一段话："我国家接衰唐之绝绪，承五季之纰政，德厚流光，海宇大定，为承平者逾六十年，宜乎必世后仁。"唐朝是"衰唐"（当然指的是唐末），五代是"纰政"，只有我大宋建国之后，"海宇大定，为承平者逾六十年"。显然，在张方平看来，北宋建国后的六十年，是终结唐末五代乱世的六十年，是称得上太平盛世的六十年。

但太平瑞圣花故事背后的潜台词揭示出，人类的悲欢并不相通，当宋人都在欢呼大宋王朝开启了太平盛世的时候，蜀中老人对于世道好坏的感知，却与宋代的主流民意相左。四川地区太平世道的消失，居然是从六十多年前北宋消灭后蜀完成统一四川的大业时开始的。

乾德二年（964）十一月，宋太祖调集精锐大军合步骑六万人，分兵两路大举讨伐后蜀。宋军一路从陕西经蜀道入川，由忠武军节度使王全斌（908—976），武信军节度使、侍卫步军都指挥使崔彦进（900—988）分任正、副总指挥，另一路由三峡经水路入川，由宁江军节度使、侍卫马军都指挥使刘光义（929—987）负责指挥。攻灭后蜀的战斗非常轻松，乾德三年（965）正月，王全斌大军进入成都。后蜀皇帝孟昶率文武百官在升仙桥"备亡国之礼"，向宋军主帅王全斌投降，后蜀亡国。

从乾德二年十一月王全斌率领伐蜀宋军主力从开封出发，到次年正月宋军开进成都，后蜀亡国之役，满打满算一共才66日。宋朝得到四川实在太过容易！而对于蜀人来说，真正的苦难才刚刚开始。宋军进入成都后，高级将领们开始享受生活，"日夜宴饮，不恤军务"，士兵们则在纵容之下，"掠子女，夺财货"，蜀人不堪其苦。宋朝在四川的中下级军官平时行事也极为嚣张，甚至有"割民妻乳而杀之者"。如此野蛮的行径，连宋太祖听说后都看不下去了，派人把这个军官抓回开封，"斩于都市"。

乾德三年（965）二月，宋太祖委派中央大员入蜀稳定局势，参知政事吕余庆（927—976）和枢密直学士冯瓒（914—980）被分别任命为成都（原西川节度使驻地）知府和梓州（原东川节度使驻地）知州。

吕余庆出身官宦世家，其父吕琦在后晋时官至兵部侍郎。吕余庆年轻的时候，在后晋、后周历任开封府参军、忠武军节度使推官、濮州录事参军等。吕余庆仕途的转折点，是后周显德三年（956）十月。当时，赵匡胤因淮南之役的战功被周世宗提拔为殿前都指挥使并兼领匡国军节度使。赵匡胤看中了吕余庆的吏材，征辟他做了匡国军节度掌书记。吕余庆从此成为赵匡胤幕府的核心成员。宋朝建立后，吕余庆作为新帝的心腹旧人，迅速高升。乾德二年（964）四月，宋太祖创置相当于副宰相的"参知政事"一职，吕余庆成为首任参知政事。

吕余庆到成都后发现，一方面，社会秩序已经开始失控，"盗贼四起"；另一方面，驻蜀宋军还沉浸在灭蜀大功的喜悦中，"恃功骄恣"。甚至有军中小校大白天的趁着酒醉，在大街上强抢商人的东西。吕余庆立即派人将这个小军官抓了起来，"斩之以徇"。冯瓒那边的情况更糟糕，后蜀残余军队在一个名叫上官进的小将带领下，"啸聚亡命三千余众，劫村民数万"，拉起一支几万人的队伍围攻梓州城。虽然上官进很快就兵败身死，但也可以看到，这时四川的社会秩序已经相当混乱。几十年不见兵革的四川腹地，一时之间到处都是战场。

到了乾德三年三月，局势完全失控。宋廷下令将后蜀的降兵征调到开封，驻蜀宋军的主将王全斌不但克扣蜀兵的路费，还纵容部下欺负他们，引起后蜀降兵的怨愤。蜀兵走到绵州，终于扯旗造反，一场持续近两年、席卷全川的后蜀降兵大起义正式爆发。蜀兵在绵州举事之时，后蜀降将全师雄正好路过绵州。全师雄在后蜀官至刺史，也算是中高级将领，在军中有些威望，他这次本来是奉朝廷之命，带着自己的全副身家和全族人一起去开封的。结果走到半路上，碰上后蜀降兵起义，他就被士兵们拉出来当了起义军的主帅。后蜀降兵十余万人很快就聚集到了他的麾下。

其实，一群亡了国的降兵，本来没有什么战斗力，如果真能打，后蜀也不至于66天就亡国了。降兵队伍中缺乏具有组织管理能力和军事指挥能力的领导者，他们人数虽多，不过是乌合之众罢了。

但这时，驻蜀宋军将领的贪残，竟然为起义的后蜀降兵创造出了一个充满战斗意志的领导人。全师雄身为中高级军官，后蜀亡国后，他跟着宋朝政府一样可以过上当官发财的好日子，本来是不愿意跟着这帮降兵做这种诛九族的大事的。他听说后蜀降兵造反后，担心自己可能会被胁迫，当即抛下家人，跑到一处"江曲民舍"中躲了起来。降兵们推他为帅，纯属赶鸭子上架。

结果王全斌的部将朱光绪看上了全师雄的女儿，又想趁机发一笔横财，就把事情做绝了。全师雄是带着自己积蓄多年的财产上路的，这笔财富应该相当可观。而且他的女儿可能长得也不错，反正朱光绪找到全师雄的家人后，二话不说，竟然"尽灭师雄之族，纳其爱女及囊装"，也就是杀全师雄全家，还霸占了他的女儿，又把他的全部财产收入了自己囊中。

正在起义军中想着找机会重归朝廷的全师雄，这下被彻底激怒了，他愤怒地带着十多万后蜀降兵急攻绵州城。可惜的是，蜀兵确实孱弱，就算是在怒气值爆表的情况下，战斗力仍然极其低下。当时驻守绵州城的宋军只是一支一百多人的小部队，这支部队的士兵原来隶籍于陕西的同州和华州，刚刚移防到绵州没多久，但他们扛住了十万蜀兵的围攻，最后终于等来了赶来增援的宋军主力。内外夹击之下，围攻绵州的后蜀降兵惨败，"贼众大溃，斩首万余级，拥入江水溺死者亦万计"，至少两万个孤魂留在了绵州城外。

不过，起义的后蜀降兵基数庞大，绵州惨败之后，全师雄所部兵力仍然十分雄厚，估计还有七八万人。他们南下转战到成都平原，一战拿下了宋军防守薄弱的彭州。四川百姓见后蜀降兵打了回来，欢欣鼓舞，成都附近十个县"皆起兵应师雄"。蜀兵起义至此初具规模。全师雄进入彭州后，自称"兴蜀大王"，创置幕府，委派官吏，仅节度使就任命了二十多个，让他们各自带着兵马出去镇守成都附近的各个要地。灌口、导江、郫县、新繁、青城等县，都在起义军的控制之下。

这时，负责镇压起义军的宋军将领还在互相倾轧。宋军主力在进攻导江时中了埋伏，先锋大将高彦晖跟同行的将领田钦祚商量退兵。田钦祚想着如果大家一起跑，万一起义军追上来，可能跑不掉，就故意刺激高彦晖说："公食重禄，见贼逗挠，何也？"意思是高彦晖平时工资高、福利好，却遇事就想着跑路，一点担当都没有！高彦晖没法，只好硬着头皮带着部下又顶了上去，结果陷入重围，最后力战而死。田钦祚却趁着高彦晖在前面"顶雷"的空隙，带着自己的人马偷偷溜走了。

田钦祚是将门之后，其父田令方曾任后汉的虢州团练使，因为贪恋帐下伶人妻子的美色，被伶人带人半夜潜入州署暗杀。田钦祚成了孤儿之后，颇得朝廷照顾，以父荫成为禁军的低级军官。田钦祚在宋初的多次战役中都表现出极高的军事素养，是当时宋军一线指挥官中最能打的人之一。

乾德四年（966），后蜀降兵起义被镇压后，田钦祚被调到与北汉作战的前线，以所部三千人击破北汉主力大军。开宝三年（970），他出任定州路兵马都部署，硬拼契丹大军，在遂城打出了军威，"自旦至晡，杀伤甚众"。此后，又被太祖派去江南刺探南唐的军情，获得许多重要情报，大受嘉奖。在攻灭南唐的战役中，田钦祚任升州西南路行营马军兼左厢战棹都监，率部从江陵沿江东下，击溃南唐的水军主力。然后率部从南面配合曹彬围攻金陵，任南面攻城部署。宋军攻灭南唐，他立下了赫赫战功。

田钦祚虽然打仗是把好手，但为人奸诈狡猾，坑害队友的事没少干。除了在镇压后蜀降兵起义的导江之战中害死高彦晖以外，后来在宋军攻灭北汉之役中，又欺凌石岭关主帅郭进，导致郭进负气自杀。

乾德三年（965）三月，打死宋朝先锋大将高彦晖后，起义军声势大振。随后邛州、蜀州、眉州、陵州、简州、雅州、嘉州、梓州、果州、遂州、渝州、合州、资州、昌州、普州、戎州、荣州等十七州纷纷起兵响应起义军，蜀兵起义几乎席卷了整个四川。全师雄趁势分兵进攻绵州和汉州，斩断宋军从剑阁入蜀之路，又沿嘉陵江创置堡寨。面对声势浩大的起义军，驻蜀宋军只能据守在各个孤立的据点里，相互之间通讯全部中断。北宋朝廷在四川的统治岌岌可危。

这时，全师雄眼见形势大好，放话出来要带兵进攻成都，把宋军彻底赶出四川。当时后蜀降兵还有将近三万人屯驻在成都城南的教场附近等待改编，宋军主帅王全斌担心这三万名留在成都的后蜀降兵可能会响应起义军，于是在乾德三年四月初一诱骗他们移屯成都的夹城，等他们进入之后，发兵将其全部屠杀。据当时参与灭蜀之役的大将康延泽所著《平蜀实录》记载，这批被王全斌诱杀的后蜀降兵多达二万七千人。

前面说过，以全师雄为首的后蜀降兵大起义看似声势浩大，人数众多，这支队伍的战斗力却并不强，又缺乏真正能征善战的将领，攻坚能力极差。从当年春夏之际一直到年末，起义军对四川主要州城的进攻都以失败告终，等驻蜀宋军发动反攻，起义就不免走向失败的命运。乾德四年（966）秋冬之交，全师雄在金堂病死，起义军余部在谢行本的领导下退保梓州的铜山县，但这批起义军很快就被宋军击溃，轰轰烈烈的后蜀降兵大起义被宋朝成功镇压了下去。

从乾德二年（964）十一月宋朝发动对后蜀的战争开始，到乾德四年十二月后蜀降兵大起义被彻底镇压为止，持续两年多的战乱，对四川老百姓来说是一场空前的浩劫。从后蜀亡国后到北宋四川地方政府正式建立的这段过渡时期，宋朝在四川的统治主要依靠灭蜀宋军的军事管制，社会秩序极为混乱，军人抢夺财物、残害百姓的事不可胜数。后蜀降兵大起义更是把战火烧到了四川腹地，几十年未曾见过兵革的四川人民尝到了兵

连祸结的滋味。起义军和官军互相攻战，四川青壮年死伤不下
一二十万人，受到兵祸牵连的广大蜀民更是不可胜数。

　　事实上，五代虽是乱世，但四川因为地理上特殊的封闭环
境，反倒可以成为一方乐土。后蜀政权统治的三十年，四川整
体社会秩序是比较稳定的。《十国春秋》评价后蜀时代时说，"是
时蜀中久安，斗米三钱，国都子弟不识菽麦之苗，金币充实，
弦管歌诵盈于闾巷，合筵社会昼夜相接"。后蜀治下的四川，完
全是一派经济发达、文化繁荣的太平景象。

　　后蜀皇帝孟昶个人生活奢靡无度，当时的高端奢侈品"鸳
衾""芙蓉帐"都是他的发明。据《十国春秋》记载，孟昶"常
命一梭织成锦被，凡三幅帛，上镂二穴，名曰鸳衾，又以芙蓉
花遍染缯为帐幔，名曰芙蓉帐"，甚至连尿壶都"以七宝装之"，
可谓旧史中穷奢极欲的典型，但这也恰恰说明了当时四川的富
庶。孟昶虽然生活奢靡，在内政治理上却有不少可圈可点之
处，在他的统治下，四川社会经济得到了较大的发展。孟昶也
是五代乱世中少有的比较注重吏治的统治者，他所著《官箴》，
后来被宋太宗摘录出十六字治国名言"下民易虐，上天难欺。
尔俸尔禄，民膏民脂"，作为宋代文致太平的十六字秘诀。

　　整整三十年间，四川在后蜀政权治下，得到了充分的休
养生息，农业和手工业都得到了稳步发展。比起战乱频发、民
不聊生的中原地区，偏安一隅的后蜀政权在乱世之中竟然相对

安宁。

据宋代史学家、蜀人张唐英（1029—1071）所著的《蜀梼杌》记载，孟昶统治的后期，"蜀中久安，赋役俱省"，"府库之积，无一丝一粒入于中原"。由于后蜀政权不必向中原朝廷缴纳赋税，四川的物产全部留在了当地，致使商品充溢，物价奇低，"斗米三钱"。富庶安定的生活过久了，成都的城里人甚至都没有体会过世道的艰难。"城中之人子弟不识稻麦之苗，以笋芋俱生于林木之上。"没有几十年的太平世道，绝对不可能培养出这种富贵人家的傻儿子。

这也难怪天圣六年（1028）蜀中老人会借太平瑞圣花的出现，阴阳怪气地"内涵"宋朝统治者：蜀人已经有六十多年没有看到太平盛世了。显然，在这些老人年轻的时候，即后蜀统治的后期，他们确实享受过太平的日子。可惜这一切，从大宋王朝乾德二年年末伐蜀之役开始就戛然而止了。对于生活在五代宋初的四川百姓来说，前后两个三十年的体验感，恐怕的确有天壤之别：前三十年的和平安乐与后三十年的兵凶战危，形成了鲜明的对比。

不过，有意思的是，如果以王均兵变的结束为起点的话，太平瑞圣花出现的天圣六年（1028），差不多又是"天运三十岁一小变"的关键时间节点，这时离王禹偁在咸平三年（1000）发出"三十年之应"的提醒，正好二十九年。

咸平四年（1001）三月，刚刚平定了王均兵变的宋廷正式下诏将川峡两路分为四路，即益州路、梓州路、利州路、夔州路。这一"二分为四"的划分法，是宋廷经过深思熟虑的。考虑到四川是历代割据势力的摇篮，如何防止四川地方势力尾大不掉，保证朝廷对地方局势的有效控制，是摆在宋朝政府面前最直接的难题。这一回宋廷把地域面积较大、人口规模不算很大的四川划分为四块，并不是出于经济因素和行政效率的考虑，而是出于政治安全的考虑，让巴蜀地区既自成一体又互相牵制。

站在北宋朝廷的角度来看，这样安排的好处是，把自成一体的巴蜀地区一分为四后，富饶的益州路虽然人口众多、经济发达，拥有割据自立的实力，但无险可守。朝廷的平叛大军可以轻易地翻过秦岭中的蜀道，或通过三峡的水路进入四川，到时会有源源不断的官军进入，割据成都不过是坐困愁城而已。

拥有山川险要之利的利州路和夔州路，前者有秦岭的天然屏障，后者有三峡的天然关隘，虽然可以把来自中央的大军挡在外面，但它们如果脱离中央自立，则根本没有足够的经济实力去跟中央派来的一拨又一拨的大军打消耗战。

梓州路处于成都平原、秦岭山区和三峡水道的中间，便于监控各方，益州、利州、夔州三路中任何一路想要图谋不轨，梓州路都可以成为朝廷在四川内部打进去的楔子。但如果梓州路想自己搞地方割据，又马上会遭到益州、利州、夔州的三路联合围攻。

除非能够同时将这四股力量整合到一起，否则想要割据或者造反，都难如登天。宋朝中央把四川地区按经济、地理条件巧妙拆分，可谓是一招绝妙好棋。此后，这一四分巴蜀的地理分区就被稳定下来，直至宋朝灭亡。

需要特别说明的是，本书为了行文的方便，大部分时候径直使用"四川"来指称上述川峡四路的地域范围。其实严格来说，宋代并没有一个叫作"四川"的行政区划建置，特别是在本书的故事所发生的北宋前期和中期，宋人的头脑中甚至都没有"四川"这样一个概念。

事实上，"四川"一名在宋代的情况非常特殊。尽管咸平四年（1001）川峡四路分置完成，但"四川"作为"川峡四路"的"省称"，要到北宋后期的宋徽宗时代才开始在官方和民间普遍使用，在此之前，史籍中几乎很难看到"四川"作为一个地理名词被当时的人使用。史籍中偶尔有几处出现"四川"字样，基本上都是古籍校勘不精所造成的讹误。直到南宋，作为川峡四路省称的"四川"——带有较强的"虚指"性质——在军事和政治形势的双重作用之下，逐渐由虚变实。从此，"四川"一词开始频繁出现在南宋官员的正式职衔上，"四川安抚制置使司"一类的军政统合机构的出现，更是将四川作为一个新的地域概念落实了下来。

虽然"四川"这个地域概念在宋代出现得比较晚，但川峡四路格局的正式形成，又确实是"四川"这个概念得以最终出现的根本原因。

从咸平四年（1001）设置川峡四路起，四川也进入了一个相对稳定的时期，此后像宋代前期那样接二连三地发生民变和兵变的状况就再也没有出现过了。有意思的是，咸平四年到天圣六年（1028）太平瑞圣花祥瑞再现蜀中，也是将近三十年。明白这一点，也就能够理解，为什么类似太平瑞圣花之类的祥瑞会在这时集中涌现。事实上，这一和平稳定的社会发展态势还在持续，直到皇祐四年（1052）年底，甲午再乱谣言的疯传突然引起朝野的震动。

从咸平四年到皇祐四年，四川已经度过了超过五十年的太平时光。这一时期，除偶尔因周边少数民族部落的骚扰而引发的一些规模不大的战乱外，蜀民再也没有遭受过战祸之苦。为避免战乱的蔓延，即便是边境的少数民族部落主动挑衅，北宋朝廷也会尽力避免将事态扩大。宋朝中央鉴于唐代过多地将资源和精力投入到经略西南少数民族地区，导致核心实力不断被削弱的教训，在西南少数民族地区采取了比较消极的防御管控政策，一般不会主动投入人力、物力去经营。

谨慎用兵、维持四川大局的安定是北宋朝廷的基本方针。

宋真宗时代，泸夷时常侵扰边境，杀伤吏民。大中祥符元年（1008）二月，泸州向朝廷上报说，附近的江安县"蛮人"跑来作乱，打伤并杀死了一些之前归附戎州的当地部族人户。同巡检、殿直任赛领兵前去追捕江安县的"蛮人"，入境之后也遇害身死。泸夷，或称泸州夷人、泸南夷人，并不是指一个单一民族，而是宋人对当时泸州以南少数民族各部的泛称，指的是包括了泸南地区的乌蛮诸部和"獠人"诸部在内的多民族群体。

泸夷杀伤吏民的恶性事件发生后，朝廷派武臣侍其旭到泸州处理少数民族部落争端，期间真宗多次降诏，要求侍其旭以招安为主，不可轻启战端。大中祥符二年（1009）七月，"降诏谕旭，令笃恩信，设方略制御，无尚讨伐，以滋惊扰"。八月，真宗又再次下诏命泸州地方官员遵循安抚方针，"第依前诏安抚，按兵勿出"。

反正就是一个原则，能不用兵就不用兵，能不打仗就不打仗。整个事件的处理是以军事威慑为后盾，采取招安的方式，基本上未发生大规模的战斗。大中祥符三年（1010）二月，泸夷接受招安，乱事终于暂告平定。

过了几年，泸夷又再次起兵反抗，且激烈程度远远超过之前的几次扰边行为，宋廷不得不下定决心解决此事。大中祥符六年（1013）七月，晏州夷人首领斗望率领众人劫掠泸州下属的湣井监，杀害了宋军驻防部队的一名军官，同时还大肆掠夺牲畜。晏州夷人的暴力行为对当地民众的生产生活和宋朝官府在当地的统治造成了极大的威胁。

事情发生后，泸州江安县知县奉命带兵前去处置暴乱，竟然也被泸夷杀死。这样一来，当地的民众纷纷弃家逃命，避入戎州城中不敢出来。

十二月，朝廷派出大军讨伐泸夷，这次军事行动的破坏性比较大，史书载，"遇蛮贼二千余人，击之，杀伤五百人"，"射杀数百人，溺江水死者万计"。宋军还焚烧村落、焚毁物资，史书载，"焚罗固募、斗引等三十余村庵舍三千区"，"烧舍数千及积谷累万"。第二年年初，泸夷之乱暂告结束。

大中祥符七年（1014）十一月，为防备以后可能会反复出现的泸夷侵扰问题，朝廷专门设置"戎泸资荣州富顺监都巡检使"一职，负责统筹管理川南与泸夷接壤地区的军务。此后，泸夷"虽时有剽掠，如鼠窃狗偷，不能为深患"。此外，像夔州（治今重庆奉节）一带偶尔也受到当地少数民族部落的侵扰，情况与泸州大同小异，都是小打小闹，旋起旋灭，就不再赘述了。

除边境受少数民族部落的侵扰，四川腹地倒还一向安定，仅庆历三年（1043）发生过一次有惊无险的战斗。

庆历三年，光化军（治今湖北老河口）"贼党"邵兴欲率部入川，但在蜀道遭到官军阻击，在兴元府境内被消灭，战火并未烧进成都平原。当时"光化军贼邵兴帅其党趋蜀道，遇华、商、虢等州提举捉贼上官琰，杀之；又败兴元府兵于饶风岭，本府军校赵明以众降，乃自州北循山而西。捉贼使臣陈曙等领兵追击兴于婿水，及其党皆就擒"。次年，乱军在入蜀的路上被歼灭于蜀口，未能进入四川。此后，四川腹地之内再无战乱发生。

可以说，在皇祐四年（1052）年底甲午再乱谣言满天飞之前，四川社会的态势完全是一种稳中向好的局面。然而，五十年来的风平浪静，竟然没能阻止仁宗君臣稍有风吹草动就风声鹤唳。朝野上下对甲午再乱谣言的深信与恐惧好像很有些不可理喻。然而，如果细读那段历史，这种看似怪异的表现就不难理解了。

二郎神游街

天圣三年（1025）四月显示"天下太平"字样的木头出现在汉州，天圣六年（1028）十一月太平瑞圣花在益州开放，给人的感觉是，当时的四川沉浸在一片安定祥和的氛围中。但宋廷对四川民间营造的太平盛世的舆论真的相信吗？从当时北

宋朝廷和四川当局的政策导向和执政风格来看，答案应该是否
定的。

嘉祐元年（1056），仁宗年间曾经官至参知政事的程琳
（988—1056）病逝，其家人托欧阳修撰写墓志铭和神道碑铭。
在墓志铭里，欧阳修说程琳在做益州知州的时候，"蜀州妖人有
自号李冰神子者，署官属吏卒，聚徒百余人，公命捕置之法"。
欧阳修没有说明这个自称李冰神子的妖人是何方神圣，也没有
解释他何以会设置官署、委任官吏。给人的感觉是一个神棍突
然发疯，竟然想聚众造反，然而聚众百余人就大封官爵，似乎
又颇为儿戏，不像真想干大事的样子。

欧阳修说程琳发现这件事以后，把这帮人抓起来法办了。
结合别的史料可以发现，程琳的手段相当残酷。《续资治通鉴长
编》说，"琳捕其首斩之，而配其社人于内地"，主事者被处死，
参与者都被流放。事情传开以后，大家都觉得这是一桩小题大
做的冤案，"道路或以为冤"。

当时成都流行祭祀"灌口神"。曾巩所著的《隆平集》中清
楚地写明，"蜀人岁为社会以祀灌口"。今天全国闻名的水利工程
都江堰所在的地方，过去就叫灌县，就是宋代的"灌口"，也是
宋代永康军的治所。所谓的"灌口神"，就是后世大名鼎鼎的二
郎神。

南宋时理学大师朱熹曾跟人讨论过鬼神之事，他们的谈话

后来收录到《朱子语类》里。关于灌口神的来历，朱熹解释说：
"蜀中灌口二郎庙，当初是李冰因开离堆有功立庙。今来现许
多灵怪，乃是他第二儿子出来。"四川民间因为李冰治水的功
绩，神化了李冰父子，特别神化了他的次子李二郎。灌口神因
为与古代历史上最伟大的水利工程之一都江堰捆绑在一起，成
为四川民间信仰中最有影响的一个。

按南宋人江少虞所著的《皇朝事实类苑》里的说法，这百
余人聚集在一起，"作灌口二郎神队，私立官号，作士卒衣装，
铙鼓箫吹，日椎牛为会"，显然他们是在举行民间的某种祭神活
动，其中有扮演二郎神的，有扮演二郎神下属的，还有扮演护
卫二郎神及其下属的士兵的。他们根本不是要谋反，而是在迎
神演戏。

程琳对这群举行迎神演戏民俗活动的老百姓痛下重手，连
一向维护他的欧阳修都不得不承认，程琳此举在四川民间引起
了不利于地方稳定的舆情危机。有人借机散布谣言，"言公妄杀
人，蜀人恐且乱矣"。谣言说程琳胡乱杀人，引起四川人民的恐
慌，四川有可能即将爆发大乱。这虽然是谣言，但也反映了一
些实情，那就是当时四川官民之间的对立情绪相当严重。

这次谣言事件在民间形成了相当强烈的反对程琳滥杀无
辜的声浪，流言后来传到了朝堂之上，给宋廷带来不小的舆论
压力。朝廷为此特意派遣了内侍张怀德前往成都明察暗访事

情的真相。有意思的是，程琳做益州知州的时间是天圣六年（1028）六月至天圣八年（1030）十月，正是太平瑞圣花在益州绽放的时候。

宋人对程琳一手炮制的李冰神子冤案的风评也很有意思。民间舆论觉得这是滥杀无辜，但官方层面上，特别是士大夫群体，却认为程琳杀伐果断，体现出高超的地方治理能力。

欧阳修把民间由此衍生出来的各种谣言称为"谗言"。在欧阳修的笔下，前来调查此事的宦官张怀德一进入成都，碰到的都是给程琳说好话的人，所谓"使者入其境，居人行旅，争道公善"。张怀德在街上找来当地的老百姓询问程琳诛杀所谓李冰神子妖人的事，当地"父老"竟众口一词地说："杀一人可使蜀数十年无事。"似乎四川人民对程琳的滥杀酷刑相当支持。而且这话说得大有牺牲他一个、幸福千万家的意思，让人只能感叹宋代四川老百姓的思想觉悟实在是太高了！

程琳这次处理李冰神子妖人案确实过于小题大做。事实上，朝廷是在天圣六年（1028）十一月接到太平瑞圣花在益州重新盛开的报告的，这时程琳做益州知州已有半年，但他显然不相信成都本地正在制造的四川已经重新进入太平盛世的说辞，否则在太平盛世之中，民间举行一下祭神表演，何至于如此如临大敌、大动干戈？糟糕的是，这种处理政事的方式，并不是程琳一时的应激反应，他在益州两年的施政风格一贯如此。

天圣八年（1030）十月，程琳离任的时候，朝廷对他在成都的政绩有一段总评。宋廷认为程琳在益州施政是值得表彰的，除了杀伐果断，迅速处理了李冰神子妖人案以外，程琳的功劳还有提前做好上元节灯会防火布置工作和识破驻蜀军队兵变谣言这两件事情。欧阳修在程琳的墓志铭中也大书特书了这两项政绩。我们先看预先部署灯会期间防火事宜的故事。据墓志铭载，"正月，俗放灯，吏民夜会聚，邀嬉盛天下。公先戒吏为火备，有失火者，使随救之，勿白以动众。既而大宴五门，城中火，吏救止，卒宴，民皆不知"。

当时，四川有上元夜观灯的习俗，晚上点灯，发生火灾的概率当然会比较高，不过，程琳为灯会提前做好随时灭火的准备，却不只是为了灭物理意义上的"火"，也要把四川人民心中有可能燃起来的"火"的苗头随时掐灭。他对灭火队的嘱咐是："火灾一旦发生，你们直接前去灭火就行了，不要汇报，也不准声张。"等到当天真的发生了火灾，整个观灯现场完全没人知道有紧急火情发生，一切平静如常。显然，程琳觉得，火灾不可怕，有人借着火灾的警情趁机起哄，制造事端，激起老百姓闹事，这才可怕。

这大概是成都地方官共有的心态。

程琳离开成都九年后，宝元二年（1039）正月，成都南市发生了一起火灾，这次火灾从小火烧成大火，最后造成了重大伤亡。事后据官府统计，"火焚民庐舍三千余区"。有意思的是，火灾发生后，益州知州张逸和益州路转运使明镐（989—1048）都在第一时间赶赴现场，但最后还是酿成大灾，原因竟是"知州张逸心疑有变，与转运使明镐夜领众往，而实不救火，故所焚甚众"。火灾发生后，益州政界的两位大佬带着大量人手到达火情第一线，但二人的心思却没有放到救火上，而是把主要精力放到了防止老百姓趁乱造反上，眼睁睁地看着大火吞噬了一条又一条街道。

可见，这场大火最后造成民居三千余区被焚毁的重大火灾事故，纯粹是相关官员的不作为造成的。益州知州张逸、转运使明镐对救火漠不关心，他们真正关心的是会不会有人趁乱挑起事端，破坏社会稳定。

需要注意的是，张逸、明镐并非"官声"不好之人，张逸有循吏之名，被收录在《宋史·循吏传》中。司马迁在《史记》里开创了"循吏列传"的体例，用以表彰那些守法讲理、爱民如子的好官。后世能入"循吏传"的官员，多是一些擅长地方治理的青天大老爷。张逸在真宗时考中进士，后来四次入蜀为官，是北宋中期四川地方官中的良吏。

真宗末年张逸首次入蜀，任眉州青神县知县，在任期间大兴学校、教育生徒。青神县人陈希亮（1001—1065）在天圣八年（1030）考中进士，后来成为一代名臣，历任长沙知县、京东路转运使、凤翔知府等。离开四川后，张逸又辗转各处任职多年，在仁宗初年再次入蜀，任益州路提点刑狱。景祐元年（1034），第三次入蜀为官，出任梓州知州，任满还朝后升任开封知府。景祐四年（1037）十二月，第四次入蜀为官，出任益州知州。

张逸在益州知州任上，深得百姓爱戴。他谙习民情，断案准确，"蜀人以为神"。同时，他还能体恤百姓，到任后益州发生旱灾，他将官府的粮食拿出来赈济灾民。因为受灾，益州很多老百姓没饭吃，只得宰杀耕牛充饥。按宋代法律，宰食耕牛是重罪，依法当被重罚。张逸向朝廷上奏说："老百姓马上就要饿死了，这时杀牛充饥，属于紧急避险，跟平时盗杀耕牛的犯罪行为完全不同，不应机械执法加以重惩。但是如果对于这种宰杀耕牛的行为不加禁止的话，又会鼓励这种行为，导致明年春耕农民无牛可用，会进一步加重明年的灾情。"于是他将这些斩杀耕牛的人流放到关中，等灾情结束后，再让他们重新回到四川老家。这个处理方式，可谓既讲原则又讲人情。

明镐是大中祥符五年（1010）的进士，也是多次到四川为官，曾在益州的幕职官上待过多年。天圣四年（1026）他随益州知州薛奎入蜀，任益州录事参军。天圣六年（1028）程琳接任益州知州后，又奏请以他为签判。不久明镐升任益州通判，还朝后得到"沉鸷有谋，能断大事"的评语。此后，他

历任开封府推官、三司户部判官、京东转运使等职。景祐四年
（1037）的秋天，明镐再次入蜀担任益州路转运使，比张逸来
益州做知州还要早好几个月。明镐到任之后，益州发生饥荒，
他一方面平抑物价，稳定市场秩序；另一方面招募穷困百姓暂
时当兵吃皇粮，稳定人心，"民赖以安"。

离开四川后，明镐又做过并州知州、开封知府等，与文彦
博一起平定贝州王则之乱。庆历八年（1048）官拜参知政事，
成为执政重臣，有"遇事不苟，为世所推重"的令誉。

显然，张逸和明镐并不是那种不顾百姓死活的酷吏或庸
官，他们是当时难得的好官。但1039年正月成都南市火灾发生
后，张逸、明镐二人到现场亲自指挥，亲自部署，却不真心救
火，跟程琳处理益州灯会救火一事的逻辑是一样的，在他们看
来，成都最危险的不是火灾，而是总有刁民想借机生事。

我们再来看一下程琳是如何火眼金睛识破益州兵变谣言
的。欧阳修说，程琳在益州的时候，有一次士兵向监军举报军
队中有人要造反，监军知道后立即向程琳汇报此事，结果程琳
却淡然一笑，说："军中动静吾自知之，苟有谋者，不待告也，
可使告者来。"结果举报者不敢来当面跟程琳指证谋反之人，这
件事情最后也就不了了之。程琳面对这种嚼舌根的事情，非常
淡定，不信谣也不传谣，他拒绝调查，目的就是不给造谣者浑
水摸鱼的机会。

欧阳修总结说，"蜀人轻而喜乱"，"轻"，就是性情不定，不够稳重，容易为谣言所动，"喜乱"，就是唯恐天下不乱，自然喜欢造谣、传谣，所以，程琳在成都的施政秘诀就是"先制于无事"。什么事情都提前做了准备，所以当事情真发生的时候，反而十分镇定，装作没事人一样，"至其临时，如不用意"。只有这样，才能够让坏人没有机会浑水摸鱼。

如此一来，宋仁宗统治前期的四川，看上去就相当有趣了。一边是四川人民拼命制造天下太平的祥瑞，以表明仁宗统治下的四川社会是太平盛世；一边是朝廷和官府时时对四川的局势保持高度警惕。朝廷虽然表面上也会做做样子，表彰一下四川人民对大宋王朝太平盛世的吹捧，但实际上，他们根本不相信太平盛世的鬼话。大家互相演戏，心中各自明白。这样的奇妙格局，一直到皇祐四年（1052）年底才被甲午再乱的谣言打破。

峨眉山限游令

天禧元年（1017）三月，朝廷突然颁布了一项奇怪的命令，"诏自今游峨眉山不得停止川峡"。峨眉山自汉代即是佛教圣地，中古以来佛教徒根据《华严经》中西南方有"大光明山"

的说法，认峨眉山为普贤道场。从唐代开始，许多高僧大德在峨眉山修建佛寺，聚徒讲经，峨眉山遂闻名天下。

太平兴国五年（972）二月，宋太宗曾召峨眉山白水寺（即今万年寺）高僧茂真入朝问法。茂真历经太宗和真宗两朝，深得两朝皇帝推重，白水寺也得到朝廷大力资助。太宗时，曾于成都铸造了高达二丈六尺的普贤菩萨铜像送往峨眉山。

淳熙四年（1177），南宋大诗人、刚刚卸任四川制置使的范成大在白水寺看到，寺中"有太宗、仁宗、真宗三朝所赐御制御书百余卷，七宝冠、金珠璎珞、袈裟、金银饼钵、奁炉、匙箸、果垒、铜钟、鼓、锣、磬、蜡茶、塔、芝草之属"，足见白水寺的发展得到了北宋前期历代皇帝的关照。宋仁宗更是为白水寺亲笔写下了"佛法长兴，法轮常转。国泰民安，风雨顺时。干戈永息，人民安乐，子孙昌盛。一切众生，同登彼岸"的御书发愿文。

说起来，峨眉山跟王均兵变还有些联系。咸平三年（1000）正月初一，奉命去峨眉山办事的宦官返京，在成都短暂停留，益州钤辖符昭寿接待了他，并大张旗鼓地为其送行。士兵赵延顺等人制造混乱，杀死符昭寿，拥立王均。王均兵变的这段小花絮表明，宋廷与峨眉山之间的交流非常频繁，经常有皇帝身边的亲信宦官前往峨眉山进香或从事其他法事活动。

峨眉山佛教事业兴盛，自然吸引了全国各地很多游客前来朝拜。天禧元年（1017）三月这条"自今游峨眉山不得停止川峡"的诏令，显得有些无厘头。朝廷以法令的形式禁止外地游人长期在四川地区逗留，乃是因为宋廷认为这些人"时有逾年不还，因而为盗，故条约焉"。在宋廷看来，不但四川人都是"奸民"，其他地方的人到了四川也容易变成坏人，这里简直就是滋生坏人的温床。

出于历史原因，宋代统治者对于四川的民风一向不怎么看好。仁宗年间益州的隐士兼诗人张俞有不少写给当时益州地方官的书信，他在信中常常提到时人对蜀地民风的看法，大体可以用"奸讹易动"四字概括。

从太宗末年（994）到真宗初年（1000）的短短几年间，四川连续发生了王小波、李顺领导的农民起义和刘旰、王均领导的士兵起义，朝廷和四川地方当局的各级官员，甚至包括四川人自己都受到了巨大的震撼。王均之乱平定后不久，宋初撰写诏命文章的大手笔梁周翰（929—1009）就对四川的地理、经济、民风等进行过一番解读，谓"夫九州之险，聚于庸蜀，为天下甲也。五方之俗，擅于繁侈，西南为域中之冠也。多犷骜而奸豪生，因庞杂而礼义蠹"。

北宋初年乱象频生的历史一直是四川多年来挥之不去的黑点，其中最主要的就是张俞所说的"往岁三困盗臣之暴"一事，所谓"三盗乘而互乱，顺、均、旰也"。由于三次变乱的往事，之后数十年间，朝廷内外，甚至很多四川人自己都认为四川民风不善，深为可虑。天府之国，山川险要，物产丰富，也就是张俞在多封书信中提到的"险"和"侈"，益州"其地险，其材侈"，又"惟蜀负险擅利"。庆历四年（1044）十二月，文彦博（1006—1097）出任益州知州，朝廷颁发给他的任命诏书中，竟然也说出了"成都古之建国，其地险远，其俗富奢"这样颇有些见外的话。

显然，这对于朝廷而言并非好事，"险"就意味着有割据作乱的地理条件，"侈"是说蜀地富庶，又意味着有割据作乱的经济基础。再加上当时的人认为"蜀人偷浮，不识敦本"，有这样的地理和民风，四川简直是造反者的天堂了。虽然很不情愿，张俞也不得不承认，当时的人认为蜀人的特点是"士民缘奸，争饰诈利"，"俗悍巧劲，机发文诋，窥变怙动，湍涌焱驰"，进而形成"其俗文，其风武，其政急，其刑威，兵乘而骄，吏袭而奸，民伺而暴"的种种地方特殊性。

苏洵则将北宋中期时人关于蜀人的负面观感总结为一句话"蜀人多变"。四川在时人心中具有这样的印象，想不叫人担心都不可能了。于是，四川人"奸诡易动"的形象就此定了型。站在宋朝统治者的立场上，对"奸民"就得用重典。

王安石在给曾经做过益州知州的田况（1005—1063）所写的墓志铭里讲到过一项政绩。"蜀自王均、李顺再乱"之后，四川的形象"遂号为易动",大家普遍认为四川人喜欢生事。为了保持四川的稳定,以前的四川地方官"得便宜决事,而多擅杀以为威,至虽小罪犹并妻子迁出之蜀,流离颠顿,有以故死者"。

益州知州靠着朝廷赋予的"便宜决事"之权而大搞严刑峻法,通过滥用死刑和轻罪重罚的方式,对老百姓施行高压统治,把犯事的老百姓,不论罪行大小,一律赶出四川。

田况后来官至主持全国军事工作的枢密使,他早年多次在宋夏战争的前线任职,虽然是进士出身,却久在疆场,以杀伐果断著称。庆历四年(1044),保州云翼军的士兵杀死州吏占据州城,田况奉旨平叛,他到城下后,"以敕榜招降叛卒二千余人"。这二千余人因为见到了招安"皇榜",觉得自己性命无虞,这才主动投降。没想到的是,事后田况却"坑其构逆者四百二十九人"。可见田况是个狠角色,对于危及大宋王朝安定的"坏人",绝不手软。可面对宋廷多年来在四川施行的滥杀滥刑的酷政,连杀伐果断的田况也看不下去,觉得太过分了。

王安石说,田况到益州后,一改以前益州知州的酷政,而是采用"拊循教诲"的感化政策,将四川的老百姓当成自己的儿女一样进行教养——"儿女子畜其人"。田况治蜀期间,只对那些罪大恶极的人讲法律,大部分时候,都是讲道理、行教化。田况在四川的官声极好,很得民间舆论的好评,史称"蜀人爱公，以继张忠定"，认为他是太宗年间治蜀名臣张詠之后最好的一位父母官。

田况任益州知州是在庆历八年（1048）四月到皇祐二年（1050）十一月，张詠最后一次做益州知州是在太宗末年（995—997），可见，从王均之乱结束到甲午再乱谣言兴起的五十多年间，宋廷认为施行高压政策才是四川社会安定的保障。原来所谓咸平四年（1001）以后四川的太平无事，是在高压统治和严刑峻法下实现的。

"虽小罪犹并妻子迁出之蜀"，即将小偷小摸之辈，连带其妻子儿女一起迁出蜀地，也就是全家人都流放到外地去。考虑到古代社会安土重迁的风俗，宋朝四川地方当局想出这么一个"绝招"，属实不近人情。而且这个政策更狠的是，被流放在外地的这些蜀人罪犯及其家属，哪怕在刑满释放之后，也终身不能再返回故乡。

天圣四年（1026）正月，时任益州知州的薛田向朝廷汇报说，四川当局对因犯小罪而被流放的这些蜀人所采取的政策是，"两川犯罪人配隶他州，虽老疾得释者，悉留不遣，自今请无放停"。宋仁宗接到这个报告后，觉得过于残酷，心有不忍地说："远民无知犯法，而终身不得还乡里，岂朕意乎！察其情有可矜者，听遣还。"仁宗觉得如此对待自己的子民，完全不符合儒家的"仁政"精神，表示可以从那些因为年老或病重而得到释放的罪犯及其家属中，挑选一些"情有可矜者"，允许他们回到四川老家。

不过，仁宗的这个表态，似乎并没有形成固定的规章制度，四川地方当局在以后的日常政务中似乎也没有贯彻仁宗这个"察其情有可矜者，听遣还"的政策精神，而是仍然如故。较早在朝中做到高官的成都人范镇，在给曾任成都知府的吕公弼（1007—1073）所写的神道碑文中说，吕公弼到任后改革弊政，四川人民对他非常爱戴，甚至有请为他画像建生祠的。而他在成都的一大政绩，就是将"为政者务威猛为击搏以操切之，民有轻犯则移乡，甚者或配徙内地，终身不复还"的前时弊政一洗而空，他到任后，"阅其籍，移乡者即释之，配内地者奏而贷还之，而一切镇以宽简，人心大安"。

吕公弼任成都知府的时间是嘉祐六年（1061）至嘉祐八年（1063）。从吕公弼的故事中可以看到，从仁宗初年的天圣四年（1026）到嘉祐末年（1061—1063），三十多年间，虽然有宋仁宗本人的亲自表态，但四川地方当局对四川人民的轻罪重罚、流放出蜀后终身不得返乡的残酷政策，仍然在严格执行。四川百姓只有在偶尔碰到几个体恤百姓的封疆大吏时，才可以稍微得到一些照顾。仔细回味一下这个政策可以发现，宋朝统治者试图将百姓中那些有可能挑战官府权威的潜在危险分子全部赶出四川，只留下温顺听话的良民。在他们看来，四川老百姓就是四川最不安定的因素。这一点，站在宋朝统治阶层的立场上来看，也好理解。

宋廷相信，对四川的这帮刁民必须严加防范才行。除了将"小罪"者迁离蜀地之外，官府还特别在意四川的一些特殊风俗，因为某些风俗有可能导致大规模的人群聚集，稍有不慎，就有引发暴乱的危险。因此，宋朝政府在四川的一些看似无厘头的举措，就不得不让人佩服其高深莫测了。

宋廷对于四川一些临时聚集的人群显得过分紧张。早在乾德五年（967），朝廷即下诏："禁民赛神，为竞渡戏及作祭青天白衣会，吏谨捕之。"对于四川民间因为祭神而组织的赛会，比如"竞渡"之类的活动，严行禁止。一旦有人组织这样的活动，主持者和参与者都会被官府逮捕，从重治罪。数年后，开宝五年（972），朝廷再次下令重申，"禁西川民敛钱结社及竞渡"。

宋朝统治者或许会认为这两道禁令的效果并不理想，因为李顺、王均等作乱都是禁令发布后的事情。到真宗时期，甚至有官员想要禁止与四川老百姓日常生活息息相关的市集。大中祥符三年（1010）三月，比部郎中蔡汶被派往四川明察暗访当地的政情民风，回到朝廷后，他向真宗汇报说："川、峡每春州县聚游人货药，谓之药市，望令禁止之。"

宋代各地集市众多，现代人一般认为集市繁荣是宋代商品经济发达的一个重要指标，事实上，宋廷对于商业集市的发展也一向乐见其成，毕竟宋代的商税收入在税收中所占比重是很大的。但蔡汶却想严禁四川的药市，因为药市容易聚集游人，造成大量人群在短时间内高度集中，容易发生群体性事件，一旦处理不善，就有可能引发民变。为了防止老百姓成为"暴民"，就悍然禁止民间因正常的商品交换需求而形成的集市，蔡汶的圣贤书都读到狗肚子里了！

蔡汶敢于提出这种不顾经济规律、严重损害民生的政策，一方面反映了像蔡汶这样的官员对当时四川老百姓的极端恐惧；另一方面也表明在当时的治理思路下，宋朝政府中的部分官员对于四川人民的生活是漠不关心的。可以想象，如果药市真的被禁，四川人民的日常生活将受到严重影响，说不定会爆发新一轮的反抗浪潮。

好在宋真宗是个明白人，他坚定地驳斥了这个离谱的建议，并说："远方各从其俗，不可禁也。"即官府制定政策不能一味地压制老百姓的日常需求，特别是像四川这样的边远地区，要"从其俗"。

和一般性的民众集会相比，因为一些民俗信仰而结成的某些"社"和"会"，更是有组织的人群集合，对社会的潜在危害更大。对此，宋廷更为关注，不但加以禁止，还要严惩参与其事的相关人员。古代社会的民间团体其实不易形成，民间最可能出现的结社集会的大规模人群，便是因巫术或妖法聚集起来的信众。宋廷对这类人群保持着高度的警惕，绝不让他们有冒头的机会。

这方面的相关规定一个接着一个出台。太平兴国六年（973），"禁东、西川诸州白衣巫师"；天禧三年（1019），"禁兴、剑、利等州、三泉县白衣师邪法"；景祐二年（1035），"禁益、梓、夔、利路民夜聚晓散，传习妖教，徒中能自纠摘，及他人告者，皆赏钱三万"。除了对这些有可能引起群体性事件的不安定因素严加禁止之外，对主持这些民间社团，借机闹事者，宋廷更是痛下杀手。如太平兴国六年（973），"绵州妖贼王禧等十人以妖法惑众，图为不轨，斩于市"。

现在回过头来看发生在程琳主政益州期间（1028—1030）的李冰神子案，程琳将组织者斩首，并将参与这次活动的百余人全部流放到内地，这并非是程琳个人为人暴虐，而是四川官员的治理惯性使然。

事实上，这种疑神疑鬼的风气，早在号称治蜀名臣的张咏坐镇益州的时代就已萌芽。北宋很有名的文化僧释文莹在所著的《湘山野录》中记载了一个故事，说张咏在李顺、王小波之乱后出知益州，到任之后对州署进行了重修。战乱后的州署有些损坏，略加修葺尚能使用。但是张咏重修州署的用意却不在此。益州州署在宋初沿用后蜀宫室，这就犯了宋廷的忌讳。释文莹分析说，张詠在大乱之后大兴土木，最重要的原因乃是州署的宫室规模不符合一般州郡的等级规格。

前、后蜀时期四川社会稳定，经济繁荣，前、后蜀统治者又以皇帝自居，宫室都极其华丽，"伪蜀僭侈，其宫室规模皆王建、孟知祥乘其弊而为之"。张詠在亲自撰写的《益州重修公署记》中说，他之所以要拆毁宏大华丽的旧州署，就是为了"平僭伪之迹，合州郡之制"。前朝皇宫的存在，容易让本地老百姓心生割据一方的幻想，重修州署则可以"削伪为正，无惑远民，使子子孙孙不复识逾僭之度"。建筑物比史籍文字更易勾起普通民众的历史记忆，在张詠看来，只有将前、后蜀的皇宫从人们的眼前彻底抹去，才能将四川人民那躁动的心彻底压制住。

当然，对蜀民施以高压威慑的政策，只能治标而不能治本。宋廷在加意防范的同时，一方面又加意安抚。咸平四年（1001）后宋廷下诏减免赋税之事史不绝书，但这种政策多流于形式，成为具文，民众未必能够得到实惠。不过减免赋税在古代的仁政叙事中也是相当普遍的现象，尚不足以说明宋廷对四川人民特别照顾。王均之乱后，朝廷经常派人巡查四川民情，或是因为灾害后需要安抚，或是因为四川地处偏僻之地，需要朝廷时常关心。五十年间，朝廷派遣安抚使入蜀有六七次之多，足以说明加意安抚绝非虚言。

　　咸平三年（1000）十月，宋廷刚刚平定王均之乱，蜀中人心不稳，真宗即命王钦若（962—1025）等安抚四川。这次派出的巡察团队规格非常高，由翰林学士王钦若、知制诰梁颢（963—1004）分任西川安抚使和峡路安抚使，国子博士袁及甫、秘书丞李易直分任副使，阁门祗候李承象同勾当安抚事。他们到四川后，"所至录问系囚，自死罪以下得第降之"，主要任务是清理冤狱，减轻刑罚。因为四川离中央太远，当地官员特别是司法官员上下其手的空间很大，减少四川地区司法案件中的腐败问题，对于争取四川的民心是很有帮助的。

　　梁颢是宋初名臣王禹偁的学生，早在雍熙二年（985）就已考中进士，这时已是政治经验丰富的老手了，史称"颢有吏才，每进对，词辩明敏"，深得真宗的赏识。王钦若在淳化二年（993）考中进士，历任亳州防御推官、秘书省秘书郎、监庐州税等职。后来因为逢迎真宗大搞神道设教，东封西祀，浪费了大量的财力物力，在宋代士大夫中风评很差，就连宋仁宗也评价说："王钦若久在政府，察其所为，真奸邪也。"但这时的王钦若还是积极向上、官声不错的有为青年。值得一提的是，前不久他在三司理欠凭由司任职时，一夜之间清理出历年积欠的赋税数额，真宗大为惊叹，当即按照王钦若统计的数据，"放逋负一千余万，释系囚三千余人"，算是干了一件大好事。王钦若为人机敏，办事能力强，这时刚升任号称"天子喉舌"的翰林学士不久，正是真宗跟前的大红人。

真宗派王钦若和梁颢去四川主持巡察工作，足见其对安抚四川民心的重视。

在整个真宗时代，组建这样高规格的巡察团队前去四川体察民情，并非偶尔为之，而是经常性的。据《续资治通鉴长编》记载，景德三年（1006）四月，朝廷"命使六人，巡抚益、利、梓、夔、福建等路"，福建路之外的益、利、梓、夔四路，也就是俗称的四川，可见这次巡查的重点也是在四川。

这次巡察组的任务，一是慰问和犒劳当地的文武官员及乡绅，听取他们的意见，表彰其中的优秀代表，即"所至存问犒设官吏、将校、父老"。二是清理当地积累的案件，加快案件的处理进度，尽可能地减少罪囚被羁押的时间，安抚民间的怨恨情绪。同时对大部分小案小罪从轻处罚，只有死罪或贪污重罪依法重处，所谓"疏决系囚，除杂犯至死、官典犯赃依法外，流已下递减之"。三是考察当地官员中的优秀人才，加以破格提拔。比如屯田员外郎谢涛负责巡视益州路和利州路，他还朝后推荐了可以提拔重用的两路官员三十余人。当时的宰相认为他推荐的官员太多，难以安排。谢涛知道后并没有退缩，而是将这批官员的政绩一一列出，详细阐明必须提拔的理由，并且表示如果所推荐的人选出了问题，自己愿意承担责任。

天禧四年（1020）三月，益州路和梓州路受灾，发生饥

荒，物价飞涨。朝廷又组建了以知制诰吕夷简（979—1044）
为首的巡察团队前往救灾，史载，"以益、梓州路物价翔踊，命
知制诰吕夷简、引进副使曹仪乘传赈恤之"。吕夷简是咸平三年
（1000）的进士，历任绛州军事推官、通州通判、濠州通判、
滨州知州、两浙路提点刑狱等职。他出发前向真宗说，巡察团
队除了要做"劳问官吏将校"等场面功夫，还要"取系囚与长
吏等原情从轻决遣"，即根据实际情况，视罪行的轻重将因为受
灾而犯法的老百姓从轻发落，请真宗允许。

对于赈灾的具体措施，吕夷简则提出优化激励机制，对愿
意主动把粮食拿出来救济灾民的富豪要加大奖励的力度。真宗
颁发的赈灾诏书虽然也表示要对参与救灾的富豪加以奖励，但
这种空口说白话的套路，富豪们估计兴趣不大。为此，吕夷简
请求朝廷，"给空名告敕付臣赍往"。告敕是朝廷封赏官爵的正式
文书，"空名告敕"，意味着吕夷简等人到了四川以后，可以根
据富豪们捐粮救灾的实际情况发放各种"官帽子"。对富豪们来
说，这才有吸引力。

从益州回朝后没多久，吕夷简就开启了他"开挂"的人
生。乾兴元年（1022），他官拜参知政事，进入宰执重臣行列，
天圣七年（1029）进一步升任宰相，在仁宗时代成为煊赫于朝
堂之上的权相。吕夷简跟王钦若一样，是个颇有争议的人物。
晚年的他把持朝政，排斥异己，风评一度也很差。但另一方

面，他又是一个行政能力一流的人，《宋史》本传评价他说，"自仁宗初立，太后临朝十余年，天下晏然，夷简之力为多"。晚年的吕夷简热衷于权力斗争，但早年的他还是一个深受儒家思想熏陶的心怀理想的青年，曾经不惜惹怒皇帝，上书劝说真宗不要滥用民力。

当时正值真宗大兴土木，斥巨资修建道观宫殿自我神化之际，官员们为了赶工期，逼得干活儿的老百姓或死或逃，妻离子散。当时的木料都是从南方砍伐的，冬天河水结冰，船运停辍，老百姓只能手抬肩扛，非常辛苦。

吕夷简不忍百姓受苦，向真宗建言，等春天河水解冻，再将木料由水路运来开封，这样可以减轻老百姓的痛苦。真宗听后感动地说："观卿奏，有为国爱民之心矣。"所以，这次四川受灾之后由吕夷简去做赈灾的钦差，足见朝廷对此事的重视。

仁宗即位以后，也循真宗时代的旧例，继续在关键时期对四川人民表达皇帝和朝廷的关心。明道二年（1033）二月，四川再次闹饥荒，朝廷派出使者前往四川察访灾情并开展救灾工作，"以两川饥，遣使体量安抚"，这次派出了天章阁待制王鬷（978—1041）巡察益州路和利州路，户部副使张宗象巡察梓州路和夔州路。王鬷办事干练，后来官至知枢密院事，主持全国的军事工作，也是仁宗朝著名的宰执重臣。

宝元二年（1039）八月，四川大旱，灾情严重，"两川自夏至秋不雨，民大饥"。此时正值西夏自立、宋夏战争激烈之时，但仁宗仍然从中央抽调了一大批精干的官员前往四川处理赈灾事宜。起居舍人、知制诰韩琦（1008—1075）出任益、利路体量安抚使，西染院副使兼阁门通事舍人王从益为副使；户部副使、吏部员外郎蒋堂（980—1054）出任梓、夔路体量安抚使，左藏库副使兼阁门通事舍人夏元正为副使。

　　这次派到四川的巡察团队领头人，正是后来名重仁宗、英宗、神宗三朝的名臣韩琦。当然，他这时还只是初出茅庐的年轻人，但已经表现出相当强悍的政治能力。

　　韩琦是天圣五年（1027）进士第二名，历任淄州通判、监左藏库、开封府推官、三司度支判官等，景祐三年（1036）出任右司谏，《宋史》本传记载，"时宰相王随、陈尧佐，参知政事韩亿、石中立，在中书罕所建明，琦连疏其过，四人同日罢"。韩琦当时只是一个负责议论朝政得失的七品小官，却一口气把朝中两位宰相、两位副宰相一起拉下马，震惊朝野，可谓一战封神。

　　韩琦在朝中也树立起了刚直敢言的人设，"凡事有不便，未尝不言，每以明得失、正纪纲、亲忠直、远邪佞为急"，因此得到了一向不随便称赞年轻人的新任宰相王曾（977—1038）的大力夸奖。仁宗这时派韩琦前去四川担任赈灾的钦差，足见朝廷是真想为四川老百姓谋福利的，并不是虚应故事。

庆历元年（1041），仁宗再次派遣使臣安抚全国各路，此次不是专为四川遣使，但仍派了官员安抚四川，"遣使体量安抚诸路……知制诰王拱辰，西京左藏库使马崇正益、梓路……侍御史知杂事张锡，内殿崇班慕容惟恭利、夔路"，可见，这种派钦差安抚的模式在仁宗朝一直持续着。离皇祐四年（1052）甲午再乱谣言爆发最近的一次遣使安抚的安排，是庆历八年（1048）十二月，派蜀人何郯安抚利州路。

除了对一般民众表示政府的关心外，对于四川的知识精英，宋廷亦有特别的关照。科举在宋代成为士人最重要的出路之一，四川承平日久，参加科举的士人越来越多。从真宗朝开始，宋廷就不断调整四川科举的解额，主要是在规定的解额数外再予增加一些名额。

如大中祥符七年（1014），"诏益州举人自今荐送定名外，别解三人。以其远方多学者，故优之"。天禧四年（1020）甚至下诏不必限定额外人数，"诏川峡、广南诸州自今依先定条制解合格举人外，更有艺业可取者，悉取荐送"。这样做虽然安抚了蜀中士人，但毕竟违反常规，引起科举秩序的混乱，天圣二年（1024）正月，宋廷不得不停止这一优惠政策。

> 连状："广南东西、益、梓、利、夔等路，旧制，于额外有合格者，亦听举送，如闻比来冒籍者多，自

今毋得额外发解。"时承平岁久，天下贡士益众，间起
争讼，故条约之。

额外发解虽然停止，但为了安抚蜀人，天圣四年（1026）
宋廷又决定增加四川进士的解额，"诏增西川、广南东西路诸州
军进士解额有差"，但直到天圣七年（1029）才正式将额数定下，
"增川峡四路进士解额，益州四人，梓州二人，余州军下及三
人者听解三人"。这些规定无疑对蜀人的仕进大有助益。

总之，通过恩威并施，也就是胡萝卜加大棒的方针，咸平
四年（1001）之后，四川确实再未发生过大规模的民变，也未
出现对社会造成较大破坏的动乱。

从不军训的士兵

景德元年（1004）闰九月，辽圣宗与萧太后亲率二十万大军
南下，攻入北宋的河北境内，引起朝野震动。正当真宗与群臣
商量如何抵御辽军之际，远在四川的夔州路转运使薛颜（953—
1025）的一份奏报送到了真宗的案头。

薛颜是不久之前出任夔州路转运使的，他到任后发现，
整个四川的驻军从来不进行军事训练，即"川峡戍兵等素不阅

习"。他考虑到自己辖区内的夔州和施州（治今湖北恩施）"最近蛮境"，随时有可能遭到附近少数民族部落的骚扰，所以建议在平时给这两个州的士兵也发放武器，加以训练，以备不时之需。这一建议得到了真宗的批准。

薛颜"各付戎器，时加练训"的建议，揭示出一个非常奇怪的现象，就是当时的驻蜀军队平时不发放武器，也不组织军事训练。这是一件匪夷所思、让人意想不到的事，然而大量史料表明，从来不进行训练真的是驻蜀宋军的传统。

大中祥符三年（1010），真宗一次谈话时提到："朕记国朝以来，广南、西川以遐远之地，屯泊军士未尝给兵器，习武艺。"这个情况，直到仁宗中期仍然没有什么变化。庆历五年（1045）十二月，主政益州的文彦博在给朝廷的汇报中建议，"本路兵久不习战斗，请立法训练"。朝廷讨论后认为，四川驻军从来不军训，也不发兵器，四川民间已经习惯了，如果一下子大搞军训，在老百姓面前舞刀弄枪，害怕引起民间的恐慌，于是仁宗下诏，让文彦博循序渐进地训练四川士兵，"先教以弓弩，俟民间习见，即又以刀枪阅试之"。

看来，不给士兵发放兵器，也不让他们训练以增强战斗力，在宋朝统治下的四川是一项惯例。换句话说，宋朝统治者对自己的驻蜀部队相当不信任，宁愿让他们没有战斗力。不过，站在宋朝统治者的立场来看，这一奇怪的做法，也有其合理性。

比起一盘散沙般的民众，军队是地方上最有组织的社会力量，如果军队起来造反，对宋朝统治所造成的危害远远大于一群老百姓的揭竿而起。在四川地区，统治者所依靠的暴力工具——驻蜀军队，比老百姓更容易成为变乱的"祸源"。

咸平三年（1000）震动全川的王均兵变爆发的三年前，还爆发过一次由士兵刘盰领导的规模较大的兵变。两者在时间上间隔很短，给刚刚当上皇帝的宋真宗造成了巨大的心理阴影。

至道三年（997）三月，宋太宗病逝，真宗即位。没想到，刚刚经历了王小波、李顺起义，才消停没两年的四川，又再次发生动荡。当年八月，西川都巡检使韩景祐依照惯例视察所辖各地部队的基本情况，到了离成都不远的怀安军（治今四川金堂），帐下士兵刘盰突然发动了兵变。刘盰带人偷袭了韩景祐的住处。韩景祐猝不及防，无法控制手中的军队，仓皇之间只得跳墙逃命。

韩景祐一跑，部队就完全被刘盰掌控了，刘盰带着西川都巡检司的部队洗劫了怀安军。怀安军本为简州金水县，距成都约100里，后因战略地位重要，在大将曹翰的建议下升格成为与"州"平级的"军"。怀安军可视为成都的东大门。在四川的军政中心成都附近发生这样的兵变，政治上的影响还是很大的。

兵变士兵约有三千人，拿下怀安军后，他们沿沱江北上，攻陷汉州，然后绕开有重兵把守的成都，接连拿下了永康军和蜀州，差不多将成都外围的重要据点都打了下来，而且"所至城邑，望风奔溃"，大有燎原之势。幸亏当时的益州铃辖马知节（955—1019）是见过大场面的沙场老将，在马知节的主持下，起义很快被镇压了下去。

马知节的父亲马全义（925—962）是五代宋初的猛将，官至江州防御使、龙捷左厢都校，是禁军的中高级军官。宋太祖称帝后，后周旧臣李筠不服，起兵抗命，宋太祖率军围攻李筠的老巢泽州，一度受困于坚城之下。这时马全义"率敢死士数十人乘城，攀堞而上，为飞矢贯臂，流血被体"。手臂被箭射穿、浑身是血的马全义自己用手拔出箭头，忍住剧痛继续登城。攻城士兵士气高涨，最终攻下泽州城。马全义在宋太祖的开国之战中立下了大功。

不久之后，淮南节度使李重进举兵反对宋太祖代周自立，马全义又率领禁军的控鹤、虎捷两军跟随太祖平叛。宋太祖非常喜欢这员猛将。本来马全义的前途不可限量，可惜的是，打完开国的两场大仗后，他突然得病死了，终年才三十八岁。

马知节从小得到太祖的照顾和培养，就连他的名字，都是太祖亲自给取的。开宝五年（972），十八岁的马知节被委以重任，"监彭州兵马"，从此开启了他的军旅生涯。马知节为人刚直，敢打敢拼，王小波、李顺起义时，马知节奉命防守彭州，

曾以赢兵三百顽抗起义军十万之众，不但守住了彭州城，还给
起义军造成了重大损失，由此一战成名，被提升为益州钤辖。

马知节听说刘旰兵变后，立即带着所部三百人一路追击刘
旰到了蜀州，与叛军力战四五个时辰。刘旰被马知节这种不要
命的打法吓坏了，被迫放弃蜀州南下，向邛州一带转移。

这时，驻蜀宋军的总指挥部里发生了激烈的争执。主帅上
官正考虑到马知节继续追击恐怕会面临兵力不足、战线过长、
补给不足等各种不利情况，飞鸽传书，让他先回成都从长计
议。马知节却豪气干云地说："贼党已逾三千，若破邛州，必
越新津大江。去我九十里，官军虽倍，制之亦劳，不如出兵迎
击，破之必矣。"于是带着所部人马连夜渡江，在方井镇阻击刘
旰，使叛军无法前进。

不久，上官正带着大军前来与马知节会合，一起将叛军全
歼，"共击斩旰，其党悉平"。由于马知节的英勇果敢，兵变被迅
速平定。这场兵变从发生到结束，前后只有十天，其影响被控
制在了最小的范围之内。但这次兵变离994年王小波、李顺起
义的平息才不过三年，而刘旰兵变失败的三年后，即咸平三年
（1000）春节，更大规模的王均兵变又爆发了。这一系列持续
不断的变乱，让朝廷对四川不得不另眼相看。

自从王均兵变被镇压下去之后，四川整体形势逐渐平稳，
大规模的兵变没有再出现，但宋廷派驻在四川的军队却似乎一

直很不让人省心，小规模的兵变或者未遂的兵变时有发生。

如咸平四年（1001）十月十六日，利州向朝廷上报有"戍兵三十三人谋叛伏诛"，由于《续资治通鉴长编》的记载过于简略，此次兵变的原因不详。但声势浩大的王均兵变上一年才刚刚失败，就又有士兵想铤而走险，足见军心仍然不稳。两个月后，又有士兵图谋作乱。咸平五年（1002）正月二十三日，邛州又向朝廷汇报，有士兵沈兴等二十六人"谋叛伏诛"。虽然都是小打小闹，但士兵们在四川搞兵变像家常便饭一样，给朝廷带来的心理冲击远比实际的破坏大。

不过像这种小打小闹的兵变，只要地方官处理得宜，就掀不起什么风浪。比如在王曙担任益州知州期间（1030—1032），就有驻军士兵趁着半夜军营管理松懈，放火焚烧营帐，砍杀战马，劫持中下级军官。王曙得到有士兵作乱的报告后，立即暗中派兵将发生兵变的军营包围起来，通知里面的人说："不乱者敛手出门，无所问。"

心怀不满想铤而走险的士兵毕竟是少数，大部分人是被裹挟着参与行动的。当知道军营已经被包围，且王曙保证不追究之后，参加兵变的士兵全部放弃了造反的念头，举起双手走出军营，向王曙投降。等士兵们都出来后，王曙才让被胁迫的军校指认煽动和组织兵变的主谋。这些谋乱的士兵被王曙当场处斩，以儆效尤。

　　王疑的前任程琳在益州知州任上的时候（1028—1030），
也有士兵企图制造混乱想趁机浑水摸鱼。前文已经讲过，当时
有人放出消息说有士兵要造反，程琳镇定自若地处理了这个谣
言，没有给图谋不轨者提供机会，这才及时控制住了局面，没
有酿成大乱。

　　正是因为驻蜀官军人心不稳，这才有了长期以来不发兵
器、不加训练的传统。这样至少可以保证，一旦发生兵变，参
与作乱的士兵无法轻松地获得武器。加上平时士兵们没有经过
军事训练，纯属乌合之众，这样的士兵造反，实际上跟秀才造
反一样，成不了什么大事。

　　有意思的是，程琳和王疑在任的这几年，恰恰是四川各种
太平祥瑞一一涌现的时候。天圣三年（1025）"天下太平"的木
头在汉州出现，天圣六年（1028）太平瑞圣花在益州盛开，看
来此时形势一片大好的四川社会，一直有暗潮涌动。

　　按理说，封建国家是阶级统治的暴力机器，而军队是国
家暴力最直接的依靠力量。军队应该是宋朝维持统治的支柱，
但为什么在四川，军队跟朝廷和地方当局会有这么大的对立情
绪呢？

　　宋代的军队分为中央禁军和地方厢军，但在宋代强干弱枝
的政策下，厢军在开国之后很快就堕落成了给地方政府和官员
打杂的苦力，战斗力极其低下。所以，宋代驻守地方的部队，

从名义上和体制上来说都是禁军，官方名称为屯驻禁军，俗称戍兵。

这些戍兵都不是本地人。他们一般是三年一换，轮流驻防。宋代前期，四川屯驻禁军的数量没有具体记载，按《建炎以来系年要录》的说法，北宋末年四川的在籍士兵总共有一万二千人左右。

四川在当时属偏远之地，调来屯驻四川的禁军部队主要招募自河北、陕西一带，士兵们被迫来到远离家乡的四川驻防，本就心情郁闷，情绪低落，很容易被煽动起来闹事。比如刘旰兵变发生后，益州知州张詠在给参与镇压兵变的部队做动员时，竟然说的是："尔曹俱有亲弱在东，蒙国厚恩，无以报，此行当亟殄贼，无使逃逸。若师老旷日，即此地还为尔死所矣。"意思是说，你们的亲人都在中原内地，如果不拼命作战，把叛军快速控制住，一旦事情闹大了，打成持久战，你们将会滞留在四川直至老死，永远也回不了故乡。可见，对于驻蜀禁军的士兵们来说，早点离开四川，竟然也是一种激励。

如果真的碰上天下大乱，这些外来的禁军士兵确实是回不去的。南宋时著名的史学家四川人李心传曾经透露过，绍兴二十六年（1156）七月，有人向朝廷汇报说，因为宋金议和多年，边关战事停止，各州军裁减了很多因年老而丧失战斗力的士兵。这些士兵被裁汰之后，没有任何经济来源，连饭都吃不上，只能沦为乞丐。宣和年间从外地调来四川戍守的禁军，在北宋亡国、中原沦丧之后，也都成了无家可归之人，只能一直留在四川。

假设宣和末年（1125）这些士兵来到四川驻防，两年后碰上靖康之乱，到绍兴二十六年（1156）四川大裁军之时，他们已经在四川滞留至少三十年了。这群外来的禁军士兵年老体衰，举目无亲，当了一辈子的兵，也不会干别的事，一旦被裁汰，只能去当叫花子要饭，其惨状可想而知。南宋政府的官员听说之后，也觉得他们"甚可怜悯"，希望朝廷跟四川地方军政当局打个招呼，虽然军队的裁汰工作不得不做，但也要给予这些滞留在四川三十年的老兵适当的照顾。

另一方面，四川并不是北宋国防的前线，不像陕西、河北那样需要随时应付辽和西夏的进攻，平时也没什么真正意义上的军事行动。没有仗打，驻蜀军队自然也不会受到朝廷的重视，待遇也就不会好到哪里去。四川又远离北宋王朝的权力中心，天高皇帝远的情况下，各级军官也极容易搞腐败，士兵们平时的待遇就更差了。

王均兵变就是因为士兵赵延顺等人在参加阅兵时发现别的部队军容壮盛，而自己的部队衣装不整，被围观群众嘲笑，从而更加心怀怨恨。加上除夕时益州知州牛冕"具酒肴犒其牙队"，而益州钤辖符昭寿"无所设"，士兵们认为自己遭受了侮辱性的待遇，"军士益忿"，最终酿成大乱。

真宗前期，黄震任遂州通判，据《宋史》黄震本传记载，有一次朝廷要"给两川军士缗钱"，发钱的公文先送到了西川，其中没有提到要给东川的士兵发放赏钱，东川的士兵议论纷纷，准备串联作乱。

这时，全靠黄震的担当，才避免了一场兵变。黄震认为朝廷不可能做这种厚此薄彼的事，一定是传送诏令的过程中出了什么问题，给东川士兵发钱的公文应该已在路上。他立即找到负责的官员说："朝廷岂忘东川邪？殆诏书稽留尔。"然后不等朝廷诏命，便用州府的存钱给东川的士兵发放了赏钱，东川的士兵这才打消了作乱的想法。黄震的判断非常准确，第二天，朝廷给东川士兵发钱的诏书果然就送到了遂州。

此事虽然圆满解决了，不过驻蜀军队这种稍不如意就立即炸毛的风气，也着实让朝廷头痛。因此，安抚好在四川的军队，让士兵感受到朝廷的关怀，对于消除兵变的确有着重要作用。

至道三年（997）十月，益州知州张咏向太宗建议提高驻蜀部队士兵的铜、铁钱折算比率。当时四川行用铁钱，朝廷发钱通常是按铜钱计数，然后再折算为铁钱。当时四川幕职州县官的工资，"铜钱一文止支铁钱二文"，这个铜铁钱一比二的换算率，对于四川官员来说明显不公平。峡路转运使韩国华到开封述职，给太宗详细分析了其中的利害，太宗恍然大悟，决定把铜铁钱的兑换比提高到一比五，"帝令支铜钱一文，易给铁钱五文"。张咏接到这个好消息后，觉得应该跟驻蜀部队士兵有福同享，这才有了对驻蜀士兵的这项优惠待遇。

此外，还有其他的照顾性政策，比如景德元年（1004），真宗下诏允许驻蜀部队士兵建造房屋居住，以改善生活条件，即"诏西川诸路巡检兵士逐处州军造廨宇营壁以居之"。

不过，从之前讲到的那些成功的兵变和失败的兵变，特别是那些流产的兵变来看，兵变的发生和兵变的解决与宋朝政府在四川的文武官员的领导能力息息相关。

王均兵变之所以发生，是因为当时的益州钤辖符昭寿乃是将门二代中的纨绔子弟，不但贪污无度，还御下无方，因此激起士兵不满。益州知州牛冕为官得过且过，关键时候不愿担当，也不敢担当，兵变发生后弃城而逃，致使局面失控。刘旴兵变，叛军虽然一度聚集数千人马，占据三州，但前方大将马知节勇于任事，将叛军及时剿灭，才没有使兵变给四川社会造成太大的破坏。

对四川社会稳定做出更大贡献的，还是前面讲到的黄震、程琳和王靏。黄震有主见，肯担当，在朝廷赏钱诏令未到之时，提前给士兵发放赏钱，将一场大乱消弭于无形；程琳不给军中那些制造兵变谣言、想趁机浑水摸鱼的坏分子任何机会，

将乱事从源头上掐灭了；王麟则是在兵变刚刚有点苗头，还未
扩散之际，就果断调兵控制现场，并将参加兵变的士兵分化，
和平解决了一场危机。

所以，解决四川兵变频繁的问题，维护四川社会的稳定，
关键在于四川地方官员的人品素质和个人能力。换句话说，北
宋朝廷派到四川的官员，无论文臣还是武将，如果是好官，就
能保一方平安；反之，就会变乱纷起，民不聊生。

但是，在这一点上朝廷又是相当矛盾和纠结的，既怕四川
官员腐败无能，不得民心；又怕他们太能干，太得民心。前者
会造成民怨沸腾，民变四起；后者则危害更大，一个既能干又
得民心的官员，就具备了与中央分庭抗礼乃至实行地方割据的
实力。

所以，一方面，宋朝中央要借助一个精明强干的四川军政
当局掌控全蜀，统领军队，统治人民；另一方面，又害怕四川
军政当局尾大不掉，割据独立或是发动叛乱。

因此，朝廷除了在咸平四年（1001）把全蜀由"两川"分
为"四川"，让其相互牵制以外，对四川官员的防范也贯穿于整
个官僚体制之中。对于到四川做官的官员，朝廷主要从两个方
面进行管控，一是控制其随行人员，包括家属和族人，以及从
事杂役工作的仆从。朝廷明令官员不准带家属入川，实际上是
让其家属变相成为人质。二是控制官僚队伍的组成结构，不准

本地人在本地做官，这样就切断了四川官员与本地势力的天然联系。

乾德三年（965）二月，宋朝刚刚消灭后蜀，宋太祖就出台了对前往四川任职的文武官员的亲随限令，即"文武官任川、峡职事者，不得以族行"，甚至连所带仆从等随行人员，都要提前向枢密院报备，"元从及仆使以自随者，具姓名报枢密院给券"。

可能是考虑到这个规定实在不近人情，也不符合以亲族关系为基础的中国人的伦理传统，宋太宗太平兴国年间（976—984），朝廷对"不得以族行"的苛刻条款进行了修改，允许"期功亲"一人随行，但是不得干预政事。"期亲"和"功亲"是基于丧服制度划分的亲属关系，期亲是服丧一年的亲戚，功亲又按大功和小功分为两类，分别是服丧九个月和五个月的亲属。对于到四川为官的人来说，开放期功亲一人随行的新政，就意味着他们可以选择带着自己的兄弟、侄子、堂兄弟、堂侄等众多近亲中的一人前往四川任职了。

当然，这些禁令也不可能完全执行到位，因为在制度条文的实际执行中，各个社会阶层都有自己的因应之道，四川的官员们也不例外。

事实上，在家属问题上，违规操作的官员可能不在少数，比如大中祥符八年（1015）正月就有人向朝廷提议，在四川官员的家属有亲族可以照顾的情况下，赴任官员如果私自带着家属随行，即使他们想"自首"，在法律上也不得享受自首的优待条款，所谓"自今文武官授川峡任，其家属有所依而辄携赴者，请不许首罪"。

宋初不让去四川赴任的官员带家属，主要是怕官员们在四川有非分之想。把家属留在原籍或是留在京城，这些家属就相当于变相的人质，使得四川官员投鼠忌器，不敢乱来。但是，随着四川社会局势的稳定，特别是前蜀、后蜀这些割据王朝已经成为遥远的过去，这个不近人情的规定终于在天圣六年（1028）太平瑞圣花开放六年后松动了。

景祐元年（1034）正月，宋廷在这个问题上做出了重大改革，一是允许幕职州县官带家属赴任，二是京朝官的家属如果没有可以投靠的亲人，也可以跟着京朝官前去四川。朝廷为此特地宣布，"幕职州县官任川峡路者听搬家，京朝官如无亲属可倚者，亦听之"。

这个新政策，对于"幕职州县官"这样的中下级地方官群体来说，是一个重大利好，他们从此可以带着家属去赴任了。幕职州县官群体处于官僚金字塔的底层，主要包括地方官系统的"幕职官"和"州县官"两个大类。前者即唐末五代以来的节度使、观察使的幕府属官，如签书判官厅公事、节度掌书记等。"州县官"则主要是州县的属官，如录事参军、诸曹参军等州一级的属官，以及县令、县丞、县尉等各种县级官员。

宋代幕职州县官中的"州官"并不包括州一级的主官，因为知州、通判这些主持一州（军、监）军政事务的地方主官，理论上是中央临时派来主持工作的，故而以"知某州""通判某州"为正式结衔，在宋代的官僚体系中，他们都是"京朝官"而不是地方官。

景祐改革后，按照新规，前往四川赴任的京朝官仍然不能带家属，除非家属在家中无人照料或无法投靠亲族。事实上，像路一级的监司系统的转运使、转运副使、判官等官员，都是京朝官才有资格出任，所以前往四川赴任的官员，特别是地位稍高一点的，正常情况下还是无法带家属前往。

这与儒家一向提倡的孝亲原则相违，这一点，正好成为很多不想去四川任职的官员最冠冕堂皇的拒绝理由。比如后来甲午再乱谣言闹得最厉害的时候，至和元年（1054）七月，被仁宗选中出任益州知州的张方平，最开始不愿意去蹚这个浑水，他请辞时，就是"以父老不得迎侍辞"。当然，因为这时国家正是用人之际，他的请辞最后没有成功。不过，正常情况下，用这个理由是很容易请辞成功的。如嘉祐五年（1060）前后，权知开封府吴奎（1011—1068）接到"除端明殿学士、知成都府"的任命后，"以亲辞"，很快就得到了"改郓州"的新任命。

朝廷相关部门对前去四川赴任的官员随行仆从人员的报备与审查，也随着时间的推移越来越松懈。

景祐二年（1035）五月，宋仁宗下诏提醒相关部门说，官员们入川赴任，随行的人马器械，以前都要发给"公据"，有关部门还会派人核验真假，但近来听说查验管理有松动的迹象。仁宗表示，以后要进一步加强对前去四川赴任官员的随行人员的查验工作。自今开始，大小官员前往四川时，由陆路入蜀走到剑门关，由水路入蜀走到江陵府，这两个地方的相关部门必须按照"公据"上的人员名单仔细查验相关情况，且必须每个月向枢密院进行汇报。当然，史书上越是出现这种要严查的记载，实际情况越是可能没人把这种规定当回事。

以上是从外地到四川做官的情况，对于四川本地人，朝廷管得就更严了。其实，不准本地人在本地做官，本来是宋代的普遍原则。太平兴国七年（982）十二月，宋太宗给最高监察机构御史台下诏，要求现任文武官员必须详细报备乡贯、历职、年纪等个人身份资料，相关情况要登记在册，以备随时核查。特别是那些考科举时异地报考的官员，必须在申报时写清楚自己本来的家乡籍贯，以防有人钻空子，避开异地任职的限制。太宗要求从现在开始，"入官者皆如之"，朝廷会派相关部门审核官员的个人身份信息，特别是籍贯。

回避原籍任职，这在古代是常态，不过宋太宗在这一诏令的最后，又补充了一句很关键的话，相当于一个原籍回避的临时扩大条款。这个条款对"西蜀、岭表、荆湖、江浙之人"提出了更为苛刻的要求，来自这些地方的人，"不得为本道知州、通判、转运使及诸事任"。

通常来说，所谓原籍回避，只回避到州（类似于今天的地级市）一级，宋太宗的这个新规，把回避的范围扩大到了道 / 路（类似于今天的省）一级。西蜀、岭表、荆湖、江浙等地，原为后蜀、南汉、南平、南唐、吴越等十国旧地，都是宋朝建国后二十年间陆续打下的新地盘，远离中原，太宗明显不相信这些地方的士子会跟宋朝中央一条心，怕他们在本地形成割据势力。

不过，随着时间的推移，岭表、荆湖、江浙地区要么因为地方僻远，外地人不愿去做官，可选派的官员基数不足；要么因为宋廷对其统治逐渐稳固而减弱了对这些地方的排斥、防范意识，这一规定后来在大部分地方逐渐放宽，执行力度也在不断减弱。只有四川，因为王小波、李顺起义和王均兵变给朝廷留下了蜀人好乱的刻板印象，这一原籍回避的临时扩大条款不但一直被保留下来，而且得到非常严格的执行。这个扩大条款最后就成了只针对四川籍官员的专条了。

天圣八年（1030），益州华阳人彭乘（985—1049）在朝廷任职多年后，想到父母年老，需要自己在身边照顾，特地向仁宗请求回四川任职。仁宗考虑到他情况特殊，特地批准让他到普州（治今四川安岳）任知州。于是时人纷纷感叹，"蜀人得乡郡自乘始"。普州与彭乘的家乡益州相距300多里，不算近，但却同属益州路。彭乘是四川籍官员中第一个在原籍所在路做官的人。当然，仁宗在这个时候给他开绿灯，除了考虑到"孝亲"是儒家的基本原则，朝廷应该予以理解之外，更重要的可能还是因为这时的四川已经进入了相对稳定的发展期了。这件事发生的时间耐人寻味，恰恰在太平瑞圣花盛开的两年之后。

不过，有了这个特例，也不等于四川官员不得在原籍所在路任职的禁令就解除了。禁令出现了松动迹象，让一些四川官员看到了希望，催生出一批想要营求这种特例的人。不过，朝廷很快就关上了这个后门。三年后的明道二年（1033）五月，仁宗下诏给审官院重申禁令，"东西两川人自今毋得任本路知州、同判"。所以事实上，直到甲午再乱谣言危机结束后，这个禁令仍在继续。

不过，检阅史料可以发现，这一禁令在仁宗朝后期又渐渐有了松动的迹象，四川官员在原籍本路任职的情况也时有发生。成都华阳人李大临（1010—1086）以敢于抵制皇帝的乱命而闻名，与宋敏求、苏颂合称"熙宁三舍人"。《宋史》李大临本传记载，他在仁宗末年"以亲老，请知广安军，徙邛州"。广安军属梓州路，离李大临的老家成都约600里，距离相当遥远。仁宗体恤他一片孝心，下令让他改去邛州任职。邛州跟成都同属益州路，而且距离很近，离成都不到 160 里，方便李大临照顾家中的老人。

不过，李大临的例子是特事特批，并非当时的常态。因为此时李大临在馆阁任职，跟皇帝比较亲近，仁宗对他的印象也很好。有一次，仁宗把自己的御笔书法赏赐给他，使者到了李大临家后，发现他穷得连役仆都请不起，自己在那里喂马。仁宗知道后感叹说："真廉士也。"可见，李大临跟皇帝关系较好，所以才有这样的特殊优待。

实际上，四川官员不得在原籍本路任职的禁令彻底放开，要到神宗熙宁年间（1068—1077）制定"八路定差法"之后。八路定差法执行后，仍然有人觉得允许四川人在原籍本路为官，是朝廷考虑不够周全。但这时反对者的出发点已经与宋初完全不同了，他们不再担心四川官员在原籍本路任职会有割据风险，而是忧心官场腐败问题。

如任御史多年的何正臣（1039—1099）就坚持认为，朝廷应该把四川排除在八路定差法之外，其理由是：四川籍官员人数众多，如果允许他们回原籍本路任职，会出现一个州里面的官员大半都是同乡旧人的情况，即"一郡之官，土人大半"，到时官员是同乡，官员的下属以及基层办事人员也是同乡，人情世故不可避免，徇私枉法、结党营私的空间就太大了，所谓

"寮案吏民皆其乡里亲信，难于徇公，易以合党"。何正臣完全是从官僚队伍廉政建设的角度考虑的，而不是像北宋前期那样担心地方割据问题。

当然，就跟对待民众和士兵一样，宋廷对于四川官员除了严格限制、加意提防以外，也会在别的方面给予他们充分的照顾和补偿。其实，宋代中前期，整个四川除成都及其附近地区以外，还是荒僻穷陋之地，对于官员们来说，到四川为官并不是什么优差。为了鼓励官员来四川任职，宋廷也会给他们提供许多优惠条件。

例如在俸禄待遇上给任职四川的官员更多的实惠。乾德四年（966）四月，宋军刚拿下四川不久，太祖就下诏要给四川官员发放实俸，即"西川幕职州县官料钱，先以他物折充者，自今并给实俸"。所谓"料钱"，是工资之外的额外津贴。因为唐末五代以来，天下大乱，朝廷财政困难，官员们平时发工资，按惯例有很大一部分是以"折变"的形式发放的，即不发放现钱，而是用某些实物抵价，这实际上是变相克扣工资。太祖这个"并给实俸"的规定，明显是给前去四川任职的官员的一种优待。

类似这种工资待遇上的优待还有不少。太平兴国二年（977）四月，太宗又送给四川官员们一份大礼包，"令西川诸州幕职官常俸外更增给钱五千"，直接给他们涨了五千钱的工

资。真宗即位后，又出台了一些新的照顾政策，如咸平五年
（1002）七月，"诏增川、峡路京朝使臣等月给添支及羊直，令
如铜钱界"。真宗不但给四川官员们增加了工资收入，还考虑到
四川官员工资都是按铁钱来发放的，实际上比较吃亏。真宗特
地表明，这次涨的工资，要跟其他地方一样，用铜钱来计算金
额。这无疑也体现了朝廷对四川官员的关怀。

当然，官员们最关心的还是政治待遇，宋朝中央通常会在
晋升上给予四川官员不少倾斜。比如制定一些有利于四川官员
升迁的优惠政策，如开宝三年（970）七月，"令西川官考满得
替，更不守选"。这就意味着川峡官员可以节省大段"守选"时
间，加快升迁的速度。

咸平三年（1000）和咸平四年（1001），朝廷又两次下诏申
明，将四川地区幕职州县官的任期缩短为两年，即"诏川峡幕
职州县官并二年注替"。在当时大多数幕职州县官以三年为任期
的情况下，这一政策对升迁是非常有利的，相当于加快了四川
官员的升官速度。

宋廷虽然一方面对四川官员有各种防范、各种限制，但另
一方面，该给他们的好处也是舍得给的。可以说，宋廷在四川
的施政政策中，官员政策是最成功的，直到皇祐四年（1052）
甲午再乱谣言兴起之时，九十年来，四川虽然农民起义和兵变
时有发生，但真正意义上的官员造反却一个也没有。

　　当然，宋廷的官员政策只能保证官员中没有吃饭砸锅的反贼，但不能保证没有贪官污吏。事实上，贪腐无能的四川官员一抓一大把，但的确几乎所有的官员都忠于朝廷，是宋朝在四川统治最坚定的维护者。这也是咸平四年（1001）以后，北宋朝廷在对四川百姓和军队施行高压统治的情况之下，四川社会仍然能够维持五十多年长期稳定的主要原因。

　　综上所述，四川的政治与社会局面，咸平四年前后是一个分水岭，之前变乱频起，朝廷应接不暇；之后风平浪静，水波不兴。为什么会出现这种泾渭分明的现象呢？是什么使蜀地突然变得稳定下来了呢？这个问题不但今人会思考，宋廷也会思考。探求宋廷在过去几十年中的治蜀举措，不但有助于我们理解宋人对此问题的思考，也可以间接地回答宋人的追问：如何才能保持四川地区的长治久安？

　　咸平四年之后的宋朝政府治理四川地区的政策极具特色，可以说四川的政治特殊性不仅没有降低，反而有所增强。但这一时期的特殊性却不再是歧视与掠夺，而是逐渐转变为安抚与防范。

　　防患于未然，尽可能地将变乱消弥于无形；安抚笼络，尽可能使蜀地不生作乱之心。如此恩威并施，宽严相济，才能使四川承平无事。在此需要特别指出的是，宋廷的防范和安抚所针对的是蜀地而不仅仅是蜀民。对于宋廷而言，但凡在蜀地的人都是不让人放心的，这些人包括蜀地民众，也包括驻守蜀地的军队（尤其是士兵和中下级军官），还包括在蜀地的朝廷官员。

只是，依靠太平瑞圣花的绽放装点出来的四川的太平盛世，并不像表面上那么光鲜亮丽，在仁宗盛世之中饱受压抑的四川人民，心中的怨气无处宣泄。民间虽然暗潮涌动，但在宋廷的精妙设计之下，老百姓也好，驻蜀部队的士兵也罢，既没有造反的动力，也没有造反的实力。于是，在造反与造谣之间，宋代的老百姓选择了后者——不敢造反，只能造谣。终于，在皇祐四年（1052）十二月，四川行将大乱的谣言震惊了朝野。风平浪静了五十年的四川，再次让皇帝和群臣感受到了它蕴藏的汹涌波涛。

第三章

皇帝也信谣？

皇祐四年（1052）十二月，甲午再乱的谣言已经传遍朝野上下，"孟知祥据蜀，李顺起为盗，岁皆在甲午。或言明年甲午，蜀且有变"。934年孟知祥据蜀自立，这是甲午始乱；994年王小波、李顺大起义，这是甲午二乱。显而易见，坏事都是甲午年发生的。于是，大家相信，马上就要到来的第三个甲午年（1054），四川定会再乱。

对于这个传言，宋仁宗深信不疑。他找来宰相庞籍商量对策，焦急地说："来岁复在甲午，蜀人以为恐。"事实上，这个时候，蜀人害怕，仁宗更害怕。一是担心真会出什么乱子，二是担心出了乱子没人能够扛得住事，最后无法收场。所以他找庞籍商量，在谣言四起、人心惶惶的时候，谁能在四川稳住局面。仁宗希望能"精择可镇静者"来主持四川大局。

面对谣言，仁宗是真的怕！

四川会出乱子的传言，仁宗在年轻的时候就听过。二十多年前的天圣八年（1030），当时有"知星者"——运用星象推测吉凶祸福的星占术士——根据占法得出，"益部当灾，非仍饥，且有兵变"。这个说法一传开，朝廷上下都开始担心四川不久之后会有灾祸发生。而且按照这个说法，不只有"天灾"，同时还会伴随"人祸"，特别是"兵变"。这些天灾人祸不但会影响宋廷在四川的统治，也会给四川人民带来血光之灾。

那时仁宗还没有亲政，大事都是皇太后刘氏主持。顺便补充一句，仁宗前期的宫廷之中，最有权势的两个女人，都是成都人。皇太后刘氏是益州华阳人，而另一位跟仁宗的私人关系更为亲近的皇太妃杨氏，则是益州郫县人。面对术士的预测，刘太后和仁宗都充满了忧虑，"二宫以蜀灾害为忧"。最后，太后和皇帝选中了韩亿（972—1044）去益州主持大局。韩亿是开封人，咸平五年（1002）进士。到 1030 年爆发"益部当灾"传闻之时，韩亿为官已近三十年，行政经验可谓相当丰富。此前几十年中，他在外任过相州、青州等重要地方的知州，在朝中做过知审刑院、同判吏部流内铨等要职。韩亿以擅长破案著称，为人厚重方正，风评极佳，他还是真宗朝名相王旦的女婿，很有政治前途。

临行前，年轻的仁宗亲自接见了韩亿，并对韩亿和盘托出了自己的担忧。韩亿听后非常自信地说："陛下过属臣以方面，臣虽不敏，当不辱命，惟陛下无以蜀为虑也。"显然，帝王将相并不像他们自诩得那样英明神武。面对大量的不确定性信息，面对各种传言，皇帝其实也并没有多少定力。

事实上，宋代的四川，谣言满天飞是常态。

北宋中期的大才子宋祁（998—1061）曾说，"蜀人喜乱易摇"，意指蜀人的性情中有唯恐天下不乱的成分，造谣当然就是制造混乱最简单直接的方式。皇祐二年（1050）十一月，宋祁的同宗族人宋文蔚下葬，宋祁为他撰写了墓志铭。宋祁的文集

《景文集》中收录了这篇题名为"宋府君墓志铭"的文章。

这篇文章中提到，宋文蔚早年做过四川中江县县令，时间在大中祥符三年（1010）左右。当时县里有一个"狂人"，趁县中官员聚集在一起参加活动的时候，突然大呼有贼人杀过来了，一边叫喊，一边奔跑。谣言立即传遍了全县。老百姓吓得东躲西藏，社会秩序顿时大乱。宋文蔚派人把这个狂人抓住，将他五花大绑带到大街上，然后一顿痛打，并晓谕街市上的人不必害怕，不要乱动，这才恢复了街市的平静。

四川多谣言，一来是因为蜀人喜欢嚼舌根，事情被到处说就会走样，自然也就容易产生谣言；二来是因为北宋前期和中期，也就是甲午再乱谣言爆发前后，四川地方当局搞酷政搞成了路径依赖，老百姓的怨气极大，造谣也就成了蜀人对宋朝在四川的统治无奈抗议的一种方式。南宋名臣赵汝愚（1140—1196）曾经在《论治体及蜀风俗疏》中分析说，蜀人"喜议论而乐因循"，所以到四川做官的大臣"易致谗谤"。四川百姓喜欢制造四川官员的流言，影响他们的声望，借此对那些民怨极大的官员起到一定的震慑作用。

大中祥符八年（1015）十月，王曙（963—1034）被任命为益州知州。他到任后正好遇到四川发生灾情，粮食歉收，"众心颇摇"，社会上有些不安分的空气在弥散。为了防止老百姓铤而走险，王曙在成都大搞严刑峻法，施行恐怖统治。他制定了史

上最严厉的"禁盗法"，"犯者一切皆死"，即不问轻重，只要参
与了抢劫活动，一律处死。并且出重金悬赏，鼓励相互告发，
只要有"盗案"发生，每案必破，所获犯人也尽皆斩杀。他通
过展示"惨刑"来恐吓蜀人，使老百姓循规蹈矩，于是"蜀人
股栗，岁中遂无盗"。

景祐元年（1034）王曙死后，著名的文学家尹洙替他写了
神道碑文，说王曙在蜀中很得老百姓的好评，民间谣谚有"前
张后王"的说法，把王曙跟治蜀名臣张詠相提并论。但据《五
朝名臣言行录》的记载，王曙的政绩在当时还是有争议的。

《五朝名臣言行录》为南宋时大学者朱熹所编，他将散见
于笔记小说、墓志铭、神道碑、行状等文献中的宋代重要人物
的生平事迹汇编一处，因涉及到太祖、太宗、真宗、仁宗、英
宗五朝大臣，故称"五朝名臣"。

《五朝名臣言行录》中说，因为王曙在成都杀伐过重，
有谣言说他为政苛暴。真宗听到这一谣言，担心王曙不称职，
引发四川大乱。这时，正好益州通判刘烨任满还朝，真宗召见
刘烨，询问王曙施政的情况。刘烨是支持王曙以严刑峻法治蜀
的，他对真宗解释说，"王曙值岁歉，虑民为盗，故以法治之"，
意思是，这是审时度势后的英明决策，不算是苛政。

显然，王曙在成都大搞严刑峻法，民间舆论是持否定态度
的。四川民众制造流言，试图影响朝廷对王曙政绩的判断，也

在情理之中。当然，民意如流水，官员也很难做到让每一个人都满意，搞严刑峻法容易被造谣，搞宽大之政也会招致流言。

曾经三度入蜀为官的赵抃（1008—1084），因为在四川"以宽为治"而深受百姓爱戴，但他在治平二年（1065）第二次出任益州知州时，却因为行宽仁之政被谣言中伤。苏轼为赵抃所写的神道碑文记录了这件事。当时剑州平民李孝忠聚集徒众两百多人，私自制作度牒，做起了给人办理出家手续的业务。在宋代，僧人或道士出家必须从政府那里取得出家的资格证明文件，即度牒。私造度牒当然是违法行为。

这时，有人以聚众谋反的罪名向官府告发了李孝忠，这显然是有人眼红，想以谋逆大罪来置其于死地。赵抃接到这个案子后，没有交给司法部门的吏人依法律条文拟罪，因为如果这个案子按谋反的大案来办，肯定要杀得人头滚滚。赵抃把案子压了下来，亲自过问案情，审问清楚了事情的缘由后，以私造度牒罪处理了李孝忠，几百名同党则全部无罪释放。

把大家想象中的一件事关谋反的大案要案，办成了一桩伪造证件的小案子，赵抃的处理方式的确有些过于惊世骇俗。告发的人、看热闹不嫌事大的人，肯定都非常不满意赵抃这种大事化小的做法，于是关于赵抃故意放纵逆党的谣言开始流传。这个谣言一度传到京城，"喧传京师"，引起了朝廷的关注。朝廷派人调阅了此案的详细案卷，想看看赵抃是不是真的如谣言所说的那样与逆党勾结。负责审查的官员发现赵抃审理的案情非常清楚，这就是一个伪造证件案，不是谋反案。谣言才终于平息了下去。

当然，也不是所有的"谣言"都会影响社会秩序的稳定，让统治者感到不安。有些谣言也可以为朝廷所用，制造有利于朝廷的舆论，增强人民对朝廷的信心。事实上，当甲午再乱谣言流行的时候，另一个"农家种，籴家收"的谣言也在到处传唱。

前文讲到过，皇祐四年（1052）五月，侬智高在广西起兵，据邕州称帝自立，接连攻下横州、贵州、浔州、龚州、藤州、梧州、封州、康州、端州等州郡，并且包围两广地区的军政中心广州达两个月之久。直到当年九月，朝廷才开始组织力量镇压侬智高的叛乱，派名将狄青率领在陕西前线跟西夏作战多年的精锐骑兵南下平叛。

有意思的是，甲午再乱谣言兴起的这段时间里，真正危及宋朝统治的反倒是侬智高之乱。但在史料中，狄青南下之后，仁宗君臣对平定叛乱的信心还是很足的。他们对狄青手握重兵的担心，甚至要多过对侬智高割据广西的忧心。

果然，没过多久，好消息就传来了，皇祐五年（1053）正月，狄青在归仁浦大败侬智高。这种形势下，解决广西的危局只是时间问题了。当时朝野之间有一首侬智高最终会败给狄青

的宿命论式的谣谚正在到处传唱，据《宋史·五行志》记载，
"初，谣言'农家种，籴家收'，至是，智高果为青所破"。"农
家种，籴家收"，这是一个典型的"谐音梗"。这句话一语双关，
"农家"负责种田，买粮的"籴家"负责收割果实，这是世人
皆知的，而"农家"又谐音"侬家"，意指侬智高，"籴家"则谐
音"狄家"，意指狄青。

当然，《宋史》中所说的"谣言"，其含义跟今天不完全一
样。我们今天说起谣言，主要是指对某个事件或人物道听途说
的报道、小道消息或诋毁式的描述，以及对即将到来的某件事
情的希望性或灾难性的预言。谣言的具体表现形式是多样的，
通常以口头形式在人群中间传播，是一种没有可靠证明标准的
特殊陈述。

而宋代的"谣言"主要指民间以歌谣的形式传播和散布
的种种说法或议论，与童谣、谚语相似。不过，童谣、谚语这
类非常方便传播的话语，常常包含了某些有意无意散布的虚假
消息，以及对未来好事的期待或坏事的忧虑，也具有现代"谣
言"的意涵。

回到古人的语境里，与现代人所谓的"谣言"更接近的是
"流言"与"讹言"。当一个社会在短期内出现冲突、矛盾、动
乱甚至危机的时候，流言或讹言之类的谣言就会应运而生。通
常来说，谣言是一种未经证实或无法证实，有可能是虚假的但

又未必完全是虚妄或谬误的极具传播性的言论。

谣言的产生并在同源社会媒介中流传是由于传播者的强烈兴趣造成的。一般来说，谣言产生有两个基本条件：一是有一个包含真假难辨的信息的故事，其主题必须对传谣者和听谣者有某种重要性；二是事实必须用某些模糊性掩盖起来，这种模糊性的产生在于缺少信息或信息太粗略。在人们普遍关心的事情上，信息供给不足，必然会使小道消息和各种无法验证的传言大行其道。

对于四川而言，皇祐四年（1052）年底出现的甲午再乱谣言事关各方的切身利益，并在某种程度上反映着宋代前期蜀人的某种不安分的心态；对于宋朝统治集团，尤其是最高统治者而言，这一谣言关系到王朝的安危。这则谣言中包含着某些事实，如四川在过去两个甲午年的确发生过影响甚大的变乱。四川与开封的距离，不论物理上的还是心理上的，都非常遥远，信息传递不通畅且不清晰的情况在所难免。对于宋廷来说，四川的消息永远都是匮乏的；对于四川来说，朝廷的意图也永远都是"天意高难问"的。

虽然官方渠道的信息对于中央来讲还不是非常稀缺，各地方官向朝廷上报的当地情况并不少，但正如南宋宁宗朝的重庆知府度正（1165—1235）所说，地方官给朝廷发的报平安的帖子，朝廷以故事求之，州郡以故事应之，谁都没当回事。所以这些官方渠道的信息交换容易流于形式而见不到实情，尤其是见不到民间的动向。谣言产生的必要条件，仁宗年间的四川地区都具备了。在这种情况下，四川即便不是谣言的麇集之地，也至少是谣言频生的不安之区。甲午再乱谣言绝不会是谣言现象在四川的第一次展示，也绝非唯一一次展示。

埋好财宝逃命去

作为谣言产生与传播的舒适区，四川常常出现谣言，谣言甚至经常危及公共秩序。皇祐四年年底甲午再乱的谣言甚嚣尘上的时候，宋仁宗找来宰相庞籍商量对策。巧的是，庞籍对于四川的谣言故事，应该早就印象深刻了。

庆历元年（1041），庞籍曾经的同僚司马池（980—1041）病逝，司马池的儿子司马光和司马旦找到庞籍，请他为司马池撰写一篇盖棺定论的大文章。庞籍曾经在群牧司和户部司跟司马池做过多年的同事，对司马池的事情相当熟悉，于是欣然应允，给司马池撰写了一篇墓志铭。

据庞籍回忆，大约在真宗大中祥符年间（1008—1016），司马池在郫县（就是今天以川菜的灵魂——豆瓣闻名的那个地方）担任县尉。突然有一天，老百姓纷纷传言说，当地驻军阴谋发动叛乱。这时又有人到处散布流言，说周边的少数民族部落已经开始造反，很快就会打过来了。两个谣言传开之后，城中的富人都蜂拥出逃，仓促之下连家里的金银财宝都无法带走，只能埋在地下以待将来。县里的老百姓看到有钱人都跑了，更加惶惶不可终日。

在这种情况下，县令闾丘梦松借口去找上级汇报工作，也跑到成都躲了起来。县里的"二把手"主簿也被吓得生了病，躲在家里不肯出来管事。

按照当时县级政府的体制，县尉只是"三把手"，但县令和主簿都不管了，司马池只好出来暂时代理县政。当时正值正月十五元宵节，县里的吏人担心，目前谣言四起，再加上节日里人群大规模聚集，恐怕会惹出大乱子来，都建议司马池加强节日期间的人流管制。但司马池觉得，越是人心惶惶的时候，越是不能自乱阵脚。他不但不禁止老百姓过节，还让吏人大开城门，组织元宵灯会，让老百姓尽情玩乐。

很快，老百姓忘情地投入到节日的狂欢之中，忘记了驻军兵变和周边少数民族部落即将打过来的谣言。几天之后，兵变没有发生，周边少数民族部落也没有打过来，人心稳定下来，谣言也就不攻自破了。

司马池在郫县的故事，是一个展现领导者在危机中以智慧和冷静应对谣言恐慌，从而成功稳定人心的典型案例。庞籍把这件事情当成司马池早年经历中最浓墨重彩的一笔大书特书。此事成功解决之后，司马池得到许多高官的赏识，任期结束时，竟然得到了十三位达官贵人的褒扬。不过，这个故事也从侧面反映了当时四川社会的舆论形势确实不容乐观，老百姓极易被谣言煽动。它也让我们看到谣言在北宋中期四川社会中的巨大破坏力。

事实上，对于谣言问题，宋朝政府一直都很重视。正如本书在开篇的楔子中揭示的那样，宋代在谣言中诞生，也在谣言中灭亡。宋代统治者深知谣言对于王朝政治的稳定有着重要影响，在整治谣言方面可是从不手软的。

宋朝建国后的第二年，建隆二年（961）四月十日，宋朝政府就果断地处理了一起谣言大案。当时沧州无棣县有一个叫赵遇的平民，诈称自己是"皇弟"，他大概是想冒充宋太祖流落在民间的弟弟，以便在地方上招摇撞骗。不过他的准备工作显然不行，好歹给自己弄个"赵匡遇"的名字再上场也好一点嘛！官府当然知道这是假的，太祖也下令让有关部门依法审理，最后将其"斩于东市"。这是比较简单粗暴的方法，就是痛下杀手，杀一儆百。

比较有技术含量的整治谣言的办法，则是严格管控谣言产生的源头。造谣是一项技术活，在古代，天文、地理知识可以解释人事，可以预测未来，很多杀伤力大、传播力强的谣言，都是从这些暗藏天文地理玄机的谶言隐语中产生的。

影响封建王朝稳定的最危险的谣言，就是有关"天命""国运"的各种说法和解释。历朝历代，此类谣言必为野心家所利用。太祖当年可是个中高手，黄袍加身前，他利用军校苗训借天文异象散布天有二日的"反动言论"，为代周自立制造舆论，蛊惑人心，终于当上了皇帝。太祖深知谣言的厉害，所以在开宝五年（972）十一月，立法"禁释、道私习天文、地理"，不准和尚、道士学习天文、地理知识，禁止有关部门之外的人拥有解读天象或天命的能力，这样就可以从根本上杜绝谣言。

虽然朝廷对这种事情很是警惕，但现实中还是不乏为了功名富贵以身试法的人。开宝八年（975）九月，有个叫宋惟忠的"除名人"被"弃市"。所谓"除名人"，即是有官之人因犯事被褫夺官身者。这个宋惟忠曾经官至通事舍人，在开宝六年（973）七月时，因在濠州知州任上有不法劣迹，被人举报，朝廷派人查明案情后，将其"决杖除籍为民"。

丢官之后，宋惟忠更是在作死的边缘疯狂试探。这次，他被公开处决的原因是"私习天文"。其实，如果只是私下学习天文知识，官府一般是不会发现的，估计这个宋惟忠学了几天之后，自以为能上观天象、预知未来，喜欢到处跟人家嚼舌头，且又因之前犯事失了官身，心怀怨望，可能散布了一些不该说的言论。他的弟弟宋惟吉害怕引火烧身，向官府举报了他。最终，宋惟忠因为擅自利用天文知识"妖言利害"而被处斩。

太宗即位后，更是从知识源头上遏制"妖言"的产生。太平兴国二年（972）十月，下诏指出"两京、诸道阴阳卜筮人等"，大多"矫言祸福，诳耀流俗"，利用所掌握的天文、地理、阴阳、五行、八字、看相等知识，制造各种流言扰乱人心，朝廷决定，"自今除二宅及易、筮外，其天文、相术、六壬、遁甲、三命及它阴阳书，限诏到一月送官"，也就是要求民间把这些有可能"泄露天机"的书籍全部上交官府，防止有人接触到"天机"而乱嚼舌根。

但是，嚼舌根是老百姓表达不满的"刚需"，就算禁绝了那些高端谣言的制造机制，老百姓仍然可以用低端的方式造谣。比如王小波、李顺起义时，据说刚起事发动群众的时候，王小波说："我就是土锅村的一个农民，哪有独霸一方的资格和能力！但是我的妻弟李顺就不同了，他是孟大王的遗孤。"所谓孟大王，指的就是后蜀的末代皇帝孟昶。

李顺是孟昶遗腹子的这个谣言，相当深入人心。起义失败近两百年后的乾道七年（1171），著名诗人陆游在蜀地为官，还听到蜀中父老绘声绘色地说，当初后蜀覆灭之时，有一位清晨在摩诃池畔漫步的行人，偶然间发现一个精美绝伦的锦绣箱箧。他好奇地走近一瞧，只见箱内铺了华丽的锦褥，上面有一个小小的襁褓，里面裹着一个刚刚出生的婴儿。箱内还放着一张纸笺，上面写着："国中义士为我养之。"显然，这个故事在暗示，这个婴儿就是孟昶遗落在民间的血脉。王小波到处宣扬，孟氏当年的这个遗孤就是起义军的另一位领导人李顺。

这个孟昶遗孤的段子，陆游后来把它写进了他的代表作《老学庵笔记》里。其实，这个谣言在四川民间有好多个版本，从造谣的手法上来说，并不怎么高明。

《邵氏闻见录》中也讲过一个类似的故事，据说后蜀皇帝孟昶开城投降之后，带领他的家族踏上了通往开封的漫漫旅途。孟氏家族的命运已经注定，他们必将被天下一统的洪流吞噬。这一天，他们乘坐的船缓缓驶过眉州的湖瀼渡时，孟昶发现自己的一位宫嫔肚子微微隆起，显然已怀有身孕。孟昶故意赶走了她，让她离船登岸，把她留在了四川故土。孟昶带着其余的家人继续上路，但在没人的时候，他会暗自祷告说："如果生的是儿子，我孟氏就还有后代。"果然，这个独自离去的宫嫔后来真的为孟家诞下一个男孩。《邵氏闻见录》说，孟昶因为这个机缘，保存了孟氏的香火。

《邵氏闻见录》的作者是两宋之交的邵伯温（1055—1134）。他是洛阳人，在宣和末年（1125）来到四川做官，先后做过果州知州、成都府路提点刑狱等。北宋亡国之后，他就一直留在四川，最后官至利州路转运副使。邵伯温在四川度过了人生的最后十年时光，他晚年辗转于四川各地，听蜀中父老讲述了很多掌故，孟昶遗孤的故事就是其中之一。到这个时候，当初的谣言其实已经成为蜀人历史记忆的一部分了。

其实，这个故事的内核，完全是"东宫娘娘烙大饼，西宫娘娘剥大葱"式的民间恶趣味。

事实上，孟昶到了开封后虽然很快离奇死亡，但宋太祖并没有为难他的家人。孟昶的长子、当年后蜀王朝的皇太子孟玄喆（937—991），入宋后官拜节度使，历任南北各地大州要藩的军政主官。太平兴国四年（979）追随宋太宗参加了攻灭北汉的战斗，之后太宗带着宋军主力继续北伐，围攻辽国控制下的幽州城，当时有四路部队攻城，其中一路就是孟玄喆带领的。

事实上，孟玄喆入宋之后又活了二十多年，享寿五十五岁，比活了五十岁的宋太祖的寿命都长。孟昶的儿子中，仅孟玄喆就有十五个儿子、六个女儿。孟氏人丁兴旺，根本不存在香火断绝的问题。但孟昶遗孤的谣言在四川这么盛行，恰恰说明，当时四川人民怀念后蜀的氛围相当浓厚。

对于四川老百姓乱嚼舌根的这件事情，宋朝统治者的警惕性还是很高的。在预防四川老百姓作奸犯科的一系列规定中，咸平四年（1001）十二月的一条诏令最引人注目。宋真宗要求四川州县各级官吏严格监视老百姓的动向，如果有散布谣言、煽动百姓，情节严重且有重大危害的，抓住之后可以不经请示立即斩首，只需事后将相关情况上报朝廷。

　　宋代虽然一直在立法打击谣言，但咸平四年（1001）十二月这条诏令还是过于严苛，因为这相当于允许四川地方官吏对造谣者先斩后奏。一般情况下，宋代对谣言犯罪的打击，是不会用上死刑的。

　　太平兴国七年（982）五月，宋太宗颁布诏令，禁止通过投递匿名书信去诬告他人。另外特别指明，如果有人胆敢制造谣言蛊惑民众，官府要严加追捕，依法惩处。同时，这些匿名书信一旦缴获，立即就地焚毁，以便从源头上消灭谣言。为了发动群众打击谣言，太宗还特别指示，对举报造谣言行的良民，官府要重赏。

　　显然，太宗对于一般的谣言案件，没有像真宗对四川的造谣者那样法外施刑。即使是一些情节比较严重的案件，太宗的处理也在法律范围之内。

　　太平兴国二年（977）五月，在江南的常州，城中的氛围忽然紧张起来。街头巷尾，人们窃窃私语，面露忧色。原来，不知从何时起，城中开始流传一个令人心惊的谣言——官府正在强征良家女子入宫。这个消息像野火般迅速蔓延，家家户户都人心惶惶，生怕自家的女儿被选中，从此一入深宫便难有再见之日。为逃避入宫，许多人家匆匆将女儿嫁了出去。整个常州在随处可见的满面愁容的婚嫁喜事中乱作一团。

　　当时太宗刚即位不久，选取良家妇女充实后宫，也符合老百姓对刚即位新君的想象。太宗知道此事后，怒不可遏，这简直是有人想抹黑自己啊！

太宗下令严查造谣之人。经过一番周密的调查，官府终于锁定了几个造谣者，其中最引人注目的，便是一个名叫徐铨的人。案情真相大白后，太宗下令相关部门将这些造谣者"悉抵法"，可见，对造谣者的处罚仍然是依照法律进行的。

然而，在四川，宋廷甘愿冒着地方势力坐大的危险，也要将生杀大权下放给地方官，让他们可以随时对造谣者处以极刑。说明在宋朝统治者看来，谣言对四川的危害，远比对其他地方的危害要大。

在其他地方，宋朝政府惩治谣言的办法主要是发动群众揭发造谣者。如宝元二年（1039）四月，河南府知府宋绶（991—1041）向朝廷汇报说："最近京城的老百姓都在乱传，说有大批敌军要来进攻我们，而且敌军马上就到了。大家一听，都紧张得不得了，老百姓无论老幼都往城里跑，想躲到城里避兵灾，弄得城内城外乱作一团。"

宋绶还发现，乡下的老百姓组织了一个叫"白衣会"的民间会社，专门惑乱人心，弄得大家人心惶惶。河南府乃是天子脚下的腹地，哪里能有什么敌军，此事当然纯属造谣。显然是有人故意想把水搅浑，好趁机浑水摸鱼。为此，宋绶建议设立一个奖励制度，鼓励百姓举报和揭发那些散布谣言、扰乱人心的人。这个建议后来得到了仁宗的批准。

但显然,宋朝统治者觉得,发动群众起来与谣言做斗争的治谣之术,在四川可能不会有多大的效果。这大概跟宋代人对四川民风的刻板印象有关。关于宋人对四川民风"奸讹易动"的认知,前文已谈过一些。这里再补充一个故事。

据南宋初年成书的《邵氏闻见后录》记载,苏轼在朝为官的时候,朝廷流行一种说法,叫"闽蜀同风,腹中有虫"。世人普遍认为,福建人和四川人风俗相同,是因为肚子里都有虫——当然,这是一个非常巧妙的"一语双关",因为"闽"字和"蜀"字的字形,内部都有一个"虫"字,同时"腹中有虫",意味着人心不良,意在嘲讽这两个地方坏人多、好人少。

有一次,苏轼在大庭广众之下听到有人讲这个段子,非常生气,引经据典地反驳说:"《尚书》上都说'立贤无方',你们怎么能这样乱讲呢!"苏轼试图强调的是:一个人的好坏,跟他是哪里人没有直接的关系。

这时,另一位大臣刘安世(1048—1125)突然站出来说:"这种无聊的说法,我本来也是没有听说过的。但是所谓'立贤无方',必须是'贤人'才可以,如果是普通人或者连普通人都算不上的才智低劣之人,还是多少会受当地风俗的影响。所以,一个人岂能不受到当地习气的影响而发生性情上的改变呢?"听到这话,连一向能言善辩的苏轼都只能默然无语。

这个故事说明，连四川人中最优秀的苏轼，在外人面前说起家乡的风土人情时，都不得不承认，四川这个地方的风气就是不行！

刘安世是河北人，为人一向比较"毒舌"，年轻的时候就把名满天下的朝廷重臣文彦博"怼"得说不出话来。当时，刘安世的父亲刘航任河南监牧使。马政是军队建设的重要内容，所以刘航跟主管全国军事工作的枢密使文彦博就走得很近，刘安世也就经常有机会跟文彦博一起坐论天下大事。

有一次，文彦博对刘安世感叹说："王安石把天下败坏到这个地步，以后的人还能做什么呢！"文彦博对王安石变法一向持反对态度，时常说些王安石败乱天下的话，不过是为了纾解一下自己的愤懑心情，同时表达一下自己身居高位、手握大权却不能阻止王安石乱来的无奈。但刘安世听后却立即义正词严地拱手说道："安世觉得，明公这个说法是不对的。现在所谓的新法，是真的顺应了人民的愿望，给老百姓带来了实际的好处吗？如果没有，明公就应该当仁不让地起来救民于水火，顺应民意，废除王安石制定并推行的那些有害的新法，实施有利于人民的政策。咱们有民意的支持，废除新法，拨乱反正，不是易如反掌的事吗！"

刘安世这么一说，让文彦博"甩锅"不成，直接"破防"。这位见惯了大场面的朝堂大佬，在一个小年轻面前，竟然一时语塞，无言以对。

刘安世和苏轼争论"闽蜀同风"的故事，应该发生在元祐年间（1086—1094）两人同在朝中为官的时候。事实上，刘安世对于四川民风的看法一向如此。元祐三年（1088）十一月，他接连上书朝廷，反对任命为人"刻薄急进"的韩玠为成都府路转运判官，其理由就是"两川之俗，易动难安"，派韩玠这样急功近利的人前去，肯定会激起民怨，最终可能会引发大乱。可见，刘安世在"闽蜀同风"一事上当面驳斥苏轼，是真的相信四川奸民众多，他在跟同僚斗嘴时是这个态度，处理国家大事时也是这个态度，始终如一，并不双标。

"易动难安"也罢，"奸讹易动"也好，宋人对四川社会有着根深蒂固的成见。所以在宋朝统治者看来，谣言一旦在四川生成，其威力将比别的地方大得多，足以造成严重的社会动荡，所以才不惜在谣言治理上重拳出击。

从维护社会稳定的角度看，咸平四年（1001）的这一诏令有助于迅速平息谣言可能引发的骚乱，但是其消极影响也很明显，一方面，它可能导致官吏滥用权力，对民众无端打压；另一方面，老百姓可能并不想做什么出格的事情，但如果连发泄情绪都会被严厉处罚的话，有可能会激起他们进一步的不满和反抗，反而会刺激谣言的滋生。

在四川推行的谣言严打，形成了恶性循环。四川民众对北宋朝廷的某项政策或某个官员不满,在舆论上就有所反应,而这些反应被当成谣言严厉镇压,然后继续产生舆情、继续被镇压。

谣言不断生成,朝廷由此产生了四川人就是喜欢造谣的错觉,于是进一步加大惩治谣言的力度。一个"只有四川人受伤的世界"的完美闭环就此诞生:朝廷在四川对造谣者或谣言涉案者采取乱世用重典的方式,民间的不满情绪得不到释放,民怨只会持续积累。四川老百姓只有通过制造谣言来进一步表达不满,然后四川自然成为各种谣言的重灾区,朝廷再顺理成章地出台更加严厉的政策法规,如此循环往复。

白头翁吃人

宋代前期,四川社会在各种压力大量积聚又得不到释放的情况下,自然就会对一些怪力乱神的谣言特别有兴趣。据《宋史》张詠本传记载,太宗末年(995—997)张詠担任益州知州期间,民间流传着一个毫无根据的说法,说是有白头翁会在午夜跑出来专门吞食人家的小孩儿。整个益州因此人心惶惶。老百姓被吓得不敢出门,一到晚上,路上空无一人,寂静得令人发怵。直到后来官府抓到了造谣者并将其处斩,这则谣言引起的恐慌才结束，民众也逐渐恢复了平静的生活。

《五朝名臣言行录》补充了官府破获白头翁吃人谣言的细节。张詠在发现白头翁吃人的"妖言"引起民众大恐慌后，找来犀浦县知县，命令他尽快查清谣言的源头。只有抓住造谣者并严厉处罚，老百姓才能不再相信和传播这个谣言。

张詠怀疑造谣者是"归明人"，这是宋代的一个特殊群体，宋人把周边少数民族部落中主动来投靠宋朝的人称为归明人，意即"弃暗投明"。张詠指示犀浦知县，可以从归明人入手展开调查，最好是去街市上暗中观察，谁宣讲白头翁吃人的故事最起劲，谁就是造谣者。果然，犀浦知县在第二天就找到了造谣者，并将他们押送到成都交给张詠发落。张詠把造谣者公开处斩，谣言也就平息下去了。

白头翁吃人的谣言为我们提供了一个生动的案例，它展示了谣言是如何产生、传播的，以及谣言会对社会造成什么样的灾难性后果。谣言的产生往往源于信息的不对称和不确定。在这个故事中，白头翁吃人的传闻其实没有任何事实依据，但它就这样不明不白地流传开了，并导致整个益州人心惶惶。

一般老百姓并没有判断传闻真伪的能力，在面对未知或不确定的情况时，往往更容易相信和传播未经证实的负面消息，谣言就是这么诞生的。而谣言一旦生成，它携带的虚假的、负面的消息，马上会扩散开来，导致社会动荡不安。从对社会稳定和公共安全的威胁上来看，谣言可以说是看不见的敌人。

益州官府平息白头翁吃人的谣言，靠的是抓人、杀人，可见，早在咸平四年（1001）十二月真宗下诏允许四川地方当局根据情节轻重对造谣者先斩后奏之前，四川的地方官在实际操作中已经这么干了。但有意思的是，主政益州的张咏却不认为官府平息谣言的秘诀是严刑峻法，他在事后说："惑众妖言兴起，是社会上不好的氛围在作祟。妖怪是有形状的，谣言是可以找出其踪迹的。要想制止谣言的传播，关键在于识别谣言的虚妄，并做出正确的判断，而不是用所谓'厌胜'之类的方术去压制它。"这就是张咏发明的"止讹之术，在乎识断"的谣言治理策略。

显然，在张咏看来，严惩造谣者只能解决浅层问题，平息谣言引起的恐慌才是事情的关键。要想制止谣言的传播，关键在于提高人们的知识素养和辨识能力，让他们获得批判性思维，这样大家就能够自行识别和抵制谣言，形成对谣言的免疫力。这样即便谣言四起，大家只要不害怕，就不会引起社会动荡，谣言的威力也就大打折扣了。

不过，张咏的"提高自身素质、克服内心恐惧"的谣言治理策略，对老百姓来说要求实在是太高了。大部分民众其实都是没有"识断"能力的普通人。比起时政类的谣言，他们更容易被怪力乱神的传言吸引。事实上，像这种妖怪突然冒出来到处吃人的谣言，其实反映的是当时社会压力过大，已到了临界点。这恰恰是古代社会一种特别值得重视的民间舆论，把它当成谣言一禁了之，其实是在火上浇油。

北宋末年大奸臣蔡京（1047—1126）的儿子蔡絛（1096—1162）在其所著的《铁围山丛谈》中记载了一个类似的妖怪吃人的谣言。据说，北宋亡国的前几年，洛阳城里忽然冒出来一个形状像人、全身漆黑的怪物，每到晚上就出来伤人。人们都在传言，说它除了会掠食人家的小孩外，还喜欢咬人。于是，洛阳城中家家户户都准备了棍棒，以防遭遇不测；即使是盛夏酷暑，人们也不敢开门睡觉。这个怪物被叫作"黑汉"。吃人妖怪的谣言盛行，导致民心不安，人心浮动，很多人趁乱取利，偷东西，搞诈骗，各种为非作歹的人都猖獗起来。这个吃人黑汉的谣言风波，一直闹了一年多才平息下去。

洛阳的吃人黑汉和益州的吃人白头翁，看起来很像同一个东西，这两个谣言背后的逻辑更是如出一辙，反映的都是民间社会对于现状的不满和对未来生活不确定性的恐惧。蔡絛说，他事后细想，这个黑汉谣言其实是一种预警，因为没过多久金军南下，西京洛阳连同东京开封一起沦陷，北宋也随之亡国。

所以对付谣言，真正要解决的是谣言所引起的恐慌，从这一点看，张咏确实是目光如炬。

宋代史籍中，可以见到很多"讹言相惊"的例子，谣言的传播必然伴随着大规模的民众恐慌，从而造成社会秩序的混乱；而恐慌，又会加速和加剧谣言的进一步传播。

庆历五年（1045）七月，新州（治今广东新兴）知州狄栗（990—1045）病故。他大约在宝元二年（1039）前后任襄州（治今湖北襄阳）下属的谷城县令时，因修建孔庙而结识了大文学家欧阳修，他死后，欧阳修为他撰写了一篇墓志铭——《大理寺丞狄君墓志铭》。欧阳修在文章中回忆说，狄栗在谷城当县令的时候，正好碰上宋夏战争爆发，为了应付边防压力，内地州县开始大量征召身体强壮的人去当兵打仗。这时谣言四起，人人惊扰不安，纷纷传言朝廷正在到处抓人到前线。

朝廷抓壮丁的谣言一出，谷城的几万百姓因为害怕自己或家人被抓去当兵，全都跑到县城躲了起来。这时恰逢秋季，大雨下个不停，气氛显得更加紧张。这么多人聚集在县城里，导致米价飞涨。一场因为谣言恐慌而造成的饥荒在谷城突然上演，据说最后县城里连一粒米都找不到了，差点搞出大规模饿死人的恶性事件。幸好后来狄栗及时开仓赈灾，才化解了一场大灾。

宋夏战争的爆发，破坏了宋朝内地人民和平安定的生活，自从太宗北伐企图收复幽云失败，北宋的国家政策由重武功转向重文治以后，已经有几十年没有打过大仗了。宋夏战争开始后不久，由于前线战事不断恶化，宋朝的总体应对策略就是扩大军队规模，企图靠雄厚的兵力在战场上威慑对手。保持一支庞大军队的国策，很多大臣都反对，觉得这是劳民伤财的昏着。但朝廷对军队的战力严重缺乏信心，宋军规模在这段时间急剧膨胀。据《宋史·兵志》统计，真宗年间宋军的总体规模只有九十一万，宋夏战争爆发后，这个数字迅速增加到一百二十五万。

实际上，宋朝政府在这个时候到处抓壮丁的可能性并不大。宋朝是募兵制，主要是花钱招人当兵，像前代著名的"石壕吏"故事中那种强行抓壮丁的情况并不多见。

和平时代突然结束，战争重新开启，让内地州县的民众心理上受到较大的冲击，一个抓壮丁的谣言就让社会陷入了混乱。这足以说明，宋仁宗中期养尊处优多年的宋代社会危机意识十分淡薄，民众的心理承受能力极差。

当然，面对类似的抓壮丁谣言引发的恐慌，也有一些官员不顾民情，采取高压政策压制民间的议论。这也可以起到平息谣言的作用，但这么做显然并不是在政治清明的时代值得鼓励的方法。

熙宁三年（1070），曾孝宽（1025—1090）奉旨提点开封府界诸县镇公事。当时朝廷正在推行保甲法，这是王安石变法的一个重要内容。新法在开封府试行期间，老百姓对保甲法不明所以，一时之间流言四起。到处都在传，朝廷实行保甲法，就是要把老百姓通通抓起来当兵。开封府知府韩维（1017—1098）眼见民间人心惶惶，无心生产，担心错过农时，立即向朝廷建议在农闲之时再推行新法，以免影响农业生产。

然而，面对谣言引发的舆论，曾孝宽的态度却非常强硬。他将民间对保甲法的抵触情绪一律指斥为造谣生事，让吏人在开封府所辖的十七个县到处张贴榜文，说要公开悬赏捉拿那些散播谣言、蛊惑百姓闹事的人。在他的重拳出击之下，老百姓们自然不敢再乱嚼舌根，谣言很快就平息了下去，而韩维暂缓推行保甲法的建议，最终也没有被朝廷采纳。

开封府的保甲法谣言事件，非常生动地反映了政策执行过程中可能出现的信息不畅导致的政策误解和民众恐慌。所谓保甲法，主要是在乡村中推行保甲制，每十户人家组成一个小组，叫作"保"。每五个"保"组成一个更大的组，叫作"大保"。每十个"大保"又组成一个更大的组，叫作"都保"。这些组织里，都是选当地最有钱的人来当保长、大保长和都保长。这样做的目的是把松散的农民集中控制起来，一来可以防止农民造反，二来又可以加强地方的军事防御力量，农民平时种田，战时打仗，起到节省军费的作用。

保甲法作为王安石变法的重要措施之一，初衷是强化地方治安并节省军费开支。由于信息不畅，加上老百姓的理解能力有限，民众对这个带有军事化管理色彩的新法产生了很大的恐慌情绪，担心自己会被强制征召入伍。在宋代，当兵可不是什么好事，民间对于军人的刻板印象是极为负面的。

"非游手无籍之徒，则负罪亡命之辈耳"，宋代典章制度的专书《文献通考》就说，在宋代实行募兵制的情况下，愿意投身军旅的人，大多是些生活无依、漂泊不定的二流子；或是背负着重罪、四处逃窜的黑心人。那些品性纯良、生活安稳的良家子弟，对当兵这种事是避之唯恐不及的，这就是宋人所谓的"良民不为兵也"。

因此，在宋代，世人提起当兵的人，总会带有一些嘲讽与轻蔑的意味，比如"黥卒"（字面意思是"脸上刺了字的兵士"）和"老兵"是宋代最常见的对军人的称呼。这些称呼肉眼可见地透露出对军人的轻蔑与不屑。这说明，到了宋代，在世人眼中，当兵已经成了一件可耻的事情。

所以，老百姓听到要试行保甲法时，因为对当兵的恐惧而产生的造谣与传谣的种种行为，就很好理解了。恐慌制造谣言，谣言放大恐慌。而曾孝宽为了政绩，完全不顾老百姓的疑虑，借口打击谣言，严厉压制民间的不同声音。他这种枉顾民情、不恤民意的做法，短期内确实可以完成朝廷交付的任务，却称不上是治理地方的善政，只会进一步加剧官民关系的紧张，透支朝廷的合法性，引起更多的社会不满。从长远来说，不利于官府对谣言及其所引发的恐慌性事件的风险管控。

事实上，由于老百姓对朝廷或官府有着天然的不信任感，越是有新政策出台的地方，越容易成为谣言的重灾区。谣言一旦形成规模，不但会给老百姓带来巨大的惊恐感，扰乱正常的生产生活秩序，也会给政策推行造成阻力。

元祐二年（1087）三月，右谏议大夫梁焘（1034—1097）向临朝听政的宣仁太后汇报说，他私下听说最近有些大臣上疏，请求参照唐代大臣王涯变革服饰制度的设想，推行宋朝自己的服饰制度改革。他听说相关改革事宜已交付有关部门进行了讨论。此事已经引起朝野上下的议论，谣言四起，人心惶惶。

王涯在唐文宗太和三年（829）出任主管礼仪事务的太常卿，他在太和六年（832）提出了一整套的服饰改革计划，总体思路就是"复古"，这立即招致全国上下的不满，"谤讪嚣然"，朝野上下舆论哗然。

推行服饰复古改革，无论在什么时代都是瞎折腾。宋廷的中枢决策层拿到这个议案之后，也觉得不靠谱，就让有关部门去商量研讨。但大家都不愿担责，于是一直犹豫不决，不敢轻易拍板到底要怎么做。这时，不知是谁泄露了消息，社会上关于朝廷准备大力推行服饰复古改革的各种小道消息开始沸沸扬扬起来。都是江湖传言，内容基本不实，但谣言一传起来，传播速度却超乎寻常地迅速，不但京城的老百姓不能安心生产生活，连偏远地区的百姓也感到惊疑不定。

梁焘于是上奏朝廷，希望宣仁太后能够断然采取措施，明确表示朝廷不会支持服饰制度改革的提议，以安人心。几天之后，见朝廷没有动静，梁焘再次上书，他说："我在外地，听到各种有关服饰复古改革的说法。等到我进了京城以后，才了解到实际情况并没有那么严重。但是谣言已经传开了，无论是士人还是工匠，都被传闻吓得不轻，人心惶惶。"梁焘认为，谣言引起的社会恐慌已经非常严峻，朝廷必须果断表明态度，向天下宣示不支持这个荒唐的改革设想，以安定人心。

在古代，服饰不仅仅是个人审美的体现，更是社会身份、地位乃至政治立场的象征。任何关于服饰制度的改革都会牵动社会的神经，引起广泛的关注和讨论。政府在服饰上追求复古，触及了社会的敏感点，必然遭到强烈的反对和质疑。元祐二年（1087），服饰制度改革的谣言一经传出，上至士人，下至工匠，各个阶层的人都开始担心自己的生活会受到影响，这种恐慌增加了社会的不安定因素。

这时候，朝廷及时出来辟谣就变得很重要了，这也是梁焘为什么不厌其烦地要求宣仁太后早下决断，明确表态的原因。

从以上几个谣言故事中可以看到，谣言本质上是一种民间舆论的过激反应。很多时候，老百姓意见得不到官府注意，或者对官府的政策有所不满，谣言就会滋生并得到大规模的传播。对这种性质的谣言,一味地严厉打击和压制并不是好的解决办法。但也不可否认,民间舆论并不是铁板一块,有时候有些反对意见,甚至有可能是"坏人"刻意制造出来想要达成不可告人的目的的。这种类型的谣言,虽然也是民间舆论的一种,却是应该严厉打击的对象。

绍圣四年(1094),时任"江、淮、荆、浙、福建、广南等路提点坑冶铸钱事"的张次元(1028—1094)病逝,他的家人找到他们的常州老乡、著名学者邹浩(1060—1111)写行状。邹浩是张次元的外曾孙辈,从小得到过张次元的照顾,于是欣然应允,写下了《故朝请郎张公行状》,详细叙述了张次元的生平。邹浩回忆说,嘉祐三年(1058)张次元在担任常州下属的武进县(治今江苏常州)知县时,被当地豪强势力以"飞语撼摇",他们反对张次元上任后推行的修复农田水利设施的政策,但又找不到合理的理由,就试图用谣言来中伤他主持的农田水利建设工作。

武进当地有条小河名叫白鹤溪,溪水灌溉了大面积的民田,老百姓深受其利。但张次元上任时,白鹤溪因为久未疏浚,堵塞不通,于是开始组织人力大张旗鼓地搞起了白鹤溪疏浚工程。

当地一些冒占白鹤溪沿岸土地的"大姓"人家觉得,白鹤溪的河道扩容,一定会占用沿岸的土地,他们的利益必定受损，于是开始到处散播谣言，试图动摇武进县政府继续推行疏浚工程的决心。但张次元不为谣言所动，坚持完成了这项利国利民的工程。疏浚工程完工后，白鹤溪的水蜿蜒一百多里汇入滆湖，当地从此不再干旱缺水，直到北宋末年，当地人还依赖这条河灌溉农田。民众为了纪念张次元，便把这条河叫作奉礼河。因为当时张次元是以"太常寺奉礼郎"的身份来武进当知县的。

这个故事中的"飞语"，跟之前那些带有一定民间舆论性质的谣言不同，可以说是一种恶性谣言。面对这种恶性谣言，很多时候被造谣者往往处于非常不利的被动地位，对于谣言中伤的内容，有时真是百口莫辩。张次元家在当地也是"大姓"，且是累世官宦之家。其父张昷之官至天章阁待制，晚年定居武进。张家在当地也是有权有势有钱，否则未必能够挡得住当地豪强大姓发起的谣言攻势。

事实上，当时朝堂之上，用"飞语"造谣、攻讦政敌的事情相当普遍。而且大多数情况下，被造谣者是基本没有招架之力的。比如宋英宗即位后，朝廷上下都在疯传时任三司使、主持全国财政工作的大臣蔡襄（1012—1067）的一些谣言。当时的谣言版本众多，所谓"传者多端"。不过，传言虽然五花八门，但主旨就是一个：蔡襄在仁宗晚年打算选立英宗时曾提出过不同意见，试图阻止英宗成为皇位继承人。

这个谣言用心极为恶毒，以致英宗跟人聊天，听到蔡襄的名字，就会脸色大变，显露出极度嫌弃的神情。一年多以后，治平二年（1065）二月，英宗找到宰相们，坚决要求将蔡襄罢职外贬。

宰相韩琦（1008—1075）想为蔡襄辩白，英宗不顾证据不足，非常意气用事地说：“宫里面虽然并没有看到相关的文字记录，但朕在庆宁宫（英宗即位前居住的地方）时就已经听说过这事了。”韩琦只好说：“这都是些模糊不清的传闻，事情的真假还没有弄清楚，希望陛下再仔细审查一下。如果蔡襄因为这些不实的传闻而获罪，那么今后小人就可以随意诬陷他人，从此朝堂之上，正直的人就难以立足了。”

另一位宰相曾公亮（999—1078）也站出来为蔡襄说话。顺便提一句，他的儿子，就是前文刚刚提到的那个急于立功，不顾百姓反对，把民间舆论当谣言打击的曾孝宽。

曾公亮明确反对英宗因谣言而处罚大臣，他说：“京城的人向来喜欢造谣，常常是一个人编出一段假话，大家就会跟着疯传，最后假的就传成真的了。以前就有人用这种似是而非的言语去陷害忠良，不仅给被造谣的臣子带来祸殃，也会给国家带来无穷的祸患。”英宗也不反驳，只是淡淡地回了一句：“为什么大家只造蔡襄的谣，不造别人的谣呢！”

尽管还有很多大臣也劝谏英宗不可轻信谣言，但英宗一概不听，最终还是罢免了蔡襄的三司使之职。蔡襄因"飞语"获罪的遭遇，生动地展现了北宋中期谣言在上层政治中的巨大破坏力。皇帝也信谣，诚不我欺也！

有意思的是，在这次谣言事件中，身为宰相的曾公亮"吐槽"说"京城的人向来喜欢造谣"，这倒是提示了我们，在甲午再乱的谣言兴起之后，仁宗为什么也会信谣。

注意，皇祐二年（1052）十二月，仁宗听说甲午再乱谣言后，想到的不是出面辟谣或者打击造谣者，而是跟宰相商量应该派什么人去四川应对即将出现的大乱，显然，仁宗觉得四川就是要出乱子的，他对这个谣言深信不疑。曾公亮的话表明，谣言不但在地方上随时发生，在天子脚下的京城也一样是满天飞的状态。仁宗自己就生活在一个谣言盛行的环境中，对谣言的恐惧，他并不陌生。

会飞的帽子

当宋仁宗还是小孩子的时候，京城就闹过一次弄得满城风雨的"帽妖"谣言，那是他的父亲宋真宗在位之时。看来，赵家三代人都为谣言所苦，也是绝了。

据《宋史·五行志》记载，真宗末年，西京洛阳城中开始流行一个非常恐怖的谣言。传闻说,有一种形如"乌帽"的奇异之物,会在夜晚悄无声息地飞入百姓家中。更为可怕的是,这个怪物还会变换形状,有时会变成狗,有时又变成狼,让人一见之下心生恐惧。西京洛阳的老百姓纷纷陷入恐慌之中,每当夜幕降临之时,家家户户都紧闭门窗,藏在屋内不敢出来,生怕这个怪物找上门来。更有甚者,一些人还组织起来,手持兵器在夜里巡逻,准备驱逐怪物,这其实不过是为了驱赶人们心中那莫名的恐惧罢了。

帽妖的谣言在洛阳传了一段时间后,开始向京城转移。这个惊心动魄的谣言终于传到京城开封,人们纷纷议论,都说这个像乌帽的怪物不仅能飞入百姓家中,更是会吃人。于是,开封的大街小巷里,家家户户都关门闭户,全家人围成一个圈,互相安慰支持以度过恐慌的夜晚,但人们内心的恐惧仍然挥之不去。

每个晚上,一家人聚在一起,通宵达旦地大声叫喊,试图用叫喊声来驱赶这个怪物,每天都累得筋疲力尽。在军营之中,帽妖的谣言闹得更厉害,士兵们每天聚在一起大喊大叫,军营中的恐慌情绪反倒因为人群聚集而更加强烈了。

然而,尽管谣言传得热闹非凡,但实际上却并无任何妖怪跑出来害人性命,甚至连妖怪的踪迹都找不到。朝廷很快就意识到这很可能是某些心怀不轨的人故意造谣,企图制造恐慌,扰乱民心。于是,真宗下诏要将这些造谣生事之人绳之以法。经过一番严打,终于捉到了几名嫌疑人。然而,经过审讯却发现,他们并非真正的幕后黑手。直到帽妖谣言平息之后,人们谈起此事,仍然觉得扑朔迷离,真相难寻。

帽妖谣言可以说爆发得莫名其妙,结束得匪夷所思。至于到底是什么时候开始传出这个谣言的,翻阅各种史料文献,也没有找到明确说法。

搜检《续资治通鉴长编》可以发现,此事最早引起官方的重视,是在天禧二年(1018)五月。当月二十五日,真宗突然接到河阳三城节度使张旻的奏报。张旻向真宗汇报了洛阳城中帽妖谣言流传的事。

真宗知道这个情况后,非常重视,立即派人前去调查核实。张旻是河阳三城节度使,驻地为洛阳北边 120 多里处的孟州。显然,此时帽妖的谣言,已经从洛阳向外扩散,传到不远处的河阳了。

事情闹得这么大,洛阳地方当局竟然没有任何动静,还是隔壁的河阳向朝廷发出预警的。

帽妖谣言大体平息之后,天禧二年七月十一日,真宗下诏对河南府的一干官员进行问责,将时任知河南府兼西京留守司事的王嗣宗(944—1021)调离,并且明确表示,这是对王嗣宗履职不力的处罚。因为帽妖谣言兴起于西京,身为西京父母官的王嗣宗事前毫无察觉，事后也没有及时处理谣言引起的恐慌，更重要的是，甚至没有向朝廷汇报一声。说实话，王嗣宗不管不顾的态度相当地不寻常。

王嗣宗这个人，跟宋代那些一本正经的文人士大夫不同，他出生在五代中后期，身上颇有些乱世遗风的喜剧色彩。他是开宝八年（975）的状元。但根据司马光《涑水记闻》中的说法，他这个状元是打架打来的。当时殿试结果出来后，他跟赵昌言的成绩最好。宋太祖召见新科进士时，他二人为了抢状元头衔，在大殿之上针锋相对，互不相让。太祖见此情形就开玩笑地说："既然二位争执不下，那就当场打一架算了，谁赢谁就是今科状元。"此言一出，众论哗然。没想到两人还真打了一架，最后王嗣宗大获全胜。他喘着粗气，迫不及待地跑到太祖面前跪地高声说道："臣胜之！"太祖只好点了他当了状元。

王嗣宗得到这个状元，并不是什么荣耀的事，时人皆称他为"角力状元"，士林中人说起他，无不带着戏谑的意味。后来王嗣宗出巡，在路上遇到一个平民。那个平民见到王嗣宗的车驾，竟然不拜，反而出言讥讽说："君以手搏状元耳，何足道也！"

据《宋史》本传记载，王嗣宗当官之后，更是不按套路出牌，他在任河州（宋神宗开拓西北以前，宋代并无"河州"，此处可能是"汀州"之误）通判的时候，碰到了宋太宗派出来的武德卒。这些士兵是奉皇命暗中监视地方官员并收集边远地方情报的特勤人员。王嗣宗发现这群人形迹可疑，就把他们捆绑起来送到京城，上奏太宗说："陛下不委任天下的贤能之士，却轻信这些小人，把他们当成耳目心腹，臣认为这样做实在是非常不妥。"

不但抓了皇帝派出去的特工，还堂而皇之地"打脸"太宗搞特务统治，这种公然挑衅皇权的行为简直是疯了。太宗无比愤怒，立即派使者去把王嗣宗捆绑起来，交给司法部门，削去了他的官职和官身。王嗣宗的仕途差点就此终结，好在后来朝廷大赦，他才被重新起用。

尽管如此，王嗣宗的仕途并没有受到太大的影响。到了太宗晚年，王嗣宗还接连升官，历任左司谏、度支判官、驾部员外郎等。眼看官场生涯有了起色，他又开始作妖。据《宋史》本传记载，有一天他老婆生了急病，他趁着夜色偷偷撬开自己官衙的大门进去拿药，被值班的人发现举报了，于是他又被罢了一回官。但他在不久之后又被重新起用，而且官还越做越大。大中祥符七年（1014）七月，王嗣宗被真宗提拔为枢密副使，跻身执政级重臣的行列。卸任枢密副使之后，他又在许州干了一任知州，然后在帽妖谣言流行前不久调到河南府。

对当时流行的妖怪鬼神之说，王嗣宗不但不信，而且深恶痛绝。司马光在《涑水记闻》里专门写一个条目，名为"王嗣宗不信鬼神"。司马光说,有一次王嗣宗生病了,家里人焚烧纸钱祈祷他能早日康复。王嗣宗得知后,觉得好笑,说了一句非常有气势的话:"到底是什么样的鬼神,胆子这么大,竟敢顶风作案向王嗣宗索要贿赂啊!"

王嗣宗是个敢做实事的人,对这种依托鬼神之事散布的谣言,他是很警惕的。

大中祥符四年(1011),王嗣宗出任邠州(治今陕西彬州)知州兼任邠宁环庆路都部署,坐镇邠州,统领邠宁环庆一路兵马。当时邠州城东有座灵应公庙,庙的旁边有一个山洞,本是一群狐狸的隐匿之所。狐狸们在那里繁衍生息,与人无涉,但后来被一些"妖巫"说成是狐仙,掌控着人间的祸福吉凶。当地的老百姓对这个说法深信不疑。

本质上,这就是一个关于狐仙的谣言。这个谣言在当地影响很大,每当遇到水旱灾害、疾病瘟疫,老百姓都会来灵应公庙虔诚地祈祷,希望能得到狐仙的庇佑。久而久之,大家甚至忌讳提及"狐"字,生怕触怒了这些狐仙招来灾祸。后来连官方也出来给这个谣言背书,历任地方长官在上任之初都会先来灵应公庙恭敬地参拜狐仙,之后才敢去衙门处理政务。

但王嗣宗对这些宣扬怪力乱神的传言嗤之以鼻。他上任后,立即带着部下赶到灵应公庙,拆毁了庙宇,又命人熏烤洞穴,逼得群狐无处藏身,纷纷跑出洞外。王嗣宗带着部下捕获了数十只狐狸，将它们尽数斩杀。庙毁狐死，邠州的狐仙谣言也就很快平息了。

王嗣宗处理狐仙谣言，下手果断，快、狠、准，可为什么到了洛阳，却对帽妖谣言不管不问呢？可能有两个原因。

第一，王嗣宗生于五代后晋天福九年（944），到帽妖谣言爆发的天禧二年（1018），他的年纪已经很大了，将近七十五岁，精力肯定不如从前。从他之前的官场经历来看，他天不怕地不怕，敢做事，但为人粗疏，不拘小节，不是个心思细腻的人。像帽妖这样的莫名其妙的谣传，他肯定不会放在心上，自然也就不会当成一件正事来处理。

第二，帽妖谣言跟狐仙谣言最大的不同是，帽妖谣言不是某个特定的群体制造的，背后实际上没有真正的黑手，而是大众自发传播的。加上帽妖又是虚幻的东西，看不见，摸不着，更抓不住，想要处理这个谣言，一时半会儿也无从下手。王嗣宗很可能有一种有劲不知道往哪里使的无力感。他在帽妖谣言事件中的无所作为，跟他一贯的风格还是很契合的。显然，他并不擅长那种需要十分细心才能处理好的事情。

所以，王嗣宗没有及时处理帽妖谣言，恐怕不是他故意不作为，而是无法作为或者不知道需要作为。事后，真宗虽然认为他有责任，但也只是将他调离洛阳，改任陕州知州。这个处罚相当轻，只算是罚酒三杯罢了。

不过，王嗣宗没有及时处理帽妖谣言的后果是很严重的。谣言在初起阶段没有被扑灭，随着它的进一步扩散，威力会呈几何级数增加。幸好隔壁的张旻是个很有政治敏感度的人，他在谣言流传到河阳后立即向朝廷示警，不然后果更加不堪设想。

张旻（后来改名张耆）跟真宗的关系可不一般。他十一岁就到真宗的身边供事，当时真宗还是个普通皇子。张旻在王府很得真宗的欢心，后来在仁宗朝一度临朝听政掌权达十年之久的皇太后刘氏，就是张旻帮真宗在民间物色送进王府的。所以真宗即位以后，张旻很受重用，历任天雄军兵马钤辖、镇州行营钤辖、并代二州钤辖、管勾皇城司、侍卫亲军马军都虞候、殿前都虞候、马军副都指挥使等军中要职。

大中祥符九年（1016）正月，张旻更是升任枢密副使，成为执政级重臣。他在帽妖谣言大爆发前一年，即天禧元年（1017）八月才从中央外放到河阳任职。天禧二年（1018）五月二十五日，张旻将帽妖谣言的具体情况汇报给了真宗。接到报告后，真宗派人前去调查，不久之后，便知张旻汇报的情况属实，于是让侍御史吕言立即赶往西京，质问本府长官以及转运司、提点刑狱司等一众官员为何没有将帽妖谣言及时上报。

显然，此时真宗还没有意识到事态的严重性，他关心的是洛阳本地官员瞒报或不及时汇报本地突发事件的问题。真宗还按照自己多年以来擅长的天书封禅的那套神道设教的思路去处理帽妖谣言，在让吕言调查一众官员失职的同时，他还安排了祭祀祈祷仪式。

寄希望于"禳祷"之术来消除帽妖谣言是大错特错的昏着。由朝廷出面举办祭祀祈祷仪式，岂不是在告诉老百姓官方真的相信有妖怪，这无疑是给局势火上浇油。这一次，之前张咏提出的"止讹之术，在乎识断，不在乎厌胜"的高见再次得到了验证。真宗这一套用怪力乱神的法术对付怪力乱神的谣言的做法，根本解决不了问题。这一通胡乱操作下来，事态迅速恶化。

据《宋史》记载，天禧二年六月十四日，帽妖谣言传到了京城开封，而且流传得比在洛阳更加夸张。张旻在五月时给朝廷的奏报是，传言中的帽妖来去无踪，形状变化无常，有轻微的伤人情形。到了京城开封，传言变成了"会吃人"，民众恐慌值立即被拉满。

《续资治通鉴长编》记载说，天禧二年六月十四日晚，京城中的百姓奔走相告，交换着一个最新的恐怖消息：有一种帽妖从西京飞来，会飞进百姓家中吃人。这个传言让京城百姓感到十分惊恐，他们往往全族人聚集在一起，围坐成一圈，为了虚张声势，整夜叫喊喧闹，以驱赶帽妖。军营中的士兵心态更是崩了。他们心中充满恐惧,聚在一起讨论帽妖,担心自己会成为它的下一个攻击目标。整个京城都笼罩在紧张而恐怖的氛围中。

要验证帽妖的虚妄并不是什么难事。几天之后,并没有发现有人被帽妖伤害,这个谣言自然就会不攻自破。然而,谣言从西京传到河阳,从河阳传到开封,传了这么久,越传越神,越传越厉害,不但老百姓害怕,连军队也被吓得心态崩了。这恐怕很难用这届百姓就是不行、大宋军队就是菜来解释。

帽妖谣言事件中最值得深思的是,谣言传开以后,一大群人会聚集在一起,或是一个家族,或是整座军营,人们围坐一圈,通宵达旦地大喊大叫,这种抵御帽妖的方式无疑更助长了谣言的发酵和恐慌的蔓延。这种情况下,真相已经不重要了,谣言的信众在这样的场景里会不自觉地成为谣言的见证者,尽管他们肯定没有真的见过帽妖。

人群聚集在一起,自然会对刺激性言论产生共鸣。大家七嘴八舌,添油加醋,帽妖的故事自然越传越神,进而拥有了更加蛊惑人心的感染力,形成谣言恐慌的连锁反应。

我们看一下帽妖谣言盛行过程中南京应天府(治今河南商丘)的应对策略,就可以明白这一问题的关窍所在。当谣言传到应天府之后,老百姓惊恐万分,知府王曾非常淡定地下令,让所有的街巷里坊都大门洞开,不必阻挡帽妖,此举就是想让大家看看帽妖到底长什么样子。很可惜，帽妖最终也没有在应天府出现。造谣出来的事物一旦被验证是不存在的，谣言也就不攻自破了。

帽妖的真假既然得到了验证，那就好办了。王曾随即下令，今后如果再有人胆敢乱说帽妖为害人间的话，就是造谣，官府会立即抓捕，依法重治其罪。于是帽妖谣言在应天府很快就销声匿迹了。

王曾的应对策略显示出高超的社会治理水平。他没有在一开始就采取强硬的手段阻止老百姓谈论这个谣言，而是采取了开放和透明的态度，引导民众自己去验证真伪。这种做法有效避免了采取强硬的言论管制有可能引发的社会不满，以及加剧恐慌氛围导致的社会动荡。

谣言对官员的执政水平是一个很大的考验，谣言来了之后，谁是能臣，谁是庸吏，一目了然。如果我们对王曾的生平略有了解的话，就可以理解他何以在这场帽妖谣言中表现得如此有水平了。他确实是当时的高级官员中政治素养和执政水平最高的人之一。

王曾是咸平五年（1002）的进士第一名，并且在之前的发解试和省试中都是第一名，这就是俗话所说的"连中三元"，历史上拥有这样逆天考试能力的人屈指可数。王曾入仕后只用了十来年的时间，就成为副宰相级的人物。大中祥符九年

（1016）九月，他官拜参知政事。帽妖谣言爆发的时候，王曾刚从京城外放到应天府当知府。帽妖谣言平息之后，王曾一路高升，在乾兴元年（1022）至天圣七年（1029）、景祐二年（1035）至景祐四年（1037）两度出任宰相，是深受仁宗倚重的朝廷重臣。

从天禧二年（1018）六月上旬开始，百姓惊慌失措，军队人心惶惶，帽妖谣言达到高潮。民众恐慌，军心不稳，谣言不但重创了宋朝统治的基本盘，甚至已经触及维持宋朝统治的核心机制。这对于国家的稳定来说，无疑是一个天大的隐患，一场更大的社会动荡有可能正在酝酿。

糟糕的是，六月十四日之后，谣言还在继续扩散，恐慌也还在继续蔓延。据《续资治通鉴长编》记载，帽妖谣言很快又从京城南下，谣言所到之处家家户户关紧大门，人们躲在家中不敢出来，南京应天府也深受其害。这样，宋朝的三大重地，西京洛阳、东京开封、南京应天，相继被谣言攻克，中原大地陷入了帽妖谣言引起的大恐慌中。

这时，宋真宗才反应过来，他开始担心有人会利用谣言作奸犯科，于是下诏，设立赏格，鼓励百姓举报传播帽妖谣言的人。不久之后，官府就抓到了僧人天赏及术士耿概、张岗等人，他们是在京城散布帽妖谣言的活跃分子。真宗命令起居舍人吕夷简和入内押班周怀政对他们进行审讯。

但有意思的是，吕夷简和周怀政审讯了半天，也审不出个所以然。这帮所谓的涉案嫌疑人到底是怎么造的谣，又是如何散布的谣言，一概不清不楚。最后只是以这帮嫌疑人曾经使用过邪恶法术为由，将他们判处死刑。还有几个人因为与这帮嫌疑人有牵连，也被发配流放。而最后，关于帽妖谣言的案情始终没有一个正式的说法。到底有没有帽妖，是不是有人故意造谣，到底是谁在背后煽风点火，官府在结案后也说不清楚。

这次大肆抓捕造谣者的严打行动，最后还制造了大批冤假错案。谣言一来，人心惶惶，受伤的是老百姓；朝廷打击谣言，抓人杀人，受伤的还是老百姓。

七月二十三日，右正言刘烨在一次御前对话中对真宗说："近来因为帽妖谣言四起，朝廷颁布抓捕妖人的诏令，允许老百姓举报造谣者，并给予相应的奖励。这个方法的确可以打击谣言。但是，臣担心有些人为了贪图官府的奖赏，会借机诬告无辜之人。因此，在审讯那些被检举揭发出来的造谣者的时候，希望相关部门能够仔细审查，确保不会冤枉无辜。"

真宗很是认可，并主动表示自己也是刚刚意识到这个问题，决定进行补救。真宗说："最近朕下令纠察举报制造妖言的人，是为快速平息帽妖谣言。朕也多次告诫吕夷简他们，在审讯时要仔细，避免冤枉无辜的百姓。朕细看案情，对那些所谓造谣者的举报，确实有很多不实之词。"说罢，真宗当即下诏规定，从今日起，之前所犯的此类造谣、传谣的罪行，一律不再追究相关的罪责。

可惜的是，鼓励检举揭发造谣者而引发的新一轮恐慌，已经在开封城中持续了数月。民众积极举报，官府四处抓人，以张子元为首的数百个形迹可疑的人，被当成造谣者捉拿归案。群众举报他们常常在夜晚秘密聚集，清晨时分又悄然散去，像是在从事某种秘密活动。帽妖谣言案涉案人数太多，在真宗从轻发落的最高指示之下，负责办案的吕夷简最终决定只对六名主要头目处以极刑，其他人则免除了死刑。

可见，就打击谣言而言，鼓励民众检举揭发的策略是有两面性的。一方面，它可以帮助官府快速找出造谣者，切断乱源，迅速平息骚乱和恐慌；但另一方面，如果群众太过激进，发展成一种"猎巫行动"，也有很大可能会导致无辜的人被冤枉。同时，抓捕造谣者可能会在民众中激起新的恐慌，造成进一步的社会动荡与不安。

天禧二年（1018）七月，在真宗宣布不再追捕帽妖的造谣者之后，一个多月来惊扰不定的开封城终于恢复了平静。

帽妖谣言案发生的时候，仁宗只有八岁，感受可能不深，但仁宗朝很多大臣那时都身在朝局之中，对帽妖谣言引发的社会震荡感受深刻。天圣三年（1026）十二月，最早向朝廷汇报帽妖谣言兴起的张旻被召入朝，官拜枢密使，成为主管全国军

事工作的朝廷重臣。奉命审结帽妖谣言案的吕夷简于乾兴二年
（1022）二月被临朝听政的刘太后提拔为参知政事（副宰相），
天圣七年（1029）二月，更进一步成为宰相。

而百官之中，也有很多人到了仁宗时代仍然对帽妖谣言记
忆犹新，他们会时不时地拿当年的事提醒一下仁宗。当年在最
高法院负责案件审理工作的大理寺详断官刘随就是其中之一。

天圣五年（1027），已经成为左司谏的刘随发现，当时开封
城中出现了一件怪事，一个有犯罪前科的名叫张惠真的人声称
自己有几百岁，天天在京城里招摇撞骗。刘随担心如果不及早
采取措施，这个骗子恐怕会继续制造更多的谣言来欺诈百姓，
影响开封百姓的正常生活，甚至可能会使得法律不行，社会秩
序失控。刘随给仁宗上了一封奏疏，名为"乞逐妖人张惠真"。
在这封奏疏中，他又给尚未亲政的仁宗"科普"了一遍当年帽
妖谣言的惨痛教训。

刘随在这时翻出这笔旧账，是为了提醒仁宗，对于各种没
有根据的怪力乱神的流言要提高警惕，及时干预，防止谣言引
起社会性大恐慌。巧的是，仁宗后来也在朝堂之上体会到了谣
言的威力。甚至可以说，仁宗在政治上最大的一次努力，就是
被谣言葬送了的。

乾兴元年（1022）二月，真宗驾崩，十三岁的仁宗即位，
成为大宋王朝的第四任皇帝。因为当时他年纪尚小，朝政都

是由皇太后刘氏打理的。明道二年（1033）三月，刘太后病逝，仁宗开始亲政。宝元元年（1038）西夏称帝建国，随后引发了长达数年的宋夏战争。从康定元年（1040）到庆历二年（1042），宋军先后遭遇了三川口之战、好水川之战和定川寨之战的三次大败，宋朝想以武力阻止西夏建国的企图彻底失败。庆历四年（1044）十月，双方罢兵言和，宋朝实际上承认了西夏自为一国的事实。大宋王朝的声威一落千丈。

在经历了艰苦的宋夏战争之后，北宋自开国以来积累起来的各种政治与社会问题大规模爆发出来。军队数量多但战斗力差，政府官员众多但执政能力差，兵多官多，花钱如流水，朝廷财政压力巨大，濒临破产。这就是后来深受诟病的宋朝顽疾——积贫积弱。庆历三年（1043）八月，仁宗任命范仲淹为参知政事。范仲淹与枢密使杜衍、枢密副使富弼（1004—1083）以及韩琦组成了一个内政改革的领导班子，提出了三大方面的十大改革计划，史称"庆历新政"。

改革计划非常庞大，力度是空前的，甚至放到整个古代历史上也是绝后的。由于王安石变法在宋代乃至中国历史上声名卓著，庆历新政的改革计划常常被人们理解为王安石变法的前奏。但实际上，两者的改革力度完全不在一个层次上，庆历新政的改革计划可比王安石变法猛得多，只是因为这个改革计划还没来得及实施就流产了，所以影响力才没有王安石变法那么大。

我们以庆历新政的第一个方面"整顿吏治"为例，来体会一下庆历新政给当时官场所带来的震撼。这次改革，主打的就是加强官僚队伍建设，总体思想是优化官员队伍，提高政府的治理水平，从而减轻政府的财政压力。

比如朝廷不再像过去那样为了照顾大多数官员的利益，每三年就按照资历给官员们升职加薪，而是要看他们实际的功劳、表现、才能和品行来提拔任用。那些年纪大身体不好，或者能力不行，甚至身上还背着贪污案件的官员，就不能再让他们继续当官了。

此外，这个整顿吏治的一揽子计划，还提出要限制那些高级官员的子弟亲属靠关系当官的特权。因为过去为了照顾高级官员，朝廷会定期派给他们的亲属一些当官的名额，这个制度大大增加了官僚队伍的规模，也必定会损害官僚队伍的整体质量。同时，为了提高官员的施政水平，新政提出要改革选拔官员的方式，主要是改变科举考试的规则，让州县都设立学校，学生们必须在学校里学习一段时间后才能去参加考试。考试也不再只是考诗赋和背书，而是更看重考生的施政能力和个人品行。

最后，改革计划还要求朝廷在选择地方长官时必须非常严格和谨慎，由中书门下和枢密院认真挑选各路、州的军政长官，再由这些路级和州级长官去挑选各县的长官。选官的时候，必须优先选派那些得到多数人推荐的候选人。为了让清官能够把日子过下去，新政还重新规定了官员的待遇，按照他们的等级分配一定数量的田地，即所谓的"职田"。这能够从制度建设上防止官员们因为不能保障体面的生活而走上贪污腐败之路。

庆历新政想要减轻政府的财政压力，提高政府的办事效率，直接拿整个官僚体制开刀，而且刀刀见血，比后来的王安石变法厉害多了。庆历新政是压缩官员的利益和特权，以减少财政压力，提高执政能力；王安石变法则相反，是以变相增加官员利益和特权的方式来换取官僚集团支持变法。

王安石变法大部分的政策都是以提高宋朝政府的财政收入为导向的，他设计了青苗法、市易法，就是政府直接下场去商海里赚钱。而王安石提高政府效率的办法，则是多招人，比如设立"制置三司条例司"等非常设机构，选用一批新进的官员，以小官担重任，从而调动他们参与变法的积极性。同时，虽然王安石新法让老臣们靠边站了，但却以高薪厚职的闲差把老人们养了起来，旧官未少，新官又增，官僚队伍在王安石变法期间继续膨胀。庆历新政和王安石变法的具体措施两相比较，两者在立意上高下立见。

当然，像庆历新政这么生猛的改革注定阻力极大，滞碍重重，不但不会成功，甚至连像王安石变法那样的尝试机会都没有。庆历新政的计划刚一出台，立即遭到整个官僚集团的强烈反对。

官僚集团不敢公然反对庆历新政提出的那些积极正面的改革计划，所以只能开足舆论马力，造谣改革派是朋党，企图借着新政党同伐异。随后，朋党谣言成为新政最大的阻力，支持新政的欧阳修很快就感觉到仁宗已经受到谣言的影响。皇帝对新政，特别是对范仲淹、富弼等主持新政的大臣的政治信任开始动摇。

这时，担任谏官的欧阳修上书仁宗，指出新政计划出台后"中外喧然，既惊且喜"。这种状态就是谣言滋生的温床。而相关改革消息"朝报京师，暮传四海"，这意味着谣言一旦产生，也会跟着迅速传遍四方，天下人都盯着看新政究竟能不能推行下去。欧阳修提醒仁宗："陛下得失，在此一举，生民休戚，系此一时。"新政派官员认为，仁宗必须百分百地信任范仲淹等人，新政才能成功。

欧阳修说，新政敢于拿心存侥幸、因循守旧、姑息纵容这些官场积弊开刀，肯定会招来小人的怨恨和愤怒，不免会有各种流言兴起。奸邪之人也必定会时常对新政的改革措施诽谤阻挠，如果仁宗没有定力，听信他们的话，那么新政必败。

可惜的是，面对谣言四起的局面，仁宗并没有欧阳修期许的那种定力。更关键的是，谣言不但动摇了仁宗的信心，更把范仲淹、富弼等人置于火盆之上。谣言无论真假，对于被造谣的人来说，都是一种重创。被造谣者定力不够的话，自己就会未战先溃。定力的获得，需要身处谣言漩涡的人对自我价值有坚定的信念。被造谣者只有拥有足够的定力，才能在谣言的风暴中站稳脚跟，不被谣言左右或击垮。

庆历新政的最后失败，也是因为范仲淹和富弼最终扛不住谣言的巨大压力。不过让人意想不到的是，压垮庆历新政的最后一个也是最重量级的谣言，竟然是由改革派的一个"猪队友"石介（1005—1045）引爆的。

石介性情耿直，而且有些书生意气，缺乏官场生存的基本技巧——城府。庆历三年（1043）三月，当仁宗准备起用范仲淹、富弼等人主持新政，新政的"铁杆粉丝"石介就迫不及待地写诗庆贺了。

在题名为"庆历圣德诗"的诗中，石介一边大肆宣扬范仲淹、富弼的人品和能力，把他们比作圣王尧舜时的名臣夔和契，一边又暗中讥讽前不久刚刚被仁宗任命为枢密使的夏竦（985—1051）。当时谏官们听说夏竦的任命，连番上疏攻击夏竦是"大奸"，最后仁宗被迫搁置了这一任命。这时的夏竦因为不为朝中舆论所容，无法上任，正一肚子火呢。石介在《庆历圣德诗》中一拉一踩，不但坐实了舆论对新政派大臣的朋党谣传，还惹怒了身在外地、在庆历新政中隔岸观火的夏竦。

庆历新政期间的一众官员中，以夏竦的官场手腕最为高超。宋夏战争期间，他担任陕西四路经略安抚招讨使等职，坐镇永兴军（治今陕西西安），庆历新政的骨干范仲淹、韩琦都在他的手下担任副手。夏竦和范、韩二人因长期共事已生龃龉，经石介这么一搅，双方更水火难容。夏竦抓住石介平时说话孟浪的特点，开始设计编造针对新政骨干人物富弼的谣言。

据王称所著的《东都事略》记载，石介曾经在给富弼的信中，用行"伊周之事"来激励富弼，希望他能像上古时代的贤相伊尹和周公一样，为国为民干一番大事业。夏竦知道后，故意将"伊周之事"改为"伊霍之事"，然后到处散布。

伊尹和周公是舍己为公的贤臣，石介的这个用典本来没有什么问题。但传说中，伊尹为了教育不懂事的夏王太甲，将他放逐到桐宫，自己摄政，直到太甲明白自己的错误，痛改前非之后，才接他回宫，奉还大政。伊尹的行为放到皇权至上的宋代，已经有些不合适了。如果将"伊周"改成"伊霍"，则是大逆不道之言。

霍光是汉朝的权臣，曾经以昏庸、荒淫无道为由，废黜当了快一个月皇帝的刘贺。因此，行"伊霍之事"乃是暗示富弼废黜仁宗另立明君。不得不说，一字之改，就可以将新政的主将富弼打入地狱。夏竦的手段确实狠辣。石介惹谁不好，非要去惹夏竦！

为了使富弼等人阴谋废立的谣言更可信，夏竦还暗中训练自己的女婢模仿石介的笔迹，以石介的名义替富弼撰写了一篇废黜仁宗时需要用到的诏书。如此一来，废立之事看起来就有板有眼了。这个谣言最后传到了仁宗耳中，其破坏力绝对犹如原子弹。虽然史书上说仁宗不信，但这种事情，完全不信或者毫不在意是不可能的。

夏竦精心策划和制造的谣言，使新政派官员与仁宗之间有了嫌隙。直接被架在火上烤的富弼这下彻底崩不住了。富弼开始恐惧起来，不敢再坚持把新政搞下去了。

庆历四年（1044）八月，炎热的天气开始转凉，改革派官员对新政的热情也在谣言的不断打击下日渐淡薄。朝廷内暗流涌动，富弼这位新政的坚定主持者和拥护者，选择了远离纷争，主动请求外任，宣抚河北去了。他的离去，如同秋风将夏日的酷热一起带走那样，把新政的激情一并带走了。其实早在当年六月，因为朋党谣言的攻击，加上陕西前线战事吃紧，新政实际的主导人范仲淹已经选择了远离朝廷的漩涡，自请前往陕西前线督战。到了八月，庆历新政的主要领导者都因为扛不住谣言的攻击而放弃了在朝中的执政之位。随着骨干人员的离去，庆历新政也就此不了了之。

不过，有意思的是，庆历新政虽然结束了，但围绕庆历新政制造出来的谣言却没有随之结束。庆历新政失败后，石介这位曾为之摇旗呐喊的旗手，也被贬官外放到濮州当通判，但他这时突然得了急病，还没来得及赴任就在家里病死了。石介的死讯传出后，夏竦开始四处散布谣言。他声称石介是诈死，是富弼让石介金蝉脱壳故意制造的假象。他甚至造谣说富弼打算联合契丹举兵造反，故而让石介诈死，好脱身前去暗中跟契丹人联络。

这一谣言实在太过劲爆，立即震动朝野。仁宗听了居然认为，以石介的为人，这事还真有可能干得出来，于是派人去石介家里调查他到底死了没有。一时之间，朝廷上下异常纷扰，除了夏竦的死党以外，大部分大臣都担心一场前所未有的闹剧即将登场。仁宗为了查明石介是否真的已死，甚至打算派人开棺验尸。这种狗血剧情一旦上演，那整个宋朝不被人笑掉大牙才怪！

这场荒诞的闹剧，让群臣感到既愤怒又无奈，他们纷纷上书，力证石介已死。经过一场激烈的争辩，仁宗最终才相信石介已死，这场荒诞的闹剧才得以收场。

现在回过头来看，从庆历新政开始到石介诈死谣言结束的这段时间，宋廷仿佛成了一个群魔乱舞的戏台。庆历新政的开始不过是个"过场"，而后续的谣言故事才是这出大戏的高潮。这些谣言如同脱缰的野马，一旦放出便难以控制，而且花样百出，从朋党谣言到行"伊霍之事"谣言，再到石介诈死的谣言，越传越离谱，简直比庆历新政本身还要精彩。

　　事实上,随着宋代政治逐渐进入党争时代,谣言也渐渐成为仁宗朝政治的一大特色。在党争中,各方利益集团往往大行造谣之能事,流言蜚语堂而皇之地成为各派官员之间互相攻击的武器。仁宗朝的政治场域,仿佛成了一个没有硝烟的战场,而谣言就是这个战场上最犀利的武器。

　　各方为了维护自己的利益,编造各种谣言来攻击对手。这些谣言如同毒箭一般,让原本就复杂多变的政治局势变得更加扑朔迷离。而谣言的威力大到它不仅能在一定程度上影响朝廷的局势,甚至能决定整个王朝的命运。要是庆历新政成功了,北宋乃至整个宋朝最后的命运或许就会大不相同。

　　皇祐四年(1052)十二月甲午再乱谣言兴起的时候,庆历新政失败刚好快满十年。当年因为信谣而错失挽救大宋命运良机的仁宗君臣,又当如何应对这一新的来自谣言的挑战呢?

第四章

当乱未乱

皇祐四年（1052）十二月初六，宋仁宗与宰相庞籍经过一番推心置腹的长谈后，做出了关于益州（治今四川成都）地方长官的任命决定，以枢密直学士、给事中程戡为端明殿学士、知益州。

据程戡死后张方平为他所作的神道碑文记载，有一天仁宗以从容不迫的语调对庞籍说："当年孟知祥于甲午年攻取了蜀地，我朝咸平年间，又逢甲午年，这回有盗贼在益州发难，使得西部的大片国土陷入混乱之中，因此，蜀地的父老乡亲们对甲午年有着深刻的记忆。明年又将迎来甲午年了，朕听闻蜀地百姓为此感到恐惧不安，现在看来，朝廷确实需要精心挑选一位能够镇得住场面的重臣前往益州才行啊！"

说罢，仁宗沉吟片刻，用非常坚定的语气说："其实，无须另寻他人，朕看程戡就是最合适的人选。"然而，面对甲午再乱的谣言，仁宗实际上并没有那么从容淡定。

《续资治通鉴长编》在讲述这段历史时，补充了一些更有意思的情节。仁宗找来庞籍商量一番后，缓缓开口道："朕经过深思熟虑，决定选派一位能够担当重任的大臣，前往西南镇抚，处置甲午再乱谣言的危机。在朕心中，没有比程戡更合适的人选了。"

说罢，仁宗思虑片刻，然后颇为心虚地对庞籍说："朕打算等程戡从益州任满还朝之后，提拔他进入'二府'，以示朕对他

的回报和嘉奖。关于这个安排，你可以提前跟他讲一下，让他
知道朕的心意。"

没想到，一向圆滑的庞籍当即表示拒绝为仁宗私下递话。
他很严肃地对仁宗说："这种事情，陛下当面跟程戡讲是可以
的，但要臣私下去跟程戡说，臣不敢！"

所谓"二府"，即宋代的中书门下与枢密院，是国家的最高
政务机构和军务机构。中书门下的长官，往往以"同中书门下
平章事"结衔，即通常所说的宰相，副长官称参知政事。枢密
院的长官和副长官称枢密使、枢密副使，或称知枢密院事、同
知枢密院事、签书枢密院事等。副宰相参知政事和枢密院的正
副长官，即通常所说的"执政"。而宰相、参知政事加上枢密院
的正、副长官，在宋代又并称"宰执"，是整个朝廷权力中枢的
核心成员。

仁宗许诺让程戡进入"二府"，意味着他如果圆满地完成任
务，至少可以成为执政级的朝廷重臣。显然，庞籍觉得，仁宗
选择程戡去主政益州是英明的决定，在事后提拔程戡做参知政
事或者枢密使、枢密副使，都是没问题的。但让自己私下以封
官许愿的方式去激励程戡，给他传话说"你先好好干，回来之
后必有重赏"，庞籍认为这个做法欠妥。仁宗确实过于紧张，有
些病急乱投医了。

庞籍是大中祥符八年（1015）的进士，有意思的是，他入

仕之后的首次登场，是去黄州担任司理参军，而当时的黄州知州正是庆历新政期间依靠谣言搅弄风云的夏竦。宋代很多笔记小说里记载，夏竦在黄州与庞籍共事，对庞籍非常器重，赞许他有宰相之才，认为庞籍将来的成就会比自己大。夏竦曾经对庞籍开玩笑说："我将来也是宰相，但只是徒有虚名的使相，你才是要当真宰相的人。"

唐代常有以重臣任藩镇节度使并兼领宰相官衔"同中书门下平章事"的情况，一般称之为"使相"。宋代的节度使虽然已经是虚职，但政治地位高、经济待遇好，仍然是朝中重臣外任的超级加衔，而地位更高者，则可以兼"同中书门下平章事"，成为使相。使相虽然不在朝主政，却在名义上享受宰相的地位和待遇，这是一种极为崇重的政治荣誉。

此时的夏竦只是个知州，而且以他的谨慎性格，怕是不敢公然议论自己未来的政治地位。但他对庞籍的欣赏应该是在日常相处中溢于言表的，二人后来都成了宰执大臣，士大夫间编出类似的慧眼识珠的佳话，倒也正常。黄州共事之后，夏竦极力向朝廷推荐庞籍。任期结束之后，庞籍被调到京城，担任开封府兵曹参军。之后他一路高升，先后在中央做过刑部详覆官、群牧判官，在地方上当过秀州（治今浙江嘉兴）知州，之后又被召还中央，出任殿中侍御史。

明道二年（1033）三月，临朝听政十年的刘太后病逝，一个旧时代行将结束，但有人却不想太后政治这么快退场。刘太后死前，遗命尊杨氏为太后，指导仁宗处理军国政事。但此时仁宗成年已久，还要太后辅政，实在是有损皇权的威严，也不符合以儒家思想为指导的文官集团的一贯信念。朝中大臣们虽然不满，却又不敢公开提意见。这时庞籍站出来，公开建议相关部门立即将之前太后垂帘听政的礼仪制度等文件全部焚毁，以示朝廷不会再有太后听政的非常之事。

宋夏战争期间，庞籍坐镇陕西前线的延州，任鄜延都总管、经略安抚缘边招讨使，主持延州一线的战事，名将狄青早年就是隶属在他的麾下。庞籍在延州行事稳健，对形势的判断很有眼力，虽然没有大的胜利，但也没有像韩琦等人那样整出好水川之战这样的大败仗。庞籍和夏竦都是很有政治手腕的职业官僚，与主持庆历新政的那帮有些政治理想和情怀的士大夫不同。宋夏战争结束后，范仲淹、富弼、韩琦等人都相继回朝主政，庞籍仍然留在陕西前线，与庆历新政保持了一定的距离。

等范仲淹和富弼相继离开中央，庆历新政基本失败之后，庆历五年（1045）正月，仁宗将庞籍从延州召回朝廷任枢密副使。庞籍从此成为执政级重臣，此后一直在朝廷的权力中枢，并且一路高升。庆历八年（1048）五月，转任参知政事。皇祐元年（1049）八月，由参知政事升任枢密使。皇祐三年

（1051）十月，庞籍在枢密使任上，以户部侍郎同中书门下平章事、昭文馆大学士兼修国史，终于登上了位极人臣的宰相之位。

庆历新政失败以后，朋党成为大宋官场最大的政治禁忌。仁宗让庞籍去给程戡递话，并且私下以执政级高官相许，这是皇帝给臣子提供结党抱团的机会。仁宗此举显然欠考虑。庞籍是一个政治经验相当老到的人，当然不可能去做这种涉嫌结党的事情。

庞籍年轻时，其政治立场就是反对大臣之间结成朋党。据《续资治通鉴长编》记载，早在明道二年（1033）五月，庞籍还是个小官的时候，就曾给仁宗上书，提醒仁宗不能给朋党政治留下任何空间。他说："陛下每日亲自处理国家大事，正值用人之际，除了务必要明辨是非、区分正邪之外，还要防范朋党之争。在选任提拔身边近臣时，臣恳请陛下广泛采纳众人的意见，而非仅仅依赖执政大臣的推荐。"旗帜鲜明地反对朋党政治是庞籍能够在庆历新政失败后一路从枢密副使、枢密使，最后做到宰相的政治基础。

庞籍拒绝私下给程戡透露消息之后，仁宗召程戡前来当面跟他说出这个承诺，程戡听后一脸懵。程戡一再表示，自己不敢有这样非分的想法。

张方平在给程戡所写的神道碑文里说，仁宗决定派程戡去益州后，有一天在便殿召见了他，当面向他交代了此行前去需要有处理甲午再乱谣言的心理准备，并且跟他说："为朕再去一次，完事后召你回朝扛起执政大臣的重担。"程戡听后立即顿首说："臣子为君上做事，接到命令就该去做，没有退避的可能！臣岂敢把陛下给的厚爱和恩惠当成是办成事情所必需的动力呢！"

《续资治通鉴长编》里则说，仁宗当面给程戡封官许愿之后，程戡非常诚恳地表示："是臣表现不好，让陛下误会了。臣蒙受陛下的委任，怎么敢跟陛下要好处才去赴任呢！"

仁宗的许愿乃是赤裸裸的利诱之举，显然，面对甲午再乱的谣言，仁宗是真急了。仁宗这么做，一是担心程戡不愿去益州冒这个险，二是想通过不次擢拔来激励他成功履行镇抚西南的重任。

这么看来，仁宗对于一件尚未发生的事情的忧心程度，远远超过了太宗对于王小波、李顺之乱过后四川民不聊生的担忧。张咏当时面对的是大乱之后的紧张形势，太宗也只是许以便宜从事之权，并未作出任何封官许愿之举。那么，在谣言危机下，仁宗为什么会选中程戡？当时四川的官员群体素质如何？是否具备应对谣言和处理危机的基本素质呢？

建议养条狗

事情到了这个份上，程戡也只好前去益州闯一下了。故事讲到这里，不难发现一个被忽视已久的问题，那就是关于朝廷对甲午再乱谣言的应对，我们都在被宋人留下的各种史料牵着鼻子走。

宋代四川的重心在成都，所以无论是正史、笔记小说还是名臣文集中收录的当事人的行状碑铭，所有的史料对甲午再乱谣言的记载，都是从益州，也就是从成都的视角出发的。今天四川的重心也在成都，这就让我们在今天重新审视这段历史时，与宋人拥有天然的共鸣。

甲午再乱的谣言，核心内容是下一个甲午年（1054）将发生动乱，而这个动乱的爆发地不仅仅是成都，而是整个四川。从现有史料上看，仁宗似乎只对益州的人事安排特别关注，至于当时四川其他地方，则没有预先做出任何特殊的安排，甚至都没有表示过任何的关心，这似乎很不合常理。

益州作为北宋官方钦定的十四处大藩府之一，有镇抚西南的重任，宋人常说益州"封域有岳镇之重，刺史有方伯之尊"。事实上，由于宋代大力加强中央集权，极大地压缩了地方权力，宋代的知州无论权力还是地位都大为削弱。但益州知州仍有"佩印绶、操斧钺、班政教者，犹有古方伯之重"的地位，在甲午年（1054）年末来到益州任知州的张方平，深有体会地道出了益州知州位高权重的官场气派，"比守臣之弹治，习旧事之便宜，居然方面之雄，称为权寄之重"，故而仁宗把四川安定与否都押在益州地方长官是否得人上了。

然而，四川地域广大，在谣言汹汹的当口，朝廷对其他地方也不可能完全不予关照。如自唐代以来与西川成都有对应之势的东川节度使驻地梓州，也是四川的另一重镇，梓州知州的选任一向也很受重视。

据《续资治通鉴长编》记载，大中祥符九年（1016）十二月，刑部员外郎王文震从棣州被召回京城，朝廷大臣商议后决定让他去担任梓州知州。有人说王文震的资历和声望都太轻，不足以担此重任。真宗觉得有理，表态说："东川的梓州是大藩镇，应当选派政治经验丰富、德行深孚众望的人去坐镇才行。"于是，真宗下诏改命王文震为福建路提点刑狱，让大臣们重新考虑梓州知州的人选。这次关于王文震是否适任梓州知州的争论，充分显示了东川重镇梓州在北宋前期的重要地位。

仁宗君臣在紧锣密鼓地安排益州人事的时候，是不是真的完全忘记四川其他地方了呢？比如像梓州这样的重镇。事实可能并非如此。

仔细搜检史料的话，可以从一些蛛丝马迹中发现这段时间的一些特别的人事安排。据《宋会要辑稿》记载，皇祐四年

（1052）六月十一日"京东转运使、工部郎中宋禧直史馆、知梓州"。这个任命发生在程戡被仁宗选中出任益州知州去应对甲午再乱谣言的半年前。宋禧的这个任命好像平平无奇，但《续资治通鉴长编》至和元年（1054）十一月初一的一条记事，非常值得细品，"知梓州、吏部员外郎、集贤殿修撰何郯为天章阁待制，留再任"。这条记载显示，何郯是在至和元年十一月接到继续留任梓州知州的命令的，这意味着他在梓州已经干满一任了。

按宋代知州一般以两年为一任的惯例，何郯很有可能是在皇祐四年年底，至迟在皇祐五年年初，接替宋禧成为梓州知州的。这是一个相当反常的安排，因为此时宋禧才刚上任不久，连一半的任期都不满。按照宋代地方长官的任期制度，出现这种半途被调离的情况，最大的可能就是当地出现了原任知州无法处理的突发事件，或者朝野舆论认为原任知州的执政能力不足。

这种情况最典型的例子，就发生在不久前的庆历四年（1044）。是年春天，益州知州杨日严任满还朝，朝廷群臣在商议新任益州知州人选时发生激烈的争论。宰相晏殊力主让蒋堂出任益州知州，而参知政事王举正则认为蒋堂的水平不如明镐。二人争论了数日，最后晏殊一方胜出，朝廷任命了蒋堂为益州知州。但蒋堂去益州上任后不到一年，十二月十七日，就

被仁宗下诏调离成都，改到河中府（治今山西永济）当知府去
了。蒋堂任期未满就被调离，走的时候相当狼狈。

据《续资治通鉴长编》记载，蒋堂到益州上任时，正值
朝廷下诏要在全国创办学校、大兴办学之风的时候。当时益州
城中，历史上最古老的地方官学——汉代的文翁石室，尚存于
孔庙之中。蒋堂扩建孔庙的房屋建筑作为学宫，选拔下属官员
来教授学生，这一大力兴学之举，得到益州士人的一致称颂。
但因为杨日严之前在益州干得不错，在士人和老百姓那里留下
很好的名声，大家经常赞许这个前任，惹得蒋堂这个现任很是
不爽。

于是，蒋堂故意减少游乐和宴会的次数，削减日常文娱
活动中的餐饮开支，在施政上一味推崇所谓的宽松政策，一反
当初杨日严在成都的施政方针。蒋堂企图通过这样的方式树立
起自己的权威，但他一边以节约经费为由，减少益州的娱乐活
动，一边又大搞形象工程，浪费钱财，引起了舆论的不满。

蒋堂到任后就开始着手建造铜壶阁，工程规模极其宏大。
浪费钱也就算了，他搞这么大的工程，竟然事先没有准备足够
的建筑材料。工程进行到一半的时候，才发现木料不够。这
时，蒋堂竟然派人去砍伐刘备惠陵和江渎祠的树木，甚至还去
毁坏后土祠和刘禅祠。

刘备的陵墓、江神的庙宇、刘禅的祠堂，自古以来都是

四川人民最看重的物质文化遗产和精神象征，蒋堂这么干，立即人心尽失。各种不利于安定团结的话四处流传，四川百姓把这个账算到了朝廷头上，对官府的不满与日俱增。这时人心动荡，社会秩序大坏，诉讼案件也越来越多。没过多久，蒋堂的一个桃色大丑闻又被爆出。人们纷纷传言说，蒋堂将一个官妓长期据为己有。这下舆论大哗，蒋堂"人设"彻底崩塌，成为人人耻笑的对象。

杨日严当时正在朝中为官，趁进见仁宗的机会，从容地谈论治理远方的为政理念应当以安抚为主，不应随便变乱旧章，惹是生非，实际上就是"阴阳"蒋堂当时在成都标新立异、乱搞一通的做法。仁宗知道这个情况后，觉得必须及时安抚益州百姓，于是不等任期结束就急忙把蒋堂调往河中府当知府去了。

从蒋堂任期不满就被中途调离的例子来看，宋禧在皇祐四年（1052）六月被任命为梓州知州，却不到半年就被何郯替代，他的离任一定与当年年底突然兴起的甲午再乱谣言有关。

宋禧在宋代根本不算什么重要人物，《宋史》都没给他立传，但有意思的是，在宋代的士林中间，他却非常知名。不过他的高光时刻，却是一个笑话，而且这个笑话传到了海外，连国际友人也知道了他的趣闻。

朝鲜王朝时代的经学家禹汝楙（1591—1657）在其所著的

《洪范羽翼》中专门记录了历史上的一些"异狗"，其中就有"庆历之狗"，讲的就是宋禧的趣事。

庆历八年（1048）闰正月二十二日深夜，皇帝处理日常政务的崇政殿的四位亲从官——颜秀、郭逵、王胜、孙利突然作乱。他们杀了军校，抢劫兵器，登上延和殿的屋顶，闯入内宫，焚烧了宫殿中的帘幕，还砍伤了宫中侍女的胳膊。其中三人当场被宿卫兵杀死，只有王胜逃走，藏匿在宫城北楼，经过了一段时间的搜捕后才被抓住。然而，抓捕的人抓到王胜后竟将他乱刀砍死。

这简直是在杀人灭口！最终，这次离奇的宫变就此不了了之，没有人知道这四个人为什么突然在宫中"暴走"，也没有人知道他们到底有什么阴谋。

宫变发生后，围绕如何处理这个案子，仁宗与曹皇后、宠妃以及外朝的宰相和大臣们发生了许多争论，其中很多的曲折和隐情，大部分都已经被掩盖了。但是这一发生在宫闱之内的刀光剑影事件，让所有人回想起来都心惊不已。这是十足的惊悚片！

宋禧在这个案件中，是以喜剧的方式登场的。宋禧当时担任侍御史，奉命在宫廷宦官的总管机构内侍省负责审讯涉案的宫廷侍卫。史料显示，宋禧跟宦官的关系似乎有些不清不楚，他在内侍省盘问了涉案的侍卫多日，仍然未能彻底查明庆历八年闰正月二十二日当晚宫变背后的真正主谋。案件审理结束后，宦官们让宋禧写了一份牒文，声称不会泄露任何涉案信息，宋禧竟然答应了。对于这种朝廷内外都十分关心的重大案情，宋禧以保护宫闱秘闻不会外泄为由，拒绝透露信息，并且居然和宦官们站在一起，其政治立场立即遭到士大夫群体的诟病。

更离谱的是，宋禧事后总结反思如何杜绝宫变案再度发生时，给仁宗的建议竟然是在皇宫大内各处设置防火烛充当警示牌，并砍伐宫殿建筑檐下的粗大树木，防止贼人躲藏。更绝的是，他觉得为防止这样的事情再次发生，皇宫里可以养几条狗。据《续资治通鉴长编》记载，他建议仁宗在宫中饲养罗江犬以防备刺客。

活跃于北宋后期的魏泰在其所著的笔记小说《东轩笔录》中描绘了更为详尽的细节。书中记载，宋禧在给仁宗的奏疏中说："宫变的发生，大概是平日宫中防备不严导致的祸患。臣听说四川绵州下辖的罗江县有一种很特别的狗，号为'罗江狗'，体色通红，尾巴短小，警觉性非常强。臣建议陛下在皇宫大内饲养几条，在紧急情况下可以起到警戒作用。"此疏一出，朝野大哗，一时传为笑谈，宋禧也得了一个外号，叫"宋罗江"。

开封府判官曹颖叔弹劾宋禧奉旨查案有辱使命，要求调查他的违法乱纪行为。可是，仁宗对弹劾不予理会，还在庆历八年二月二十七日下诏，提拔宋禧为兵部员外郎、同知谏院。显然，仁宗对宋禧淡化处理这场宫变的做法是相当满意的。事实上，宋禧在审讯过程中与宦官有商有量，事后又守口如瓶，应该是得到仁宗的授意，或者是体会到仁宗的圣意才有意为之。

宫变发生后，时任枢密使的夏竦请求仁宗派御史与宦官一起在宫内成立专案组，并且强调此案应该淡化处理，要大事化小。这一看似和稀泥的做法，竟然大得仁宗的赞赏，虽然在场的参知政事丁度（990—1053）强烈反对，甚至放出了"宿卫有变，事关社稷，此而可忍，孰不可忍"的狠话，仁宗也不为所动，坚持要求按夏竦的提议办理此案。

由此看来，宋禧就是夏竦属意的办理此案的人选。而宋禧在办案过程中与宦官合作，并在审讯结束后拒绝向外界透露案情，显然是深刻地领会到了领导的意图。他的后台是枢密使夏竦，甚至就是仁宗本人。这也就是为什么宋禧闹出了罗江狗这种笑话，被满朝大臣嘲笑，遭到弹劾，不但没有被处罚，反而可以升官的原因。

宋禧建议养条狗，实际上是以作践自己的方式为仁宗解围。宫变发生后，仁宗明显不想深究，也不愿深究，态度蹊跷。从现存的宋代各种官私史料中看，仁宗的态度就是如此奇怪。

宋禧在关键时候不跟士大夫群体站在一起，一味逢迎上意，这对于自己的政治声誉是毁灭性的打击，但他也成功地替仁宗吸引了火力。此后的一段时间里，朝中舆论开足火力攻击他。仁宗是一个很在乎自己形象的人，那帮他挡枪的人就只能继续"背锅"了。

朝臣们一再上疏弹劾，庆历八年五月十八日，仁宗终于下诏免去宋禧的知谏院职务，外任江南东路转运使，四天之后，也就是五月二十二日，又下诏改任宋禧为荆湖北路转运使。又两天之后，五月二十四日，枢密使夏竦也被罢政外放，出镇河南府。

据说，在台谏官们接二连三的弹劾下，仁宗对夏竦的态度突然发生了一百八十度的大转弯。

这一天京城中发生了五次地震，天空中也没有一丝云彩。这怪异的情形叫仁宗越想越害怕，以为是上天在向他示警，便叫翰林学士过来草诏，要罢免夏竦。不一会儿，翰林学士张方平来到便殿，仁宗对他说："夏竦奸邪，导致出现如此异变，你赶快起草诏书把他赶出朝廷吧。"

俗话说，不做亏心事，不怕鬼敲门。看来，在处理宫变这件事情上，仁宗肯定是做了"亏心事"的，所以异象出现时，他是真被吓到了。皇帝亲口说大臣"奸邪"，这就是在政治上宣判了这个人的死刑！仁宗这种做法，连一向跟夏竦不对付的张方平都看不下去了。他问仁宗，自己应该怎么写夏竦被罢政的理由。仁宗这才醒悟过来，表示收回刚才的话，以不想让夏竦太过操劳为由，将他罢政外放。

仁宗当初在舆论的压力下将宋禧赶出朝廷，朝臣们很是愤愤不平，他们认为宋禧胡作非为，竟仍能以高薪厚职外放，是仁宗在袒护他。宋禧在外做了几任转运使后，皇祐四年（1052）六月，被任命为梓州知州。可以肯定的是，这时甲午再乱的谣言应该还没有兴起。

接替宋禧的何郯是四川人，原籍陵州，后移居成都，实际算是成都人。他在景祐元年（1034）考中进士，之后在朝中担任台谏官多年，历任监察御史、殿中侍御史，在庆历年间以敢言直谏著称。何郯与宋禧，分属泾渭分明的两大阵营。

庆历五年（1045），担任御史的何郯力证石介诈死之说不可信，并直言夏竦就是奸臣。庆历八年（1048）年初宫变案发生后，何郯不点名地批评宋禧说："宫变发生后，有的人不好好把案情审理清楚，却认为只要加强内廷安保就行了。陛下听信了他们的话，在宫中砍伐树木，拆除屋舍，修补宫墙，增设关卡，这是故意把陛下往错误的方向上带啊！这件事哪里是什么安保的问题？"

之后的几个月里，何郯更是不遗余力地攻击夏竦人品低劣，行为可耻。何郯在奏疏中直接点名夏竦，说"其性邪、其欲侈，其学非而博，其行伪而坚，有纤人善柔之质，无大臣鲠直之望"。何郯认为，宫变案发生后，夏竦玩弄心机，包庇贼党，是人人得而诛之的"奸邪"。在夏竦罢政外放这件事情上，何郯发挥了首要作用。

何郯不畏强权和敢言直谏的作风，仁宗是鼓励和欣赏的，因此在庆历年间，何郯也成为中央监察机构中最活跃的御史之一。随后发生的几件事情表明，何郯在仁宗心中分量十足。

何郯曾多次向仁宗表示，父母年老，想回成都探亲。庆历八年（1048）十二月二十四日，何郯得到一个回四川出差的机会，奉命担任"利州路体量安抚使"。事实上，作为四川人，去四川做巡视工作，本身就是一种荣誉。利州路的治所虽然在兴元府，但下属的剑州、阆州等地已在四川盆地腹地，离成都不远了。仁宗答应何郯，他去利州路公干的时候，可以找时间回趟家看看父母，显示出对臣子的体贴。不过，何郯这回担任利州路体量安抚使，《续资治通鉴长编》中说"不知体量何事"，看来在正式的文件中，没有写明他此行的任务是什么。

事实上，有小道消息显示，何郯当时圣眷正隆，深得仁宗信任，经常有机会参与仁宗交代的一些秘密任务。《邵氏闻见录》中讲了一个很离奇的故事，说庆历年间文彦博在成都做知府的时候（实际上做的是知州，当时成都还是益州，尚未升府），还不到四十岁，少年得志，但不够稳重。成都盛行娱乐之风，文彦博就被带坏了，他经常举办宴会，聚集一群人吃吃喝喝。这就传出了他有所密谋的谣言，连仁宗都知道了。

仁宗果然是一个没有什么定力的人，他听到这些关于文彦博的谣言后，开始担心起来。这时正好何郯来倾诉对父母的思念之情，打算请假回一趟家。仁宗当即同意，并私下交代何郯，让他趁机暗中调查一下文彦博，看看传闻所说之事是否属实。

没想到的是，何郯这一去，就被文彦博带进了花丛中。何郯到四川后，和成都的一个官妓整了一出才子佳人的狗血剧，还跟文彦博成了酒肉朋友，天天喝得烂醉如泥。何郯还朝之后，给文彦博说了不少好话，成功地化解了仁宗对文彦博的信任危机。这个故事看起来相当传奇，难免让人怀疑其真实性。但检核别的史料，发现很多关键细节竟然完全对得上（也有一些小细节对不上，比如文彦博这时刚过四十岁，不是不满四十岁，但在官场中仍属难得的少年得志了），不像是编出来的。

首先，文彦博确实在庆历年间做过益州知州，跟何郯做御史的时间完全吻合。庆历四年（1044）十二月，文彦博被仁宗从秦州调往四川，接替蒋堂任益州知州。其次，庆历七年（1047）正月，有人正好在奏疏中提到，那段时间因为何郯告假回家，朝中御史的工作有点缺人手。因此，《邵氏闻见录》中所说的何郯因为请假回家探亲，被仁宗暗中派去调查文彦博，就和史料完全对上了。再次，何郯回朝后不久，庆历七年三月，文彦博被仁宗召回京城，出任参知政事，进入王朝权力的核心圈，从此平步青云。次年（1048）闰正月，就在庆历宫变发生的前几天，文彦博因带兵平定贝州王则之乱之功，由参知政事加行礼部侍郎、同中书门下平章事兼集贤殿大学士，成功登上了宰相之位。

在庆历末年调查文彦博的谣言事件中，何郯可算是"天选之子"，他不但获得了仁宗的信任，更是成功站到了未来宰相的队伍里，在皇帝和宰相那里都成了很有分量的人。

皇祐二年（1050）八月，已经在京城当了将近十年御史的何郯向仁宗表示，自己离家多年，现在母亲年纪大了，亟需他回去养老送终，请求仁宗允许他辞官还乡。仁宗竟然打破了多年来不允许四川人在原籍所在路任职的禁令，授予他"吏部员外郎、直龙图阁、知汉州"的职位。汉州不但与益州同属一路，而且离成都很近，足见仁宗对何郯的照顾。两年后，当甲午再乱谣言兴起的时候，在汉州任知州的何郯，自然成为仁宗心目中应付即将到来的四川乱局的不二人选。

何郯在皇祐二年年底到三年年初到任之后，史籍上暂时就没有了关于他的故事。梓州没有因为甲午再乱的谣言而发生任何动乱或事变，所以无事可记。史籍中再次出现何郯的名字，已是甲午年行将结束的时候了。

至和元年（1054）十一月，何郯接到朝廷通知，让他任满之后再干一届梓州知州。可见，仁宗认为何郯在这个任期干得很不错，而且甲午再乱的谣言危机还没有完全解除，于是让他继续留任一届。在这期间，何郯的贴职已经由直龙图阁升为集贤殿修撰，又晋级为龙图阁待制，实现了三级跳，可见他在梓州的政绩得到了朝廷的充分肯定。

通过现有的史料我们可以发现，仁宗在甲午再乱谣言兴起之后，差不多提前了一年多进行人事布局，以应对可能出现的变乱局面。其中西川的重镇益州和东川的重镇梓州，是仁宗最为关注的两个地方。特别是益州，比梓州的地位更高，牵涉更大，在谣言危机爆发后，仁宗和宰相们商量解决谣言危机的重点也是放在益州知州的人选上。

宋代前期地方长官的任命有两种方式，一种是"堂除"，即由政事堂直接任命，其对象主要是级别比较高的官员；另外一种是非堂除的形式，即由主管组织人事考察和任命的相关部门负责，其对象主要是一些级别比较低的官员。在神宗元丰改革以前，这件事情主要由审官院负责。

益州在宋初为成都府，太宗淳化五年（994），因爆发王小波、李顺起义而被降格为益州，直到嘉祐四年（1059）才恢复成都府建制。虽然淳化五年以后成都的行政级别由"府"下降为"州"，但成都的地位摆在那里，改个名称不会有太大的影响，它仍然是西南重镇，号为大藩府。神宗时确定地方官的职田待遇，有一份诏书中列出全国的大藩府十四处，分别是：东京开封府、西京洛阳府、南京应天府、京兆府（治今陕西西安）、成都府、太原府、荆南府（治今湖北荆州）、江宁府（治今江苏南京）、延州（治今陕西延安）、秦州（治今甘肃天水）、扬州、杭州、潭州（治今湖南长沙）、广州。

宋人提起益州，每每会说："维益部一都之会，据坤隅千里之疆。"这句话突出了益州作为西南地区政治、军事、经济中心的地位。"一都之会"意味着无论是文化、商业还是政治，益州都是无可置疑的中心。"坤隅"是西南方向的代称，"千里之疆"则强调了其地域的辽阔。"据坤隅千里之疆"，彰显了益州军事地理上的重要性。

此外，"蜀控西面，益为大藩"的说法在当时也非常流行，这句话点明了蜀地是朝廷掌控西部地区的主要支柱，益州是西南地区的门户和屏障。另外，提到益州，还有"庸殿一都之会，专钤两道之兵"的说法，直接点出了益州在军事上的重要地位。总之，当时关于益州的一些说法，体现出对其地理位置、政治地位及军事重要性的高度认可。

当然，益州更是四川人心目中独一无二的存在，"成都省"这个"梗"并不是现在才有的。何郯曾赋诗盛赞益州，他说："益为藩捍西南隅，物众地大称名都。"这两句诗不仅赞美了益州是西南地区最重要的政治军事屏障，还宣扬了它物产丰富、地域广大的特点，并强调了它作为全国性知名大都会的声誉。

当时，隐居青城山的著名诗人张俞也常常对家乡益州的官员们讲："蜀地大人众，统兵治民，控制戎夷，跨带万里。天下之陆海，国家之外府。"今天人们常常开玩笑说，成都就是四川，四川就是成都。但在张俞的口中，蜀地就是益州，益州就是蜀地，却是一本正经的话。

益州地方当局不仅要负责治理本地民众，还要统帅驻蜀禁军，控驭边疆少数民族部落，维护国家的领土完整与边疆安全。而且益州还以其强劲的经济实力，成为当时朝廷财政收入的重要支柱。

由于益州的地位举足轻重，来益州当知州的人一般都带有较高级别的"官"与"职"，多数以右谏议大夫的"本官"或枢密直学士的"贴职"来到益州主持大局。皇祐四年（1052）十二月之前，北宋的三十六任益州知州中，有十一任官拜右谏议大夫，十三任职带枢密直学士。

宋代官制是让现代人非常头疼的一套叠床架屋的复式组合系统，学名叫作"官职差遣制度"。"官"在宋代通常是指官员的品级和俸禄标准，通常称为"本官"。本官的官名，往往来源于唐代的职事官名称，如六部的尚书、侍郎等，但这些部门早已虚化，没有实际的活儿可干。比如吏部尚书并不管吏部的事，也不负责组织人事工作。本官代表着官员的身份和地位，官员级别的变动往往是通过调整其本官的品级来实现的。

"职"是指官员所兼任的贴职，如馆阁学士之类。这些职名往往象征着官员的学术文化水平，是士大夫的一种荣誉。贴职并不直接涉及具体的职能事权，而是更多地体现了朝廷对官员学识和能力的认可。简单来说，本官与贴职实际上都是比较虚的东西，虽然也有含权量，但与官员实际的职务和权力关系不大。

真正决定一个官员的实际职务和权力大小的是差遣。这是宋代官制中最为关键的部分，也是整个中国历史上最特殊的官制形态。差遣才是官员实际担任的具体职务。这些差遣职务通常与实际的政务处理、地方治理或军事指挥等事权直接相关。

理解了宋代的官职差遣制度，我们再来看益州知州的任职资格就好懂了。担任益州知州的最低本官是右谏议大夫，官品为正四品，这是宋代官员担任高级职位的一个门槛级官位。按当时的惯例，担任同知枢密院事、知枢密院事、参知政事这些差遣的本官最低要求就是左、右谏议大夫。如果要提拔某人为执政，而他的本官又没有达到的话，皇帝一定会下旨，把他的本官提升到左、右谏议大夫及以上。

而出任益州知州的最低贴职要求是枢密直学士。枢密直学士这一职名的历史可以追溯到五代的后唐。当时从群臣中选择精于政术文学的人充任枢密直学士，随时为皇帝的决策提供咨询服务，因此也有机会参与军国大事。宋初太祖的亲信赵普，在宋朝刚开国的那段时间，因为官场资历不够，就曾用枢密直学士的身份暂时过渡。后来，枢密直学士逐渐变成文官的一种荣誉加衔，没有具体的职责了。

宋代最受好评的益州知州张詠曾经自豪地说，他以工部侍郎的本官和枢密直学士的贴职出任益州知州，是"况列卿带职之资，属为郡揔戎之美"。拥有"列卿"级的本官，兼以象征特殊荣誉的职名，放到官场中，这是一个相当值得炫耀的资历。

益州知州不仅负责治理地方，还肩负着统领驻蜀禁军、维护边疆安全的重任，非一般普通地方的知州所能比。所以益州知州的人选，按理说，由宰相们商量好再向皇帝建议即可，但在这次甲午再乱谣言的危急时刻，却是仁宗亲自与宰相庞籍商量，足见重视。而皇祐四年（1052）十二月初六正式任命程戡时，将他的贴职从枢密直学士提升为端明殿学士，就更显示出朝廷的郑重态度了。

一般来说，端明殿学士乃是宋代待文学之士的殊荣，是仅次于给执政级官员卸任后所加的资政殿学士、观文殿学士的又一重要职名，其地位也是相当尊崇的。

但端明殿学士在宋代的情况比较复杂。五代后唐明宗李嗣源因为不识字，无法直接阅看大臣们的奏疏，于是相关文件只能由枢密使安重诲读给他听，明宗听后再口授处理意见。但安重诲的文化水平也不高，碰到一些舞文弄墨的奏疏，他也是一头雾水，弄不懂在说什么。天成元年（926），有人提议仿照唐代为皇帝设立"侍读"的先例，创设一个专门为皇帝处理文书政令、提供文字上的辅助工作的职位，由于当时宫中的端明殿是皇帝宴见儒臣的地方，于是新创设的这个职位就叫端明殿学士。这个职位相当于皇帝的专职文秘，由当时的翰林学士冯道等人充任，含权量超高。本来规定端明殿学士地位在翰林学士之下，结果没多久，到天成二年（927），就明令规定其地位在翰林学士之上了，并且规定，端明殿学士只能在翰林学士中选拔，可见其地位越来越高。

北宋建立后，沿用了端明殿学士的名称，但其作为皇帝专职文秘的职权逐渐虚化，从实质上的"差遣"，变成了高级文臣的"贴职"。太平兴国五年（980），宋太宗将端明殿学士改名为文明殿学士，端明殿学士这一职名不再给任何官员使用。直到明道二年（1033），仁宗又恢复端明殿学士的职名。

宋神宗以后，端明殿学士成为执政级高官去职后所享的荣誉职名，南宋以后，更是成为枢密院中资历较低的副长官"签书枢密院事"的必带职名。不过，皇祐四年十二月仁宗提拔程戡为端明殿学士的时候，这一职名的含金量还没有后来那么高，但也比程戡之前的枢密直学士地位要高得多，足见仁宗对他的优待。

其实，如果要比权位大小的话，北宋的第一任成都知府应该是整个北宋成都地方长官中无与伦比的存在。乾德三年（965）二月，后蜀政权刚刚覆亡，太祖即下诏任命时任参知政事的吕余庆权知成都府。吕余庆以现任副宰相的身份出任成都知府，纯粹是因为宋朝刚刚拿下四川，局势不稳，需要重臣前来稳定局面。吕余庆不但是副宰相，还是太祖的心腹旧僚，派他来四川，才镇得住刚刚灭掉后蜀的那帮骄兵悍将。

宋代前期，因为四川经常出现各种危机局面，益州知州或成都知府的任命，偶尔也会有皇帝出面干预的情况。比如淳化五年（994）九月，因为王小波、李顺起义迟迟不能平定，太宗想到工部尚书辛仲甫向来以仁爱、诚信著称，打算让他带病前往成都主持工作。这时，正好辛仲甫病情加重，无法成行。辛仲甫也上书请求告老还乡，太宗只得授予他太子少保的头衔退休。

这时，太宗想起先前参知政事苏易简曾推荐枢密直学士、虞部郎中张咏，说他是个难得的地方治理人才，可以让他去解决四川的难题，于是下诏让张咏出任益州知州。张咏临行前，太宗召见了他，表示要把稳定四川的重任交给他。太宗对张咏说："四川遭遇大乱之后民不聊生，你去了以后，可以行使'便宜行事'的特权。"这一谈话后来又以诏令的形式正式发布，"西川经贼后，民颇伤残，不聊生。卿去到后，可便宜行事"。

这个便宜行事的特权，在宋代是只有成都地方长官才拥有的极为特殊和重大的权力。所谓便宜行事，是说成都地方长官可以在认为有必要的时候，在皇帝的诏令和朝廷的条例之外，自行决定什么事可以做，什么事不用做。一般来说，益州知州在拥有便宜行事之权后，大事还是需要向朝廷汇报、听候中央决断的，小事则可以根据实际情况先行处置再上报朝廷备案，即所谓的"先行后奏"。

当然，地方官有先行后奏的权力，也就意味着他们在地方上拥有了生杀予夺的大权。直到皇祐二年（1050），益州知州都可以在境内任意抓人、关人、杀人，以至舆论感叹，朝廷在特殊时期授予益州地方长官随机应变的权力，被许多官员滥用以树立威名，所谓"益州自李顺、王均再乱，人心易摇，守臣得便宜从事，多擅杀以为威"。

益州知州（成都知府）获得的这种便宜行事特权，后来并没有因为王小波、李顺起义的平定和张咏的离去而结束，而是长期延续下去了。成都地方长官的这个便宜行事之权，权力之大，持续时间之长，在宋代可谓独一无二。

宋代在某些特殊时期，为了快速稳定局势，会给一些地方官短期的或临时的便宜行事之权，但一般随着紧急状态的结束或者官员的调离，这种便宜行事之权也就自动废止。可是成都地方长官的便宜行事之权，却没有特定时间和特别人事的限制，得以长期保留下来。前文提到的蜀人何郯曾经为益州州学的圣训堂写过一首诗，感叹成都地方官的权力之大。他在诗中说："益为藩捍西南隅，物众地大称名都。择守来颁兹土政，治人颇与他邦殊。差跌一有庚条教，便宜皆得行黥诛。"

熙宁三年（1070），龙图阁直学士吴中复出任成都知府，蜀人文同为他送行，也写诗强调过成都知府的便宜行事之权。他在诗里慨叹说："国初已来治蜀者，处置尽自乖崖公。当时奏使便宜敕，不与天下州府同。"尽管朝廷刚刚在前一年，才正式发文取消了成都地方长官的便宜行事之权，但这个持续了将近八十年的特殊权力，已成为时人特别是四川人挥之不去的记忆。

便宜行事，使得成都地方长官的权力体验感大大提升，自然也会滋生一些负面问题。熙宁二年（1069）取消这一特权的理由就是，成都地方长官行使便宜之权一直比较随意，有很多案件的处理结果都是不恰当的。甚至有的年龄不到十五岁、犯下的罪行极其轻微的罪犯，会先被刺字，定罪发配，等到他们长大后再送到流放的地方。这纯粹是一种恶政，不值得保留。

除了太祖、太宗干预过益州知州的任命以外，真宗也曾经亲自考虑过益州知州的人选。

咸平六年（1003）四月，益州知州空缺，宰相们聚集在一起议论新任知州的人选，都觉得一时之间找不出合适的人。这时，真宗想到正在永兴军任职的张詠，之前在益州时，他"为

政明肃，勤于安集"，于是决定让他再次前去益州当知州，这才
促成了张咏第二次主政益州。真宗之所以亲自出面安排，是因
为张咏前不久才从益州离任，这么短的时间内让他再去益州，
似乎有点不近人情。

这个情况跟皇祐四年（1052）十二月初六日程戡的任命非
常相似，因为程戡也是刚在庆历七年（1047）左右才被派去益
州当过一任知州。按理说，仁宗不应该在这个时候又让程戡去
益州任职。不过，像这种特殊情况，皇帝都会亲自出面安抚相
关的大臣。

比如景德三年（1006），宰相们商量之后，一致认为任中正
是最合适的益州知州人选，但大家考虑到任中正之前已经在梓
州当过一任知州，又刚刚从契丹出使回来，现在又要他入蜀任
职，如此东西南北地千里来回，实在是一件很辛苦的事情，怕
他嫌益州路远，不愿意去。真宗知道后，让宰相们把任中正叫
来，亲自征求他的意见。任中正当即表态愿意去，并斩钉截铁
地说："益州是很重要的地方，国家需要我去效力，那是我的荣
幸，岂敢不竭尽所能以报朝廷的厚意。"

真宗听后，非常满意他这种一心为国的干劲儿，立即下诏
擢拜任中正为枢密直学士、工部郎中、知益州。

跟皇祐四年（1052）十二月初六日程戡的任命情况最相似
的，是天圣八年（1030）十月二十三日韩亿的益州知州任命。

前文已经讲过，当时观测天象的人说，益州将会有灾祸出现，不仅会发生饥荒，还可能会有兵变。这个谣言到处疯传，仁宗和太后为此忧心忡忡，于是让宰相们推选可以镇抚四川的人才，最后大家都认为韩亿是最合适的人选。

临行前，仁宗找韩亿谈话，把四川可能会有大乱的谣言跟韩亿交底。韩亿听后叩头说："陛下把镇守一方的重任交给我，我虽然不才，但一定会不辱使命，请陛下不要为四川的安危担忧。"

据《宋史》本传记载，韩亿到益州后，四川真的发生了大旱灾，造成当年粮食歉收。本来按当时的惯例，益州当局可以每年拿出储备粮六万石出来"振粜贫民"。韩亿发现这次灾情严重，决定破例将救济粮的数量加倍，不等朝廷批复，就将粮食发放给了灾民。同时，他还趁这个机会招募人手疏浚九升江口，增加了数千顷的民田灌溉面积。

两年后韩亿任期已满，仁宗和临朝听政的刘太后都认为，谣传中的四川将有饥荒真的成了现实，但最后没有发生兵乱，是因为韩亿成功安抚了人心，得到当地军民拥护。四川在灾年得以保持稳定，韩亿功不可没。

张方平在给韩亿写的墓志铭里说，仁宗和刘太后听说韩亿在四川安抚民心，干得非常漂亮，于是召他回朝升任参知政事。这时，有一位宰相却趁机使坏，不愿让韩亿升官，便假装体贴地向皇上禀告说："益州地处偏远，需要等到有人接替韩亿后，他才能回朝。"因此，仁宗暂缓了对韩亿的任命。趁着这个空当，宰相援引自己的亲信替补了参知政事的位子。等韩亿回朝之后，已经没有执政的职位给他了。不久之后，仁宗改任韩亿为御史台的长官——御史中丞。

这件事情发生在景祐元年（1034）前后，当时的宰相是吕夷简和李迪，从行事风格来看，张方平所说的这个玩弄权术、挤掉韩亿执政之位的宰相，可能就是吕夷简。韩亿虽然未能成功升任参知政事，但这件事情表明，在仁宗看来，去益州解决谣传中的乱局之后，是完全有资格被提拔为执政级高官的。当然，以韩亿的水平，成为执政也是早晚的事。在御史中丞任上不满一年，景祐二年（1035）二月，韩亿就升任同知枢密院事，并在景祐四年（1037）四月从同知枢密院事晋升为参知政事。真正的人才是压制不住的。

这样看来，仁宗在皇祐四年（1052）十二月选择程戡前去益州应对谣传中来年的大乱时，决定许诺程戡将来回朝之后可以进入"二府"、位列执政，其实是有先例可循的。从益州知州转升参知政事，并不算出格之举，这也是为什么庞籍会说"陛下让臣去讲不合适，但陛下自己去讲是可以的"这样的话了。庞籍并不反对仁宗的这个安排，他只是反对仁宗这一操作方式。

　　然而，实际情况远没有这么简单。在唐代，西川节度使常常出将入相，唐宪宗初年任西川节度使的高崇文就说过，"西川乃宰相回翔之地"，宋人诗中也有"西南每往临藩屏，前后多归入庙堂"之语，加上天圣十年（1032）前后韩亿任满还朝时太后和皇帝都打算让他进入"二府"担任执政的先例，从成都回朝成为执政级高官看似并没有多特殊。但如果仔细考察程戡之前近九十年的益州知州迁转情况的话，就能够看出，为官益州早已今非昔比。非但益州不像唐代那样是宰相回翔之地，就算是某些宋人诗文中认为的这是进"二府"、入庙堂的门径的想法也并非是准确的事实。

　　自乾德三年（965）吕余庆知成都府开始，至皇祐四年（1052）十二月仁宗对程戡作出任满回朝后可以当执政的许愿为止，益州知州（成都知府）总共换了三十六任。其中张咏和雷有终二人曾经两度出任益州知州，故而近九十年间，成都的地方长官实际是三十四人。

　　在三十四人中，有十四人后来的确曾出任"二府"大臣，占总数的 41%，位至宰相的有吕端、王曙、文彦博，当上枢密使（知枢密院事）的有田况、王贻，此外还有九人，或做过参知政事，或当过枢密副使、同知枢密院事等执政级高官。乍看起来，成都地方长官的仕途前景是非常乐观的，仁宗对程戡"召公执政"的话很合理，其实不然。

　　仔细考察可以发现，前述所说十四位入"二府"的益州知州（成都知府）当中，仅有三人是从益州任上直接迁转进入"二府"的，即景祐四年（1037）的王礼、庆历元年（1041）的任中师和庆历七年（1047）的文彦博，这个比例已经不到成都地方长官总数的10%了，不足以证明宋人那些从成都还朝之后"前后多归入庙堂"的浮夸说辞。可以说，尽管知益州还朝入"二府"并非没有先例，但也绝非迁转的成例，如此看来，仁宗对程戡许以执政之位，就绝非正常升官次序，而是带有奖赏性质的超擢了。

　　事实上，即使至和元年（1054）七月程戡从益州任满回朝就任参知政事，这仍然不是什么官场惯例。程戡之后的张方平才是真正意义上彻底解决甲午再乱谣言的首要功臣，但他回朝后也只是当上了三司使。三司使主管全国的财政工作，是要害部门，号称"计相"，但权力和地位还是比参知政事、枢密副使低。张方平以后，益州知州仕途的天花板，基本上就是三司使。

　　张方平的继任者彭思永，因为资历较低，嘉祐二年（1057）任满后只迁转为三司的户部副使，连三司使都没有捞到。之后的宋祁，在嘉祐四年（1059）任满后，朝廷本来是想提拔他做三司使的，但因为时任御史中丞的包拯坚决反对，仁宗只好中止了这一任命，随后，宋祁以差不多平级调任的方式到郑州当知州去了。直到嘉祐八年（1063）吕公弼任满还朝，成都地方长官才再次得以在还朝之后当上三司使。

这期间，最惨的是在益州政绩最好的赵抃。他在嘉祐四年（1059）任满还朝后，只当了个七品的右司谏。治平四年（1067），他二任成都知府还朝后，被新即位的宋神宗任命为知谏院。大臣们纷纷为赵抃打抱不平，说："历来的人事惯例，近臣从成都任满还朝后，都会得到重用，给的一定是'省府'高官，不可能让他当谏官啊！"

宋人所谓"省府"，指的是三司使和开封府，说明程戡之后，益州知州还朝后应该升任三司使已是群臣的共识。对于这一安排，神宗强行解释说："朕想发挥他敢于说话的优势才这样安排，如果真想重用一个人，让他当谏官还是当执政不是什么关键的问题。"显然，神宗也觉得自己这个安排是不合常规的，有些理亏。

但惯例归惯例，赵抃之后的成都知府，回朝后能直接当上三司的也不多见，大臣们以为的"必更省府"的惯例，是当不得真的。事实上，程戡以后，一直到北宋灭亡，差不多七十多年的时间里，只有冯京（1021—1094）在熙宁九年（1076）十月任满还朝后被立即提拔为知枢密院事，算是成功进入"二府"，此外再无一人能拥有这样理想的仕途前景了。而冯京之所以能有此殊遇，其实也跟成都知府的任职经历没有任何关系，因为他早在熙宁三年（1070）就已经当过参知政事和枢密副使了。

这样梳理下来，原来皇祐四年（1052）十二月仁宗对程戡作出任满回朝后可以当执政的许愿，虽然不算空前，但绝对是绝后的一项极为特殊的礼遇。

事实上，仁宗把宝差不多全押在益州，押在程戡身上，也有制度上不得已的苦衷。宋代大部分地方官，特别是像四川除益州和梓州以外的地方官，大部分资历都不深，很多人本官都在六品以下，大部分时候连贴职都没有。他们的人事选拔和管理的工作主要归审官院负责。审官院给中下级官员分配工作，评估六品及以下官员在朝廷里的表现，然后根据他们的表现给他们排序，同时列出他们的官职和俸禄等级。之后，审官院会根据他们的表现和职级，提出一个与之相匹配的内、外职务任命方案。这就造成了四川除益州和梓州外，其他几十个州的知州政治地位和综合素质都比较差。

事实上，在那个年代，大多数的官员对于前往四川任职都持有抵触情绪，接到任命后，他们总是有意拖延启程的时间，满心期待能够通过各种关系请托来更改任命。朝廷也无可奈何，只得明文规定赴任的期限，并严厉警告那些违抗诏命故意拖延不去赴任的官员，一旦被发现，他们将受到严厉的惩处。

为此，在大中祥符七年（1014）三月，朝廷下令，严格要求各地官员在接到调任通知后，除了驿程所需的时间不算入赴任的时间以外，其他时间都要严格计入。如果在赴任途中生了病，每到一地，当地都必须派官员前去检查，给予凭据，等调任者到达任所之时，由本地长官和相关办事人员进行检验核问。

如果发现官员有欺骗行为且拖延赴任满一百天的，取消他们的上任资格，并上报朝廷，同时，涉事官员一律按违抗圣旨的罪名论罪。接到偏远地区职位的调令后，找借口不按时去赴任的，也依照本条法令加以惩处。此外，监军、巡检、监当使臣等职位，给予一个月的时间准备行装，但因事情紧急而需要快速前往者不在此限。可见，为了确保官员们能够按时履职，宋朝政府设置了严格的规定，可谓煞费苦心。

天圣五年（1027），朝廷又针对前往像四川这样的边远地区任职的官员补充了延迟惩罚条款：所有拟任川峡、广南、福建路的幕职州县官，除了相应的程限以外，违反规定，一年以上不到任者，不论有什么事情或原因，他们候任的职位都会被朝廷收回。

这就意味着他们在相当长的一段时间内再无实缺的职位可以去上任了。从如此严厉的新规来看，当时恐怕有很多官员嫌弃四川、两广以及福建这三个偏远地区，常常找各种借口不去赴任或拖延时间，从一年的处罚时限来看，当时拖半年以上不去赴任的应该大有人在。

此外，还有一种变相抗拒任命的方法，就是按照规定时间去上任，但上任之后千方百计地想办法早点离开。因此就有一种现象在官场中悄然滋生，那就是官员们故意闹不和，或明或暗地做出相互争斗的样子，这种情况在四川尤为普遍。朝廷为了维护四川政局的稳定，不得不将这些闹纠纷的官员调离四川，这就正中这些官员的下怀。

其中的隐情，很快就被眼尖的皇帝发现。咸平五年（1002）八月，真宗下诏警告，他已知道川峡等地有的官员使臣相互之间故意闹矛盾，以此达到提前被替换的目的。从今以后，再有人敢这样做，必定会进行处罚，以后让他们去更偏远的地方任职。

官员们更倾向于在条件优越、资源丰富的地区任职，不愿意到艰苦的偏远地区，这是人之常情，就算用行政命令迫使他们就范，这种状况其实也很难得到真正的改善。这就造成了四川地方政治的一个重大问题，即官僚队伍整体状况堪忧。

自宋初开始，四川便成为一批批贬谪官员的归宿。他们当中不乏因腐败问题而被贬至此的贪官污吏，在这帮官员的管治之下，四川各地州县老百姓的日子就如同被阴霾笼罩一样，长期暗无天日。

这一问题早在太宗的时候就引起了朝中有识之士的注意。太宗晚期官至参知政事的王化基（944—1010）曾经"吐槽"过这种情况，他说："那些犯了罪的人，大多数都不是善良之辈，他们有的贪婪残暴，有的凶狠邪恶，如果他们成为远离朝廷的地方官员，是很危险的。他们如果秉性不改，恣意妄为，欺压边远地区的百姓，百姓就会受苦。而且天高皇帝远，百姓们还无处申诉。这完全违背了朝廷安抚百姓、怀柔远方的基本方针。希望从今以后，凡是犯了罪的人，不允许他们担任四川、广南等地的地方官。"

然而，宋廷并未重视此事，以后相当长的时间里，仍将这些人贬官到像四川这样的偏远地区。天禧三年（1019）九月，司勋员外郎梁象向朝廷反映了这个非常糟糕的惯例。他说："四川地区的幕职州县官，大多数是因为贪赃枉法而被贬谪的人，他们到了新的岗位后，一般不会收敛，而是变本加厉地搞腐败。请求朝廷自今以后，凡是因为贪污而被贬谪的官员，不要再委派他们到四川地区为官，只让他们去两广的远恶军州为官。"

真宗也觉得，把贪官贬去管理偏远地区的做法确实是一项弊政，决定进行调整。不过对梁象把贪官都发配到两广地区的建议，真宗感叹说："两广人民有什么错？他们也是朕的子民啊，为什么要遭这种罪呢，而且这也不是让坏人自新之道啊！"看来还是真宗觉悟高啊！他下诏规定："从今以后，因为贪污被定罪贬谪去往两广和四川担任幕职州县官的官员，各路转运使要随时监察其情况，如果有再犯贪污罪的，今后永不录用。"

事实上，真宗的这项新政，仍然是打算把贪官贬去管理四川和两广这些偏远地方，只不过要求当地监察机构加强对这些贪官的监管，并且用如敢再犯永不录用这样的规定来警告他们罢了，这也是真宗所强调的要给坏人自新之道的意思。

真正从制度上对这个弊政进行重大改革的是宋仁宗。景祐元年（1034）闰六月，仁宗下诏给审官院，要求从今以后，不得选派曾经犯过贪污罪的官员去四川和两广地区担任知县。庆历七年（1047）六月，仁宗再次下诏给审官院，要求在选派益州路、利州路、梓州路这三路的知州时，事先查验候选官员的犯罪记录，曾经犯过事的不得选派。但这个新规只保证了四川中的三川不受贪官荼毒，地方更加偏远、经济社会发展程度更低的夔州路不在此禁约的规定之内。

仁宗中期的这两次调整，针对的主要是四川地方官中的州县主官——知州和知县，而大量的幕职州县官一仍其旧。因此，四川各地的基层治理情况相当不容乐观。大约在仁宗末年，阆中人鲜于侁（1018—1087）被派到绵州做通判，他到绵州后发现，这里远离四川的政治中心，法纪在这里基本就是摆设。官吏们贪污受贿，甚至强迫当地的士兵提供薪炭和饲料，还有通过强买强卖水果蔬菜来榨取钱财的。这样毫无底线地搞腐败，就算是在贪污成风的宋代也是相当惊人的。

因此，甲午再乱谣言兴起前后的那段时间，四川吏治的整体状况实在不乐观。

从前文提及的那则"埋好财宝逃命去"的事例中，即可窥见一二。郫县谣言甚嚣尘上之际，知县竟然擅离职守，这无疑将当时许多地方官员的丑态展现得淋漓尽致。他们无事则残民以逞，有事则惊慌失措。四川吏治的整体水平不高，这或许正是甲午再乱谣言兴起后，朝廷对四川地区过分担忧的一个重要原因。仁宗深知，只有选派德才兼备的官员，才能稳定四川的局势，避免那里再次出现如孟知祥那样的军阀割据和王小波、李顺之乱那样的动荡。

一场未遂的兵变

在甲午再乱的谣言传得沸沸扬扬的时候，程戡到了益州。在他主政期间，四川出奇地平静，什么大事也没发生。除了在他刚到任时，彭州有老百姓散布谣言说当地驻军在阴谋制造兵变。程戡一眼就看穿这是谣言，把造谣的人抓起来斩首示众就算了事，人心于是大安。除了兵变谣言以外，四川实际上没有出过任何真正的乱子。但这并不意味着风平浪静之下，真的就没有暗流涌动，流产的彭州兵变也许就是这股暗流激荡起的水花。

在甲午再乱谣言的氛围之下，彭州兵变的谣言事件就绝非孤立和偶然的。这既是甲午再乱流言下的一种自然反应，也可能是一批动乱分子的投石问路。它以谣言的形式把四川民众与驻蜀部队这两大"乱源"结合起来，如果成功，其威力将超过以往任何一次动乱。程戡迅速处理了这起事件，自此之后，民间再没出现过任何异动，其后的发展似乎是恐慌代替了阴谋，外患盖过了内忧。

程戡是在皇祐四年（1052），即壬辰年的十二月才被任命为益州知州的，在此之前，是由杨察（1011—1056）主政益州，而杨察在不久前才接替了刚刚调回京城做御史中丞的田况。

在壬辰年和癸巳年之交，朝廷做出改换益州长官的决定，是不是意味着仁宗和宰相们都一致认为，杨察并非应对甲午再乱谣言的最佳人选？朝廷是不是对杨察的人品和能力产生过质疑？而程戡又是如何成为仁宗心目中的理想人选的呢？这其中隐藏着诸多复杂的政治考量与人事纷争。

皇祐二年（1050）十一月，政声颇佳的田况被朝廷召还入朝，出任御史中丞。田况约在庆历八年（1048）接替刚刚从益州知州任上离职的程戡。田况入朝之后，由杨察接替了这个空缺，他以右谏议大夫、端明殿学士的资历，成为新一任的益州知州。

杨察的祖上是河东人，唐末随唐僖宗逃难来到成都，遂在此定居下来。杨氏家族在五代时，几代人都是做官的。后蜀灭亡，杨察的祖父又随后蜀末代皇帝孟昶一道降宋。《宋史》杨察本传记载："其先晋人，从唐僖宗入蜀，家于成都。至其祖钧，始从孟昶归朝。"杨察因其父在合肥做官，遂在合肥定居下来，所谓"尝官庐州，遂为合肥人"。由此可知，杨察和四川的渊源很深，可算是半个四川人。

杨氏家族是世代官宦之家。杨察的弟弟是庆历二年（1042）的状元杨寘，杨察自己也是进士出身，又是宰相晏殊的女婿。杨察在景祐元年（1034）考中进士甲科，开始了仕宦生涯，从宿州通判一直做到江南东路转运使，在江南东路转运使任上，"属吏以察年少，易之。及行部，数摘奸隐，众始畏伏"。从被人家以年少易之，到众始畏伏，也可见他的才干。之后，他历任各地知州，还担任过知开封府、御史中丞等繁剧之职，有"遇事明决，勤于吏职"之誉，是公认的执政能力相当强的官员。

这样一个人，在当时的地方官中素质也不算差了，为什么仁宗在听到甲午再乱的谣言后想要把他换掉呢？

这就必须从程戡的情况说起了。程戡是许州（治今河南许昌）人，也是进士出身，他也有一个有名的岳父，就是澶渊之役时出使契丹、订立著名的澶渊之盟，并在仁宗初年做过枢密使的曹利用（？—1029）。另外，程戡还和文彦博是儿女亲家。

甲午再乱的谣言爆发之前，他已做过一次益州知州了，时间大约在庆历七年到八年（1047—1048）。他在其他地方任职，也都颇显才干，史称"安重习事，治不近名"。他在当时地方官中也算是一名能员，和杨察应是不相上下的。

仅从以上这些，我们也看不出程戡有什么高明于杨察的地方，那么仁宗为什么要他来代替杨察呢？这个问题看似很难回答，其实却不必回答，因为这本就是仁宗在听到谣言之后过分紧张与焦虑之下的应激反应。

如果非要谈一些程戡的优势，我们或许可以从当时流行的一些谣言说起。史料中有"或传戡交通宦官阎士良，至令妻出见之"的记载。阎士良是仁宗身边颇得宠用的大宦官，如果在仁宗心目中阎士良是心腹，则程戡至少也能算半个心腹。

杨察似乎不大受仁宗身边亲信的欢迎，因为有宦官曾向仁宗说杨察的坏话，仁宗居然信了。江湖传言杨察不受重用，是因为"内侍杨永德毁察于帝"，可见，杨察一度和宦官的关系不是很好。虽然宋代的宦官权力已大不如唐代，但在皇帝身边煽风点火，给皇帝施加潜移默化的影响，这个能力还是有的。

加上杨察本人又和四川很有渊源，故而容易让最高当局不放心。让一个跟四川有那么深渊源的人留在这个风口上，其实是相当危险的。从这个角度看，杨察在地方治理上的出色表现，反倒会让朝廷感到不安。

另一方面，到皇祐四年（1052）年底，杨察在益州知州任上已有两年了，除非有特殊的原因，朝廷一般不会让官员连任。而放眼所有适任的官员，有过益州知州经历，办事能力强，懂得变通，且政治上可靠的程戡，自然在仁宗心中成为下任益州知州最理想的人选。

仁宗亲择程戡出任益州知州后不满一个月，新的一年就来临了。随着甲午年一天天逼近，宋廷的担忧与恐惧也一天天增长。朝廷在精选重臣坐镇的同时，也在政治和经济上出台了一系列新政策。

皇祐五年（1053）正月，春风尚寒，朝廷却已提前播撒下暖心的种子。为了抚慰四川百姓之心，也为了防止吏治腐败激起民变，朝廷毅然决心整顿四川吏治。正月初九，仁宗下诏说，西川距离朝廷较远，州县官吏如果有贪污残酷、平庸懦弱的，或者因生病而妨碍政务的，转运司、提点刑狱司等路级监察机构须派人调查核实具体情况及时向朝廷汇报。

这是从中央层面提高四川地方官员整体素质的努力，看得出来，仁宗这时是真的想通过整顿吏治来安定四川局势，跟五年前的心态是完全不一样的。

庆历八年（1048）八月，四川已经无事多年，枢密院上奏说，四川地区连续几年丰收，听说官吏们安于这种无事的状态，在管控老百姓方面有所懈怠，担心奸民会趁机起来作乱。

仁宗于是下诏要求四川的官员保持高度警惕。诏令说："益州、利州、梓州、夔州四路钤辖和转运使，要考查所管辖的官吏中那些懈怠懒惰、贪婪暴虐的人，并将他们的情况汇总之后上报朝廷。"

这条诏令的出台，完全是因为把四川人民当奸民看待。事实上，上至皇帝，下至地方官，当时都有这种四川安定已久、奸民可能蠢蠢欲动的忧虑。

主要生活在仁宗时代的学者刘敞（1019—1068）在给其父刘立之所写的行状中回忆，他的父亲恰好庆历八年（1048）时担任益州路转运使。刘立之当时也很担心四川在久安之后人心浮动，希望朝廷提高警惕，所谓"蜀人久安，不可不虑其变"。

但皇祐五年（1053）年初出台的一系列安抚四川人民的政策表明，朝廷已经改变了这种对四川人民怀有警惕的心态，在对甲午再乱谣言进行深刻反思后，开始真正从老百姓的角度出发，来考虑如何施政才有助于四川社会的长治久安。

皇祐五年（1053）四月初九，仁宗听说四川大部分地区的养蚕业出现了问题，于是决定对四川这个丝绸生产大户予以政策性的照顾。仁宗下诏说，益州、梓州、利州三路去年养蚕业的收成不好，朝廷应该跟主管全国财政工作的三司商量，暂时免除这三路先前增加的给朝廷上供的绢帛，以三年为限。除了丝绸业以外，仁宗也想到与老百姓的生活直接相关的盐业生产，给予四川人民一些政策性的优待。

八月十二日，仁宗派盐铁判官燕度到四川巡视和考察盐业生产的情况，史载，"遣盐铁判官、都官员外郎燕度往陵、渠等州定夺盐井利害以闻。时言者谓前后甲午蜀再乱，忧明年复有变，故特遣度往治盐策，因预为之防"。其实不止是宋代，在整个古代，盐都是非常重要的资源，盐的生产和销售往往直接影响到国家的经济和民生。

事实上，燕度前往陵州和渠州等地是为了调查盐政的利弊，而燕度这次整顿四川的盐业，并不是纯粹针对盐业生产，也是想借此机会预先做一些防范。

"预为之防"的说辞，说明朝廷上下对于甲午再乱的谣言已经深信不疑，所以决定提前准备，防患于未然。从民生问题入手，解决潜在的动乱威胁，这是预防甲午再乱的主要方针。

在谣言刺激之下，已经处于高度紧张焦虑状态的老百姓很容易和官府发生摩擦，为了避免出现这种情况，朝廷想到了减少官民之间对立和冲突的方法，就是让他们少打交道。

九月五日，仁宗下诏规定，"诏臣僚毋得以子孙恩请弟侄任四川职田处官"，尽可能地消除了朝中达官贵人的亲属与四川老百姓发生经济纠纷的可能。可以说，朝廷为程戡提供了非常充分的政策性支持，发生民变的可能性大大地降低了。

程戡到任后主要做的实事，是主持四川各州军的城池修筑工程。修筑城池显然也是为可能出现的甲午之乱"预为之防"的。这件事情也被看成是程戡办事果断、勇于任事的又一例证。也许后人会认为，修葺城池是一件很普通的事，但由于四川在北宋前期的特殊性，这件事绝非一般的土木工程这么简单。

对此，张方平在为程戡所写的神道碑文中说，"自孟昶归朝，守者务为安静，苟远嫌訾，至城堞毁圮，莫敢增葺"。从后蜀灭亡到程戡二度担任益州知州，已经将近一百年了，蜀中城池年久失修，破败情况已相当严重，但是为了避嫌，没人敢进行增修。《宋史》程戡本传对此讲得更加直白，说"守益州者以嫌，多不治城堞"。

事实上，防止军阀割据势力死灰复燃，是宋代最大的政治正确。在这个政治正确的压力之下，四川的地方官只能尽量避开这些可能引起嫌疑或遭人指责的方面，所以城墙损毁也不敢轻易修整。

后蜀灭亡之后，宋朝面对的问题是如何重新将四川地区纳入治下，而在这一政治局势的变化和权力结构调整的过程中，四川地方当局为了避免可能的政治风险，选择了保守和谨慎的施政态度。虽然这种执政理念有助于维持短期的社会稳定，但长远来看，它可能导致基础设施的衰败和整个地区军事防御能力的下降。

除了政治正确的考虑以外，由于四川经常出现民变和兵变，是否应该修筑城池，在四川各地是一个很有争议的问题。

王均兵变平定之后，朝廷曾下旨给益州地方当局，让他们"详度毁本州羊马城壕利害"。咸平四年（1001）四月十八日，益州知州雷有终、益州路转运使马亮等人经过讨论后，向朝廷做了详细汇报。他们说，各个州城的城墙已经有些年头，其主要作用是聚集居民并防范外敌入侵，所谓"郡国城隍，其来久矣，盖所以聚民而防他盗也"。

雷有终和马亮接着指出，成都城墙因年久失修而崩塌，王小波、李顺起义的时候，起义军轻松攻入，成都城迅速陷落。这就是所谓"本州顷岁李顺之乱，贼自外攻，即日而陷，此城池颓圮之致也"。显然，城墙维护是非常重要的事情，如果城墙破败不堪，将无法有效抵御外部敌人的攻击。

但是，他们接着又指出，去年发生的王均之乱属于内部的奸贼作乱，城墙完好反倒有助于叛军长期固守，实际上给朝廷平叛增加了额外的困难。可见，城墙虽然可以抵御外敌，但对于内部叛乱来说，城池坚固反倒不是什么好事，这也就是所谓"去岁王均之叛，奸由内作，经年自固，此城池完缉之咎也"。

因此，到底是该保留成都的城墙，还是该拆毁成都的城墙，这成了一个两难的问题。

"然而理乱之事，虽系于人，亦关冥数，诚非常情所可预测"，雷有终和马亮觉得，虽然国家的治乱兴衰与皇帝和大臣的执政能力有关，但也受到一些不可预测的天命因素的影响。未来成都发生内乱和外患的可能性都是有的。

但他们认为，外患的可能性更大，繁华的成都一旦被外敌攻破，将会有灭顶之灾。成都以前没有坚固的城墙，经常受到外敌的侵害，直到五代后唐天成三年（928），在西川节度使孟知祥的主持之下，才修起了城墙。既然孟知祥已经修筑了城池，就没有必要再把它拆了。虽然说按王均兵变这种情况，拆毁城墙确实是应该的，但考虑到外部寇盗的威胁，城墙仍然是重要的防御设施，因此他们向朝廷建议保留成都的城墙。雷有终和马亮最后分析并总结说，"若缘军贼，诚合去除，又虑异时寇盗外攻，请仍旧不毁"。最后，宋太宗接受了这个意见。

内乱除了兵变以外，还有四川地方当局的叛乱。对四川可能发生叛乱的警惕，宋廷一刻也没有放松过。

这次大讨论之后，成都的城墙被保留了下来，但成都城墙的修筑历史本身却成了一个禁忌。因为孟知祥修完城墙后没几年，应顺元年（934）他就在成都称帝了。因此，对于宋廷派来主政四川的地方官来说，修城墙有搞地方割据的嫌疑。益州知州以及四川各地的知州，自然都不敢擅自修筑城池。这也就是为什么宋朝统治四川将近百年，大部分的州军都没有城池，原来有的城池也都破败不堪。

皇祐五年（1053）年初，程戡来到益州，为了加强四川各州城的防御力量，确保百姓的安宁，程戡奏请朝廷允许大规模开展四川城池的修筑工程。

他说："城墙是用来保护百姓的，把老百姓都聚集在城里，却没有保护他们的设施，那么一旦出了乱子，百姓又到哪里去寻找依靠呢？"于是，程戡带着益州的一众官员开始商量修建城墙、疏通护城河等一系列具体事宜。在程戡看来，从稳固民心、防范民众造反的角度来看，修筑城池的必要性显而易见。毕竟，在古代社会，民众的造反往往始于城外，而城市作为统治力量最集中的地方，其强大的防御力量常常使得民众的造反行动难以成功。

修筑城池不仅意味着加强了城市的防御力量，对于当时因谣言而人心惶惶的四川社会也起到了稳定作用。坚固的城池如同一座坚固的堡垒，给予民众安全感，让他们相信，即便有乱事发生，他们的生命财产也能得到保护。

程戡修复益州城池的举措，应该是一边奏请一边开工的，有些"先斩后奏"的性质，这也符合前面提到的益州知州拥有便宜行事的特权这一制度。益州城池修葺工程完成后，益州路转运使高良夫向朝廷做了详细的汇报。仁宗非常认可程戡的筑城行动，专门下诏对程戡进行表彰。

诏书中说："蜀自汉、唐以来，国之西屏，控临抚理，专用材用器望者处之。卿往尝属任，复当眷付，下教如昨，布政犹新。矧乃恤戎略以安边，憺威名而宁远，缮完壁垒，经度沟池，谋不逾时，士皆罄力，讫能集事，人匪告劳。刺部提封，剡章指状，备虞暇豫，允赖毗维。申念勤庸，弗忘嘉宠，故兹奖谕，想宜知悉。"

在诏书中，仁宗先是强调四川自古以来就是国家的西部屏障，其战略意义非常重要，接着指出朝廷派去治理四川的大臣都是那些有才能、有声望的顶梁柱，不点明地表扬程戡就是这样的国家柱石。然后夸奖了程戡为国为民做实事，主持完成了成都城池修复工程的功劳。并且说，工程得到了益州士民的积极响应，虽然工程浩大，但老百姓却没有抱怨辛苦。

筑城，正是应对甲午再乱谣言的上佳策略。诏书中特别夸奖了程戡能够"备虞暇豫"，这个成语通常用来表彰那些在事情发生之前就做好充足准备工作的官员。由于提前预留了足够的时间，做好了充分的准备来应对可能出现的各种突发事件，因此可以从容不迫地处理危机，有余裕而不显匆忙。这跟上文讲到的"预为之防"在应对思路上完全一致。程戡的筑城建议和实践，也很快得到了朝中言官的注意和响应。

皇祐五年（1053）的夏末，"言者谓蜀之城池，久废不治，甲午再乱，不可不豫为备也"，八月二十二日，朝廷接受言官们的意见，正式给益州路和梓州路转运司颁发了允许在这两路所

辖州军启动城池修筑工程的诏书,"诏益、梓州路转运使司渐修
筑诸州军城池,毋致动民"。有意思的是,诏书中特别强调了一
句,筑城要慢慢来,不可急躁,最好不要同时间大规模展开,
要注意分寸,避免大张旗鼓,惊动民众,不要给本就紧张的甲
午年增添恐慌氛围,以免进一步加剧四川民众的焦虑。

既然得到朝廷的认可,随后四川地方当局就在四川全境
推广了程戡在益州修葺城池的经验,掀起了一场大规模的修城
运动。

比如,蜀州自唐代从益州分出来单独建州以来,三百多
年间都没有城池,平时仅有栅栏围防,城市功能极不完善,该
州州城的军事防御能力之差可想而知。当时的人回忆说,"唐
安(蜀州又称唐安)自唐垂拱初分晋源县为州,于斯三百七十
年,无城,岁伐木剡而编之以为塞,从权宜作限御"。

四川地区的州军城池素不修缮,非独蜀州如此,永康军
(治今四川都江堰)也是一样。真宗时,刘随任永康军判官,
永康军也是"军无城堞,伐木为栅"。木制栅栏容易腐坏,年年
都要大修,老百姓每年都要去砍树重做栅栏,深受其苦。

四川大部分州军长期无城池的情况,终于在朝廷颁下鼓
励筑城的明诏后得到了改善。蜀州知州接到仁宗筑城诏令后,
与太常博士舒照亮,主簿、内殿承制黎传庆,监押、左侍禁石
炳,军事判官路谏,司理参军董倚等一众同僚一起,分工协

作，组织士兵和民工四千八百人，花了一百一十天，终于赶在第二年也就是甲午年年初完成筑城工作。一座拥有城墙和护城河的宏伟城池在蜀州拔地而起。

前文提到过的李大临，这时应该正在广安军或者邛州做地方官，非常兴奋地写下了《唐安修城碑记》，记录了这件盛事。据李大临的叙述，蜀州城建好后，城墙顶部垛口部分的墙体宽一丈五尺，城墙下面的基座部分宽一丈三尺，周长有十里，有四个城门，这个规模算是相当宏大了。

不过，由于当时四川各地的经济实力不一，整个修城运动在具体执行中也并非整齐划一。蜀州处于富饶的成都平原的核心地带，修筑城池的经济压力几乎可以忽略不计。据李大临描述，蜀州筑城的工地上，"人乐其舞，以趋其勤"。这些说辞虽然有些夸张，但也可以感知到，当地政府并没有因为启动如此庞大的建筑工程而在财政上出现困难。

但川东丘陵地区经济基础比较薄弱的州军，要在短期内完成城池的修筑就没有那么容易了。比如著名的大足石刻所在地昌州（治今重庆大足），知州单煦在接到筑城诏令后就因工程浩大、民力不堪而请求缩减工程规模，只修筑了子城。史载，"煦以蜀地负山带江，一旦毁篱垣而兴板筑，其费巨万，非民力所堪，请但筑子城"。

程戡抵达益州后所采取的一系列举措，无疑是对仁宗信任的最好回报。仁宗和程戡都相信即将到来的这个甲午年不会太平，因此未雨绸缪，试图为即将到来的挑战做好充足的准备。然而，这些看似周全的筹备并未发生显著的作用，传说中的四川变乱始终未曾爆发。皇祐五年（1053）的光阴便在这样一片热火朝天的筑城喧嚣声中悄然流逝了。

读书人不传谣

皇祐五年在建筑工地的敲凿声中结束了，这意味着大家在惴惴不安中等待的第三个甲午年——皇祐六年（1054）终于来了。

"备虞暇豫""预为之防""不可不豫为备"，在皇祐五年出现的这一连串关键词，点明了朝廷和四川地方当局的心思，也揭示了他们在甲午再乱谣言肆虐之际的应对思路。不过这一"提前安排、预防为主"总方针的提出，也从侧面揭示出，甲午再乱的谣言已经在人们心中深深扎根，无论是朝中的仁宗君臣，还是四川地方的官员百姓，都对此深信不疑。他们一切的工作安排，皆以甲午年必将爆发大动乱为前提，精心筹划，细致布置。

不过，我们不禁要问：当时是否有清醒的智者，能够透过迷雾，洞察真相？是否有不信谣、不传谣的有识之士，坚信四川并不会因为甲午年这个纪年符号的再现就会陷入大乱？

事实上，当举国皆在信谣和传谣的时候，还真有不相信谣言，并且从历史和现实两个层面坚决驳斥这个谣言的人，他就是当时隐居在青城山中的诗人张俞。张俞在前文已经多次出现过，只不过他之前一直是作为史料提供者的身份出现的，现在，作为甲午再乱谣言故事的主角团成员之一，他将正式登场。也许今天已经没有几个人知道张俞的大名了，其实他是一位著名诗人。"昨日到城郭，归来泪满巾。遍身罗绮者，不是养蚕人"，他的这首《蚕妇》诗，现代人应该是耳熟能详的。

张俞早年也是个热衷功名利禄的科举士子，据他自己回忆，他成年后"始与群进士就开封府试，无成而归"，这时大约是天圣末年（1028—1030）。明道初年，"故兴元守荥阳郑公再举俞进士，明年诏求直言，又表俞草莱遗材"，尽管得到兴元府知府给他的多次机会，但最终还是没有成功。景祐年间（1034—1037）他又参加过茂才异等的考试，也失败了。

经过十年失败的科举之路，张俞终于释怀了，决定不再致力于科举和仕途，而是隐居青城山，安心当个世外高人。但他不是一个真正远离官场的隐士，而是积极参与地方社会各种政治活动的热心人。他跟益州的每一任知州、转运使等高官都有很不错的交情，尤其是与文彦博和田况。

据《东都事略》记载，张俞深得文彦博的赏识，"文彦博守蜀，高其行"，于是"为置青城山白云溪杜光庭故居以处之"。庆历八年至皇祐二年（1048—1050），田况接替文彦博担任益州知州，对张俞更加器重，每次相见都迫不及待出门相迎，常常连鞋子都穿反了——这通常被认为是上位者礼贤下士的最高礼节。田况还经常对身边的同事感叹："张俞这人，如果得到朝廷任用，就是正言、司谏一类言官的最佳人选；如果得不到朝廷任用，就只是一个山中的病老头罢了。"

张俞出生于咸平三年（1000），甲午再乱谣言兴起和流行的时候，张俞在四川已经生活了超过半个世纪，对四川社会的民风民情了如指掌。他心中有数，所以从来不慌。至和元年（1054）七月，在朝廷正式委任张方平为益州知州后，张俞给即将到成都赴任的父母官张方平写了一篇赠序，即收录在《成都文类》中的《送张安道赴成都序》。《成都文类》是南宋扈仲荣等人所编写的一部汇集四川特别是成都相关内容的诗文总集。在这篇赠序中，张俞开篇就将朝野之间已经流行了数年的甲午再乱谣言"吐槽"了一番。

他说："淳化甲午岁，蜀寇乱，今六十年矣。无知民传闻其事，鼓为讹语，諠讹震惊，万口一舌，咸为岁次于某，则方隅有不幸。然自春抵夏，未尝有毫发惊。"在他看来，因为六十年前的甲午年（994），四川曾经发生过动乱，一些无知的民众就以此为依据制造谣言，散布恐慌，认为在特定的年份里，某些特定的地方就会遭遇不幸。然而可笑的是，现在甲午年（1054）已经来了，可是从春天到夏天，四川并没有任何意外事件发生，更别说什么大动乱了。

由于宋初多次发生民变和兵变，四川仿佛被烙上了"好乱"的地方印记，而甲午则成了"必乱"的时间印记。谣言与史实如同乱麻交织，使人难辨真伪。

然而，张俞面对这样纷繁复杂的历史与现实的纠缠，却能拨云见日，以犀利的笔触剖析过往的经验，揭示真相。他斩钉截铁地指出，所谓"甲午必乱"的根源，并非四川人民天性喜好造反，亦非甲午之年自带凶兆，实乃在上一个甲午年（994），朝廷"经制烬矣，赋税不均，刑法不明，吏暴于上，民怨于下，武备日废而不知讲，盗贼日发而不知禁"，所以才会出现"野夫攘臂以取州邑，其易如席卷"的非常之事。

在张俞看来，当时的四川，社会财富的分配存在严重的不公平，导致社会矛盾和不满情绪日渐堆积。而朝廷对四川的政策设计和相关制度建设，不是形同虚设就是漏洞百出。法律的公正性和权威性严重受损，四川的老百姓失去对"王法"的信任。加上这时又碰上官吏暴虐，自然民怨沸腾。

张俞接着指出，王小波、李顺等人，以乡野村夫之力，竟然能够掀起这么大的风浪，不是他们有什么神奇的魔力，如有神助般挥挥手就能攻下那么多州县，这完全是朝廷的失职和地方官府的贪腐所造成的恶果！他在文章中对此进行了深刻而独到的剖析，让人读后如梦初醒，明白了每一次甲午年之乱的实质是什么，认识到其实并没有什么神秘的力量躲在后面下大棋。

如果把谣言看成某种不易于直接公开的舆论或情绪的话，张俞的分析，可以说是大声地喊出了甲午再乱谣言的真正内涵，即"然则甲午之乱非蜀之罪也，非岁之罪也，乃官政欺懦而经制坏败之罪也"。张俞从历史和理论两个方面非常有力地澄清了一个长久以来的误会，即——四川并非好乱之地，甲午也并非必乱之年。张俞提醒大家，一个社会是稳定还是变乱，要结合当时的社会政治、经济形势进行分析，不能只凭一些神秘主义的经验就妄说是非。

张俞还对四川民众和驻蜀军队这两大"乱源"在甲午再乱谣言兴起前后的状态进行了仔细分析，认为当时四川的民众与士兵都没有"作乱"的动机，既没有"作乱"的实力，更没有"作乱"的勇气。

首先，当时政治清明，社会祥和，"赋无横敛，刑无滥罚，政无暴，民无党"，而且四川经过几十年的休养生息，经济水平得到较大的提升，老百姓"力于农则岁丰，工于业则财羡"，人民生活安居乐业，"惟安和是恃，惟嬉游是图"，如此情势之下，民众又怎会想去作乱呢？

其次，驻蜀军队不像陕西、河北驻军那样有对西夏和契丹的战争经验，他们的军事素养很低，多是胆小怕事之辈，"土兵之籍于郡者，大率柔而多畏"，这些人当兵只是为了混口饭吃，"老婆孩子热炕头"才是他们的人生理想，即"煖衣饱食，务完其生，以保其妻孥"。这样的军队人数虽多却没什么战斗力，所谓"冗而不足用"。提着脑袋去造反，对他们来说是想都不敢想的事情。

张俞并非朝廷命官，对当时四川社会很多制度性问题的内情恐怕也没有多少机会去详细了解，但作为一个局外人，他的观察却相当深刻。

宋廷在四川拥有的不是一支训练有素的军队，恰恰相反，在这支部队里服役的，是一些没有怎么参加过军事行动，也从来没有进行过军事训练的少爷兵。景德三年（1006）十一月，"西蜀戍卒岁满当代"，但朝中大臣商量后认为，如果调派去四川换防的新军是不能打仗的部队，那么遇到紧急军情恐怕派不上什么用场；但如果调发精锐部队前去四川驻防，这支部队到四川后依托险要地形造反，则镇压起来又是一件非常费劲的事情。这就是朝中"议者"所说的，"遣高年则缓急误事，发精锐则险远之地难于防辖"，是一个两难的问题。

在这个背景下，驻蜀军队的素质也就可想而知了。张俞认为，这样的军队要作乱是不可能的，因为实力不够，同时，这样的军队也不敢作乱，因为这群懦兵根本没有这个胆量。

接着，张俞分析驻蜀部队的现状，指出现在不可能有士兵愿意起来造反的两个原因。一来因为驻蜀部队的生活还算过得去，"东兵之来戍者，以为休息地，至则约其服食，贷人以缗钱，而享倍称之息"，禁军部队从外面来到四川后，被好吃好喝地供着，很难有主动寻衅滋事、无事生非的闲心；二来驻蜀部队的军法一向严峻，士兵稍有违纪行为必遭严惩，所谓"加以法制素定，悉所禀畏，一有小过，刑而归之，谓其有衅，不敢为也"。

所以，张俞认为现在的情势与淳化五年（994）时已大为不同，"今观于时则大异，验于政则甚和，审于民则自安，度于兵则无状"，时移势易，已不能把太宗治下的上一个甲午年（994）爆发大乱的状况，不加分析地套用到仁宗治下的这个甲午年（1054）了。

张俞也根本就不相信社会上流行的甲午年是凶年的谣传。他说："今之好怪者必曰：'岁当然'，无乃溺于用数而昧于知几乎。"我们不应该以"岁当然"来自己吓自己，而是应该审时度势"验之以人事明也"，所以"甲午之说诞矣"。

张俞根据多年对四川局势的观察，认为如今国家政治清明，四川社会又承平岁久，没什么好担忧的，那种认为甲午年是凶年的看法不可相信。他说，"方今主上神圣，法制统一，恩雾德流，浃民骨髓，择守而统之，制兵而维之，蜀固不足疑也。而岁凶之说，其亦怪乎"。由此可见，张俞的观点明确，他认为甲午岁凶之说怪诞不经，通过对当前四川社会形势的分析可知，那些所谓的四川将要在甲午年发生变乱的谣言纯属无稽之谈。

张俞对甲午再乱谣言的驳斥和澄清，有理有据。甲午流言之虚诞，似乎应该被他攻而破之了吧！然而，问题并非如此简单。同为四川人也同为读书人的苏洵，就对甲午再乱谣言深信不疑。

那些参与到历史事件中的个人，对整个事件的发展进程显然不可能有明确的预见。他们如同在迷雾中摸索，不知道局势将如何演变，更无法预测最终的结果。但正是这样的不确定性，使得他们不得不投入大量的时间和精力，去准备应对可能发生的各种意外变故。相信谣言，有时候并不是因为他们太笨，可能恰恰相反，越是聪明的人，对谣言营造出来的紧张气氛越是敏感。特别是那些读书人，在相信谣言的同时，也可以给自己的信谣行为找出一大堆理由。

两年后，苏洵在京城开封成为整个大宋文化圈最耀眼的名流，而甲午再乱谣言大流行的时候，他正带着两个儿子苏轼和苏辙居家读书。

苏洵听到谣言后，觉得事态非常严重，于是忧心忡忡地给益州的一位吴姓通判写了一封信，即收录在《成都文类》中的《上府倅吴职方书》，写作时间大约跟张俞给张方平写赠序的时间差不多，或者稍早一点。苏、张两人对于甲午再乱谣言的看法完全不同，几近针锋相对。

苏洵认为眼下的四川已经危机四伏，张俞眼中因为安居乐业而没有动机作乱的民众，以及在造反这件事情上既不能为又不敢为的士兵，恰是四川即将发生大动乱的两大内因。

首先，对于四川社会从仁宗初年开始近三十年繁荣局面，苏洵认为这是一种虚假繁荣，不但难以继续保持，还会使民众因为看到少数人的富贵生活而产生忌妒心理。常言道"穷则思变"，造反就是穷人改变穷苦生活最直接的办法之一。

他说，"人性骄侈，耀宝贿，盛纨锦"，喜欢炫富是人之常情，但四川人的问题是，家里不过存了点小钱，在外面显摆出来的却像是首富过的日子一样，即"赀蓄未能百金，而炫诸外已若古程、卓辈"。这让一帮穷人怎么想！这让坏人怎么甘心不去抢他们的钱！他认为，"李顺之乱，实根于此"。对李顺之乱原因的不同理解，也就导致了他与张俞在民众是否会造反的认识上产生了巨大的分歧。想到这一点，苏洵不禁发出了"今又何知草莽间无李顺"的警告。

这真是一个很有意思的对比，张俞觉得王小波、李顺起义的原因是朝廷无能，造成地方政府贪腐盛行，民众的不满情绪积聚，最后酿成一场大乱，问题的根源在官府。苏洵却觉得，王小波、李顺起义的原因是一帮穷人见到别人富贵心理不平衡，所以要用暴力改变自己穷苦的命运。当然，在苏洵看来，穷人们羡慕的富贵其实不是真富贵，成都没有什么真正大富大贵的人家，大部分人只是在外面打肿脸充胖子而已。但正是因为连普通人都喜欢炫富，四川的贫富差距才比别的地方看起来更严重。在苏洵看来，四川社会就是一个随时可能被贫富矛盾点燃的火药桶。

其次，关于兵变的问题，苏洵也认为驻蜀部队素质低下，称之为"疲兵"，但是对四川过去经常发生兵变的原因，他提出了不同的看法。苏洵认为，兵变频发乃是由于驻防四川的常规部队和调派入蜀的中央精锐禁军（客军）之间的冲突。他说，"疲兵怯弱，或有变故，常恃客军"，因此，客军在四川非常骄横霸道，动不动就惹是生非，而疲兵胆小怕事，碰到这种事情，只会躲在一边，任由客军胡闹，根本不敢出手制止，所谓"故客军常曰：'有他盗能御我者？'少不若意，则瞪视大叫。疲兵畏避不暇，何敢议斗"。因此，"王均、刘旰之乱，实根于此"，为此，他又发出了"今又何知军伍中无王均、刘旰"的警告。

"今又何知草莽间无李顺"与"今又何知军伍中无王均、

刘盱"，连续两句反问，问得人头皮发麻，不寒而栗。事实上，
四川社会种种稳定和繁荣的表象，确实是在稳定压倒一切的政
策之下，通过严厉打压民间不满情绪和合理诉求换来的。这一
点，张俞也完全认同。苏洵揭示出来的四川社会的这些问题，
确实是存在的，他的分析可以说是振聋发聩。

值得注意的是，张俞和苏洵对于甲午年是凶年的说辞，
态度是高度一致的。张俞责其为怪诞不经之说，苏洵则只论时
事，不论怪事。他虽然认为现在这个甲午年很危险，但却不是
因为甲午这个年份不好，而是现在的世道有问题。

对于岁凶之说，苏洵没有明确表态，但从他根本就不从
这个角度阐述问题来看，苏洵应该也是持否定态度的。或者，
就算不反对，至少也是不相信。所以，尽管苏洵认为应该在甲
午年保持高度的警惕，以防止有人趁机作乱，但他其实并不相
信甲午再乱谣言本身的怪力乱神逻辑，他有一套自己的逻辑。
岁凶之说这一甲午再乱谣言的核心机制，在读书人那里的迷惑
性，要远远弱于普通民众。

可是，民众对甲午再乱谣言的热衷，恰恰是因为岁凶的
观念作祟。老百姓并不知道，一个社会的治乱兴衰，是复杂系
统协作运行的结果，一般民众也没有张俞、苏洵这样的思辨能
力，可以一边收集如此多的时事新闻，一边对正在发生或将要
发生的事情加以清醒分析。事实上，岁凶之说恰是甲午再乱谣

言最具感染力的地方，因为它简单明白，易于被大众接受和传播。

如果这时一个人同时接收到张俞和苏洵对甲午再乱谣言的分析，说不定大脑会马上"死机"！同样的时间，同样的地点，张俞与苏洵关于四川形势的看法有天渊之别，还有什么情况比这个奇异的景象更让人觉得害怕的呢？这就像"当前的情形，我是真看不懂，但大受震撼"一样，这种不确定性，恰恰最有利于谣言的迅速扩散。

在此，我们也可以看到，身临其境与置身事外是怎样地大不相同。虽然张、苏二人都具有过人的学识和眼界，尽管他们对于时局的判断不乏缜密的分析，但是如果把他们二人的见解放到今天来重新审视的话，则张俞无疑过分乐观，而苏洵又未免太过杞人忧天了。

这或许有助于我们理解谣言四起的时候，仅具一般知识水平的人，比如广大民众或者普通官员为何会惊慌失措。他们对于现实事件所知不多或者根本就不明内情，这种信息极度缺失的情况会极大地影响到人们对谣言的态度。不确定性被认为是谣言得以产生和传播的重要条件，在这种情况下极易产生轻信和盲从。而对于大部分人来说，当事情正在发生的时候，一切皆有可能。

甲午再乱谣言将会如何发展？四川社会究竟是处于平安无

事的环境之中，还是身处危局？看来，仅仅通过审时度势的理性分析，不可能得到令人安心的结论。张俞、苏洵二人互异的回答，与本就神秘莫测的甲午再乱谣言一样，让人再次感受到真假莫辨的蛊惑力。

第五章

集体恐慌的蔓延

超新星 SN1054

大理传来坏消息

日夜不得休息

至和元年（1054）七月六日，朝廷颁布了一道意料之外但也在情理之中的诏令："端明殿学士、给事中、知益州程戡为参知政事。"仁宗兑现了一年半之前让程戡前去镇抚西南时的诺言——等他从益州任满还朝之后，将提拔他为"执政"。

参知政事一职，"掌副宰相，毗大政，参庶务"，是中枢决策权力圈中仅次于宰相的要职，始置于太祖乾德二年（964）。参知政事原本的权力和地位并不高，"不押班，不知印，不升政事堂，殿廷别设专位，敕尾著衔降宰相，月俸杂给半之"，在政治待遇、政务决策的参与、政府文件的署名以及工资待遇等方面，都无法跟宰相相提并论。

这时的参知政事，不像是宰相的副手，倒像是为宰相分担一些事务性工作的高级办事大臣。首任参知政事吕余庆，在宋朝统一四川后，以参知政事的身份兼任了第一任成都知府。这既显示了成都的重要性，也暴露出这时的参知政事其实没有那么重要。

开宝六年（973），参知政事的权力和地位得到比较大的提升。当年，太祖下诏让参知政事"于都堂与宰相同议政事"，并在此后逐渐形成惯例。至道元年（995），太宗又下诏让"宰相与参政轮班知印，同升政事堂"。不久，为人强势又深得太宗宠任的寇准成为参知政事，从他开始，参知政事又获得了跟宰相"押敕齐衔，行则并马"的待遇。至此，除了资历浅一点以外，无论是政治上的待遇，还是政务决策的参与、政府文件的署名，参知政事与宰相已经不相上下。庆历四年（1044），范仲淹即以参知政事的身份主持庆历新政；熙宁二年（1069），王安石也是以参知政事的身份开启了著名的熙宁变法。

所以，程戡从益州还朝之后被提拔为参知政事，这不但是仁宗对自己当初承诺的兑现，更是一个含金量非常高的酬奖。庆历七年（1047）三月，文彦博从益州知州任上还朝，虽然也升任了执政，但他得到的职位只是枢密副使而已。看来仁宗觉得，程戡在益州一年半的工作，圆满地解决了甲午再乱谣言所示警的危机。

事实上，进入了甲午年（1054）后，一切跟往常一样平静。四川并未发生预警已久的大动乱，这无疑在很大程度上缓解了人们紧张的情绪。

正如张俞所说，虽然甲午再乱的谣言在朝廷和民间传得神乎其神，好像四川马上就会有灭顶之灾了，所谓"无知民传闻其事，鼓为讹语，諠谤震惊，万口一舌"，但是当这一年真的到来的时候，从春天等到夏天，等到花都谢了，却什么异样的事也没有发生，所谓"然自春抵夏，未尝有毫发惊"。盐铁判官燕度前一年夏天奉旨来四川整顿盐业生产事宜，明察暗访四川的社情民意，他在四川转了一圈之后回到开封，非常自信地向仁宗汇报说："今甲午必无事！"

七月六日，仁宗召程戡还朝出任参知政事，意味着他认为可以放下心中的大石了。甲午再乱的谣言从皇祐四年（1052）年末到至和元年年中，沸沸扬扬地闹了一年半，终于是时候收场了。可以想象，程戡离任后，如果没有新的情况出现，这么一场朝野上下严阵以待的谣言危机就会在悄无声息中不了了之。这场朝廷与四川地方当局联手与谣言较量的大戏就会以闹剧收场，成为后人的笑料。然而，历史的奇妙就在于我们永远都不知道下一步会是怎样！

超新星 SN1054

俗话说，"人无远虑，必有近忧"。在四川的局势一天天好起来的时候，京城开封的情况却在进入甲午年（1054）以后，越来越让仁宗感觉到不妙。

这年的春节，开封异常寒冷，很多贫民都没有熬过这个春节，最后倒在风雪之中，连个收尸的人都没有。

正月初六，仁宗下诏让有关部门出钱组织人力，将开封街头的尸体收拾掩埋。显然，极寒天气可能并不是从春节才开始的，从进入冬天起，就陆续因为极端天气在死人，以致需要官府出面解决尸体堆积的问题。

满地死尸，是瘟疫滋生的温床。经过一个冬天的发酵，到了春节期间，瘟疫终于在开封来了个大爆发，在史书上留下了"时京师大疫"的记录。正月初七，仁宗召来太医商量对策，太医们讨论之后给出了对付这场瘟疫的药方，其中有一种珍贵的药材——犀牛角。

虽然现代医学的研究已经证明，犀牛角的成分主要是角质蛋白，和常见的黄牛角、水牛角一样，几乎没有特殊的药理上的作用。但在中国古代，犀牛角一直被附会着非常贵重的药用价值和一些神妙莫测的超能力。

早在东汉，《神农本草经》就认为犀牛角可以杀死"邪气之虫"，是某些寄生虫病的克星。晋代的葛洪在《抱朴子》中更是说它不但能杀灭一切毒虫，还能清热解毒，让人精神百倍。

同时，古人相信犀牛角还是施展某些神秘法术的道具。据《晋书》记载，东晋名臣温峤（288—329）在平定苏峻之乱后，有一天率军路过武昌的牛渚矶。当时世人都说这里的水深不见底，传说水下有很多怪物。温峤打碎了犀牛角，点燃之后用来照亮水底，不一会儿，看见水中各种怪物投映在火光之中，形状奇特怪异，有的还乘着马车，穿着红色衣服。温峤当天夜里就梦见有人对自己说："我们与你幽明相隔，分属两个世界，为何要来窥探我们的生活呢？"世人相信，温峤这么做得罪了不知名的鬼怪。没过多久，温峤就突然得病死了。

当太医说平息京城的瘟疫需要用到犀牛角时，仁宗毫不犹豫地从内廷收藏中拿出了两只犀牛角，近臣们仔细端详后发现，其中一只还是异常稀有的通天犀。古籍《异物志》中说，犀牛角上有一种特别的光耀，白色纹理就像线条一样，"自本达末，则为通天犀"。《本草集解》解释说："通天犀乃胎时见天上物过，形于角上，故曰通天，但于月下以水盆映之则知。"至于通天犀具体是怎么回事，由于古人说得太过玄乎，现在也弄不清楚了，反正就是一种特级犀牛角。

仁宗身边的内侍李舜卿觉得，这么难得的好东西，应该留着给皇上用才对，于是劝仁宗把通天犀留下来，只把另外一只普通的犀牛角交给太医去制药。仁宗听后，很生气地说："朕是那种把奇珍异宝看得很珍贵而轻贱自己百姓的皇帝吗！"当即就让人把两只犀牛角一起打碎了，交给太医做了治疗瘟疫的特效药。

大灾加大疫，甲午新春的这个年节，仁宗过得很是郁闷。不仅如此，正月初八，仁宗一生的最爱张贵妃突然暴病而亡。

张贵妃深得仁宗宠爱，更是仁宗在后宫少有的可以吐露心事的妃嫔，她的突然离世，对仁宗是一个巨大的打击。为了补偿爱人，一向没有乾纲独断气魄的仁宗这次非常硬气，不顾朝中群臣的反对，坚持追封张贵妃为温成皇后，并在葬礼的规格和给张氏家族成员的待遇上，都做了超出常规的安排。之后的一段时间里，仁宗无暇他顾，一直忙着在这件事情上跟大臣们斗智斗勇。张贵妃本人被追尊为温成皇后，她的父祖三代都被追封了官爵，她的那些没有科举功名的兄弟子侄也都被破格授予了官职。

甲午年是不是四川的凶年，我们不好说，但它绝对是仁宗的凶年。等温成皇后的丧事办得差不多的时候，又冒出一个新的"重磅炸弹"。大家纷纷议论，马上要发生日食了，而且根据司天监的推算，这次的日食将发生在本年四月的朔日，即四月一日。

古人历法中以每个月的第一天为"朔日"，三月十一日，主管天文观察的司天监正式向仁宗奏报："日食夏四月朔。"四月是夏季的第一个月，朔日又是四月的第一天，于是这次日食就成了极为罕见的"日食正阳"。

其实，中国古代的天文测算水平很高。什么时候会发生什么样的日食，司天监是心里有数的。而且宋代的士大夫们也都知道日食的规律。沈括在他所著的《梦溪笔谈》中说，淮南人卫朴精通历算，从传说中的夏帝仲康五年到本朝神宗皇帝熙宁六年（1073），共计 3201 年，根据各种典籍的记载一共发生过日食 475 次，卫朴大体上都能推算出来。理学家程颐也说过"日食有定数"之类的话。但知道日食是常规的自然现象，不等于日食对于宋人来说没有心理上的压力。

庆历六年（1046）发生日食的时候，宰相贾昌朝觉得是自己治国无方，所以才会出现上天示警，上疏仁宗请求给自己处分。仁宗对他说："谪见于天，愿归罪朕躬。卿宜究民疾苦，思所以利安之。"仁宗这句话是在表态，上天出现异象，他愿意把过错都揽在自己身上，这不关宰相的事。宰相应该去深入了解百姓的疾苦，思考用什么办法让百姓过上安定的生活。

仁宗最后还说："人主惧天而修德，犹人臣畏法而自新也。"说实话，庆历六年的日食属于常规性的日食，仁宗的表现其实还是很淡定的。他在日食期间还能从容不迫地安抚大臣，彰显出强大的道德自信。

夏天本应是阳气最盛的时候，这时发生日食，古人认为这是上天的严重警告。因此，在对日食已经有了一定了解的宋代，日食正阳这种极端异常天象，还是会给人们造成巨大心理压力的。

在此之前，也发生过几次夏月朔日的日食，如建隆元年（960）五月初一的日食，宋太祖也是提前收到了司天监的报告。司天监建议将兵器、铠甲都收起来，以防当天出现什么意外。大臣们则觉得这个做法太过荒唐，建议太祖当天到偏殿居住，并换上素服，百官各自留守在本司衙门等待日食的降临。前者的建议渲染神秘主义的恐怖氛围；后者的建议，主旨是重视这种异常天象，但不散布恐慌情绪。

　　碰到日食正阳，仁宗还是相当害怕的。皇祐六年（1054）三月十一日，仁宗接到司天监汇报，三月十六日就下诏正式宣布改元，并大赦天下，犯死罪的一律降一等处罚，流罪以下的全部免刑释放。于是这一年从"皇祐六年"改为"至和元年"。

　　在改元诏书中，仁宗郑重地说，出现这种极端异常天象，"皇天降谴"，是因为自己"治道多阙"。而"豫陈薄蚀之灾，近在正阳之朔"的日食警告，正是"经典所忌，阴慝是嫌"。这全是因为自己德行有亏，治国无方，"德不能绥，理有未烛。赏罚失序，听纳不明。庶政未协于中，众冤或壅于下"，这样一来"有违万物之性，以累三光之明"。所以，这次日食正阳是上天对自己的严重警告，自己必须"畏天之威，栗栗危惧"，好好反省。为此，仁宗决定"俾更元历之名，冀召太和之气"，通过变换年号来转换一下国家的运势，"宜改皇祐六年为至和元年，以四月一日为始"。

　　三月十九日，仁宗又宣布，从这一天起自己改穿素服，移居偏殿，日常饮食也要降低规格，以示反省。仁宗坚持了近十天的素服、避正殿、减常膳的自我折磨和自我感动。三月二十八日，宰相率百官上表，请求仁宗保重龙体，强烈要求皇帝恢复正常的生活。群臣三次上表请求之后，仁宗才同意恢复正常的生活待遇。

　　四月初一，日食如约而至。仁宗和大臣们严阵以待，还组织人手举行了传统的"伐鼓救日"仪式。所幸当天有雨，直到下午雨才停，这时日食已基本结束了。因为不是晴天，人们用肉眼自然看不到日食。这对当时的人来说，意味着日食的程度并不算太严重。大家终于松了一口气。

四月初三，宰相率领百官上表向仁宗表示祝贺，因为这次日食所呈现的状态并没有达到司天监预测的严重程度。群臣认为，这是仁宗半个月来一系列的补救措施起了作用，至诚感动了上天。用这些"虚招"应对日食，实际上除了感动自己之外没有任何意义。

这时，很多正直的大臣看不下去了，时任殿中侍御史的吕景初就上疏说，即使是"圣人在上"，也"不能无灾"，所以，无论是盛世还是衰世，发生像日食这样的天灾都是不可避免的，问题的关键是"救灾之术"。

他警告仁宗说："今百姓困穷，国用虚竭，利源已尽，惟有减用度尔。"百姓穷困潦倒，朝廷财政困难，能捞的钱都捞完了，现在只有厉行节约、减少支出才行。他觉得，现在最大的问题是养兵太多，而且这些兵一大半都是"羸疾老怯者"，纯属浪费国家的钱粮。这些废材打起仗来，往往看到敌人就只顾着逃命，完全没有用处。他建议仁宗下定决心，让枢密院叫停盲目扩编军队的昏着，做点淘汰冗兵的实事。

事实上，宋军士兵军事素质低劣的情况已不是一天两兵了，也不止一人两人提过建议要求整改，但仁宗这么多年得过且过，始终没有任何作为。

宋军面临的严峻形势，在至和元年（1054）四月末的时候就有一次非常鲜明的展现。当时负责防备契丹的河北沿边安抚司向朝廷奏报，说朝廷之前颁下诏书，有军士逃亡到契丹那边去的，允许他们在百日内自首。但河北军士前后有数千人逃亡到契丹那边去，他们都来自首的话，百日的期限内根本安排不过来。河北沿边安抚司请求将自首的日期限制放宽到一年。

逃兵太多，给一百天的自首时间都不够安排，听起来多么滑稽。最后，朝廷批准了延展自首期限的建议，可见河北前线的情况有多么糟糕了！

吕景初还说，"太阳始亏，阴云忽开，呈露天象；已而复合，此天意诚人君之深也"，日食的出现，是上天在给陛下机会，陛下要抓住这一机会，认真反省。如今，"西有桀骜之戎，北有强大之敌"，朝廷只有花钱向契丹和西夏买和平，因此花销巨大，但在"百姓匮穷"的情况下，契丹和西夏还经常派人来索取财物，他们的目的就是消耗我们的财富，增加我们财政上的负担。吕景初预言，到我们受不了的时候，这种花钱买和平的游戏就玩不下去了，到时怎么收场？

庆历新政失败后，仁宗一直因循苟且，得过且过，整个王朝的政治氛围是非常压抑的。到了仁宗后期，老百姓的日子相当困难，整个社会危机重重。这时仁宗年纪越来越大，却一直没有子嗣，而且由于他是真宗唯一活到成年的儿子，所以此时连兄弟也没有。大宋皇位后继无人，于是各种谣言满天飞。巧的是，这段时间一个惊天谣言在开封城中传播——侍卫马军副都指挥使张茂实（995—1063）是宋真宗的私生子。

真宗一共生过六个儿子，其中四个都是出生没几天就夭折了。次子赵祐（995—1003）九岁的时候不幸早夭，被追封为周王，明道二年（1033）仁宗亲政后，又追尊他为皇太子，世称悼献太子。

按司马光《涑水记闻》的说法，咸平五年（995），在悼献太子赵祐出生之前，曾按惯例在民间挑选孕妇进宫，充当即将出生的皇子的乳母。妇人朱氏中选，入宫之后不久，也生了一个男孩。宋真宗听说后很高兴，让人将这个婴儿抱来。真宗看了朱氏的儿子后说："此儿丰盈，亦有福相，留宫中娱侍皇子。"于是，朱氏的儿子就被留在了宫中，成为小皇子赵祐的玩伴。可惜的是，天有不测风云，赵祐在七岁（司马光记忆有误，按古人的算法，赵祐实岁八岁，虚岁九岁）那年死了。于是，真宗将朱氏的儿子赐给宫中的大宦官内侍省都知张景宗为养子，取名张茂实。

因为有这样的背景，张茂实成年之后很得皇家的宠信和重用。

张茂实从小就被按照皇帝近臣的模式培养，最初做的是供奉官、阁门祗候等宫廷内务机构的低品小官，天圣元年（1023）首次获得外任陈州兵马都监的实职差遣，在任上主持修筑河堤，深得百姓好评。此后，他不停地升官，到仁宗亲政前，做到了真定路兵马钤辖，带供备库使兼领恩州团练使，已经是中高级武官了。

明道二年（1033），张茂实成为宋廷派往契丹王廷使团的高级成员，开启了与契丹人打交道的生涯。景祐四年（1037），他又出任宋朝派去给契丹皇帝庆贺生辰的使团副使。庆历二年（1042），张茂实已经升迁至供备库使、恩州团练使、莫州知州。这年五月，朝廷派名臣富弼出使契丹，委派张茂实担任富弼的副手。十一月，张茂实因为多次出使契丹，劳苦功高，被提拔为西上阁门使、瀛州知州，不久又升任单州团练使、龙神卫四厢都指挥使、并代副总管。

之后，张茂实继续高升，历任济州防御使、侍卫马军都虞候、殿前都虞候，加桂州管内观察使、侍卫步军副都指挥使。到真宗私生子谣言流行的时候，张茂实已是昭信军节度观察留后、马军副都指挥使，是中央禁军的高级将领了。

至和元年（1054）四月初一日食正阳以后，仁宗遇到的另一个头痛的事情，就是张茂实乃真宗私生子的谣言突然传遍了京城。

当时开封有个叫繁用的平民，他的父亲以前在张家当过仆人，他从小听父亲说，张茂实生于宫中，养于宫中，身份非凡。在他们这小圈子里有传言，说张茂实是"先帝之子，于上属为兄"，即张茂实是宋真宗的儿子、仁宗的兄长。这本来可能只是在张家的仆人或者跟张家比较熟的一些人中间流传的一个小段子，但繁用却以为这个消息是可以捞取大富贵的大新闻，把这个传言的详情一五一十地写了下来，准备干一票大的。

至和元年初夏的某一天，繁用终于鼓起勇气，在半路上拦住张茂实，把这个写好的情况说明呈交给了他。

张茂实看后，当然吓得心惊肉跳，立即命人将繁用抓起来，送交开封府治罪。开封府以造谣生事的罪名将繁用打了一顿板子，发配到外州充军去了。但这件事既然上了公堂，自然成了朝野瞩目的"惊天大瓜"。大家纷纷议论，说原来真宗还有儿子，仁宗还有兄弟。这件事情就一传十、十传百，一下子传得朝野上下、街头巷尾人尽皆知，引得"众庶哗然"。

朝中的言官于是联名上书，说这么大的事，不能糊弄一下就过去了，得认真弄清楚才行啊！仁宗只得下诏重启调查，将繁用押回京城，重新审问。负责审问的人最后得出的结论是，繁用"素病心"，即有精神病，所说都是"一时妄言"，纯属一个疯子的臆想罢了。

事后，张茂实成了这个谣言最大的受害者。当然，如果谣言被当真，他将成为这个谣言最大的受益者。所以，大臣们都怀疑，张茂实有可能是谣言散播的幕后黑手。加上他还是马军副都指挥使，手上有兵权，一旦仁宗有不测，张茂实利用他是真宗私生子的谣言"搞事情"，后果不堪设想。于是，朝臣们都把矛头对准了张茂实。

面对这个谣言，仁宗心态复杂，他跟张茂实虽非亲兄弟，但感情很好，一开始是想大事化小、小事化了的。但他禁不住朝中大臣们的一再聒噪，至和元年（1054）五月十二日，不得不下诏罢免张茂实马军副都指挥使的军职，将他外放去潞州当知州。搅动朝堂多日的真宗私生子谣言，这才暂时得以平息。

事实上，繁用案是一个典型而且生动的谣言案件。造谣者根据的是事实，只不过不是全部的事实。张茂实的母亲是悼献太子的乳母，这是事实；张茂实出生在宫中，并在小时候得到过真宗不止一次的眷顾，比如还在襁褓中时就被真宗夸赞"有福相"，后来又在真宗的亲自安排下被大宦官张景宗收养，这也是事实。

真宗对张茂实的偏爱，让人不得不浮想联翩。张家的下人肯定经常聚在一起述说主子的养子当年的奇遇，暗示张茂实有非凡的身世。繁用作为张家仆人的儿子，从小耳濡目染，信以为真，也不为奇。不过，这场谣言真正耐人寻味的地方在于，当时朝野上下，特别是民间知道了张茂实是真宗私生子后的兴奋心情。

仁宗没有儿子，也没有亲兄弟，所以后继无人。一旦仁宗不幸突然崩逝，大宋王朝便会相当危险。理论上，太宗所有的曾孙都有资格来争这个皇位，潜在的皇位竞争者不下数十人，到时群魔乱舞，国将不国，立即就会天下大乱。

可如果这个张茂实是真宗之子的谣言是真的，则意味着情况就要好很多了，因为张茂实有七个儿子，仁宗完全可以从他的亲侄子中选择一个孩子来做养子，这在心理上是很容易接受的。可惜的是，仁宗没有亲兄弟，最后过继堂兄濮王赵允让（995—1059）的儿子赵宗实（即后来的英宗）为嗣。仁宗选英宗作养子，拖了很多年，因为英宗的父亲赵允让是真宗的四弟商王赵元份（969—1005）的第三子，仁宗与赵允让是堂兄弟，英宗乃是仁宗堂兄弟的儿子，血缘关系实在是不够亲近。

所以，张茂实是真宗私生子的谣言一出来，大部分人内心中其实希望是真的。就连仁宗自己都没有因为这个谣言为难张茂实。各种史料都显示，仁宗与张茂实的私人关系非常亲近，谣言爆发后仁宗解除张茂实的兵权将他外放，完全是迫于朝中舆论的压力不得已而为之。没过几年，等舆论缓和后，张茂实就又回到京城官复原职了。张茂实死后，郑獬为他所写的墓志铭《赠太尉勤惠张公墓志铭》中说，他"最被仁宗知遇"，在这场谣言风波中受到打击后，对仁宗也毫无怨言，"每与亲旧语及被逐时事，则潸然下泣"，他常常亲自跟大家解释说，仁宗当年将他外放是迫不得已。

相信这个说法的人也不少。比如两宋之交的王铚（？—1144）就在所著的小书《默记》中直说，张茂实是"章圣（即真宗）之子，尚宫朱氏所生"。按这个说法，张茂实的母亲不是入宫的乳母，而是真宗的宫人。王铚还暗示，张茂实成为张景宗的养子是因为真宗的皇后刘氏（即后来在仁宗朝听政十年的章献太后）容不下宫人生子威胁自己的地位，真宗害怕皇后刘氏对张茂实母子不利，才把他交给张景宗抚养。

王铚出身书香门第，其父王莘是欧阳修的学生，他本人是北宋后期宰相曾布（1036—1107）的孙女婿，岳父是曾布的儿子曾纡（1073—1135）。曾布是北宋后期变法派的代表人物、"唐宋八大家"之一曾巩的弟弟。因此，王铚对于北宋中后期流传于士大夫之间的一些传闻掌故非常熟悉。《默记》的说法表明，张茂实是真宗私生子的传闻在一些士大夫中间是很有市场的，他们私下都认为此事是真的。在王铚笔下，谣言已经成为历史了。

事实上，张茂实是真宗私生子的谣言，反映的是朝野上下对于仁宗无子且后继无人的高度焦虑。

处理完这个谣言以后没过几天，一个更加令人恐惧的天象出现了。一颗从未见过的新星出现在天关东南，无论白天还是黑夜，人们都可以看到它在天上闪耀——世界天文史上最著名的超新星 SN1054 爆发了。

至和元年（1054）五月二十六日，史载，"客星出天关之东南可数寸"。古人将天空中突然出现的全新星体称为"客星"，并且认为，客星出现是上天在示警。唐代星占学大师李淳风所著的《乙巳占》中解释说，"客星者，非其常有，偶见于天，皆天皇大帝之使者，以告咎罚之精也"。

星空中的星体基本上都是固定的，偶尔出现一个之前从未见过的天体，大多数情况下就是现代天文学所说的超新星爆发现象。这是恒星在演化接近末期时经历的一种剧烈爆炸。超新星爆发时极其明亮，整个过程中所发出的电磁辐射经常能够照亮其所在的整个星系，并可能持续几周、几个月甚至几年才会逐渐消失。而在此期间，超新星所释放的辐射能量可能和太阳在其一生中所释放的辐射能量总和相当。超新星爆发往往异常猛烈，其亮度可以在瞬间增加上亿倍，使原本肉眼不能察觉的暗弱恒星变成天上最亮的星体之一。

古人认为，客星是天皇大帝的使者，它的出现是来揭示天意、惩戒世人的。在星占学上，客星的寓意也是相当恐怖的。《宋史·天文志》把客星按照亮度和颜色分为五种，即周伯、老子、王蓬絮、国皇、温星，这些客星只要出现，皆是凶兆。

比如周伯星，"大而黄，煌煌然，所见之国，兵丧，饥馑，民庶流亡"。周伯星主要呈黄色，非常明亮，它出现的地方会有战乱和饥荒，天下大乱，人民流离失所。另外还有老子星，"明大纯白"，"出则为饥，为凶，为善，为恶，为喜，为怒"。王蓬絮星，"状如粉絮，拂拂然"，它出现的地方，"其国兵起，有白衣之会"。国皇星，"大而黄白，有芒角"，它出现的后果是"兵起，水灾"。最后是温星，"色白，状如风动摇，常出四隅"。这五种客星"皆主兵"，碰上都没好事。所以，客星的出现足以引起人们的恐慌与焦虑。

至和元年（1054）五月二十六日出现在天关东南的这颗超新星，被称为"天关客星"，国际天文学界则按照它出现的年份将其命名为"SN1054"。天关客星爆炸后的遗骸，形成了近代天文学史上最著名的蟹状星云。1921年，天文学家在比较相隔多年拍摄的蟹状星云照片时，发现这个星云正处在膨胀之中，而膨胀的起始时间点大约是900年前，正好与宋代所记录的天关客星出现时间契合。

超新星SN1054在天关附近出现以后，一直持续到嘉祐元年（1056）三月才消失，坚持了将近两年。在这期间，天关客星曾经一度越来越亮，甚至超过了金星，其中有二十三天，甚至白天也能被肉眼看到。《宋会要辑稿》中记载，天关客星"昼见如太白，芒角四出，色赤白，凡见二十三日"。白天居然能够见到本来只在夜空中才出现的星体，这种奇观对当时的人来说已经足够震撼了，再加上客星自带的兵荒马乱的星占学上的凶兆，人心惶惶在所难免。

有意思的是，七月二十七日，退休多年的司天监高官杨惟德（有的史料中又写作"杨维德"）突然冒出来"带节奏"说："伏睹客星出见，其星上微有光彩，黄色。"他依据《黄帝掌握占》这本古代星占学著作中的说法，指出天关客星的出现是大吉而非大凶之兆，"客星不犯毕，明盛者，主国有大贤"，这样，天关客星就成了大宋王朝盛世的祥瑞了。杨惟德请求仁宗下旨将天关客星的出现以及他的这个解读一并交付史馆记录存档，并允许百官祝贺这一盛事。仁宗随后同意了他的请求，显然也是为了安定人心。

这是典型的丧事喜办了。事实上，越是把坏事说成好事，越有可能增加人们的忧虑，因为明眼人都知道，这是在糊弄人呢！

杨惟德是司天监的老人了，早在二十年前，即景祐元年（1034）前后，他担任同判司天监时，就曾奉仁宗之命编写了天文学著作《景祐乾象新书》。事实上，杨惟德不但专业技术过硬，也很懂人情世故，深知如何利用自己的天文学知识去迎合上意。

宝元元年（1038），杨惟德已经当上了司天监的副长官——

司天少监。这时，司天监推算出，两年后，也就是庚辰新年
（1040）元日即会发生日食。新年第一天出现日食，会给天下
人造成巨大的心理冲击。杨惟德向仁宗建议说，按历法，己卯
年（1039）会有一个闰十二月，咱们可以把己卯年的闰月后移
到庚辰年去，这样日食就不会在正月初一发生了。

不得不说，他简直太会了！

杨惟德这种朝三暮四的玩法实在太上不了台面，仁宗当时
就表示了反对，并且还发表一通义正词严的讲话驳斥杨惟德这
种贻笑大方的小伎俩。仁宗说："闰所以正天时而授民事，其可
曲避乎！"闰月既是对天时的校正，又跟人民的生产生活直接相
关，怎么能随便乱改呢！

不过，至和元年（1054）夏天出现的天关客星实在太过耀
眼，寓意又实在太过凶险。人心不定，必须想办法解决才行，
所以杨惟德将凶兆解释为吉兆，也是最投合上意的做法。这回
他故技重施，仁宗不但接受了他的解释，还给他发了奖状。

其实，把客星粉饰成吉星的做法，并非是杨惟德的独创。
大约半个世纪前，景德三年（1006）四月二日，司天监的观测
人员在天空中氐宿南方的骑官附近发现一颗前所未见的亮星，
起先它的亮度如同火星一般，但几天后，它的光芒已经盖过
了全天最亮的金星，如同半个月亮一般明亮，在夜晚甚至可
以照物成影，这就是世界天文记录中亮度最高的一颗超新星

SN1006。这颗客星的出现，搞得人心惶惶，流言四起，"或言国皇妖星，为兵凶之兆"。

当时，司天监的官员周克明正奉命在岭南一带公干，他办完事回到京城后，立即向真宗禀告说："臣按《天文录》《荆州占》，其星名曰周伯，其色黄，其光煌煌然，所见之国大昌，是德星也。臣在涂闻中外之人颇惑其事，愿许文武称庆，以安天下心。"

周克明真是个人才，他把天文星占中"所见之国兵丧，饥馑，民庶流亡"的客星周伯星，说成是"所见之国大昌"的德星。他还引用《太一占》的说法，大肆吹捧这是真宗治下大宋盛世的王者荣耀。周克明说："王者制礼作乐，内外咸得其宜，四方之事无蓄滞，君上寿考，国运大昌，则周伯星出。""天示殊休，允符圣运"，这是大吉兆啊！景德三年（1006）五月一日，真宗正式接受了周克明的解读，宣示这是一颗吉星，下令让群臣上表称贺。

所以，杨惟德这次不过是学习了自己老前辈的办法来安定人心而已。但这次，人心却没有那么容易被安抚。"所见之国兵丧，饥馑，民庶流亡"，客星在星占学上的寓意，跟甲午再乱谣言所做的预测何其相似啊！天关客星 SN1054，来得太是时候了，恰恰在六七月之间，沉寂了一段时间的四川再次成为朝野关注的焦点。

大理传来坏消息

超新星 SN1054 爆发后五天，至和元年（1054）六月初三，四川边境的黎州向朝廷报告，前年在广西发动叛乱的侬智高兵败后，从他的老巢广源州逃往云南，即"侬智高自广源州遁入云南"，有可能进一步骚扰四川。仁宗接到这个消息后，下诏给益州路钤辖司说，"应蛮人出入处，皆预择人为备御"。宋朝方面决定，要在云南通往四川的沿线提前派人做好军事防御工作，预防侬智高逃窜到四川。

有意思的是，侬智高的叛乱，几乎与甲午再乱谣言的兴起与消散相始终。侬智高在皇祐四年（1052）五月起兵反宋，九月底，仁宗与宰相庞籍任命名将狄青率领禁军精锐南下平叛。而这时，甲午再乱的谣言正在四川酝酿，并在之后的几个月内传遍全国。十二月初六，仁宗与庞籍商量后，决定任命程戡为益州知州，前往四川化解潜在的危机。这时，广西前线宋军平定侬智高叛乱的战事正处于胶着状态。

十二月初一，广西钤辖陈曙在狄青大军尚未抵达广西前，贪功冒进，率军主动进攻侬智高，结果在邕州城外的金城驿被侬智高打得大败。陈曙所部一向军纪松弛、管理混乱，与侬智高大军遭遇之时，士兵们竟还在军营中聚众赌博。陈曙见侬军前来，让部将王承吉带领宜州的忠敢兵五百人为先锋，仓促之间披甲上阵。王承吉瞬间被侬智高大军反杀，连累随军的白州（治今广西博白）长史徐璟也一起送掉了性命。金城驿大败后，平叛前线的形势暂不明朗。

这时，桂州知州兼广南西路安抚使、经制广南东西路盗贼事的文官余靖（1000—1064）眼见侬智高军势强盛，自己没有信心在战场上彻底击垮他，竟然建议朝廷允许交趾大军入境帮忙镇压侬智高之乱。

十二月十七日，余靖上疏仁宗说："交趾今年本来应当前来朝贡，但因为侬智高叛乱，道路阻隔不通，所以没来。为此，他们多次发来公文，请求会同我军一起出兵讨伐侬智高，但朝廷因为各种疑虑迟迟没有答复。臣看交趾请求联兵讨贼的意愿十分诚恳，即使他们的实力不足以剿灭侬智高叛军，此举也能使侬智高和交趾互相猜忌，不能再勾结为患。臣现在已在邕州、钦州为交趾军队准备了万人的粮食，等候交趾军队到来。"

为了能让交趾大军入境帮忙平叛，余靖把交趾大军的后勤保障都做好了。事实上，交趾一直以来都想吞并侬智高，且对宋朝的广西垂涎已久，这一居心叵测的出兵助阵的提议，明显是想趁火打劫，从中渔利。宋朝如果真答应了交趾，到时就请神容易送神难了。

借兵交趾平叛，引狼入室，是典型的利令智昏，但宋朝方面担心一旦直接拒绝交趾的"好意"会激怒交趾，反而可能给侬智高增加一个强有力的外援。对于该如何答复交趾，仁宗和朝臣们一直犹豫不决。

余靖一直劝说朝廷，"宜听出兵，毋阻其善意"，始终得不到朝廷的回复，他决定来个先斩后奏。余靖解释说，自己没等收到朝廷的肯定性回复，就已答应交趾出兵助阵的请求，这是因为担心交趾"忿而反助智高"。朝廷不得已，只好同意了余靖的安排，并下诏说可以再拨给余靖缗钱二万作为交趾出兵的军费，并许诺等侬智高叛乱被平定后，会再给交趾三万缗钱作为奖金。朝廷和余靖的这一通操作，无疑是被交趾卖了还在帮交趾数钱。

幸好，这时狄青发现了猫腻，坚决反对借兵交趾平叛。他在奏疏中向仁宗说明了此事的复杂性和严重性："交趾王李德政声称将率领步兵五万、骑兵一千前来助战，这不是实话。况且，向外国借兵来消除内患，对我们是非常不利的。一个侬智高叛乱就已搅乱两广，所过之地皆被其蹂躏。交趾人跟侬智高一样，都是'蛮夷'，他们贪图利益且不讲信义，一旦让交趾的军队进入广西，必将会酿成更大的祸乱。而且，如果因此而激起交趾对大宋领土的野心，我们将来有什么办法能够抵御交趾人呢！臣希望朝廷明确拒绝交趾的请求，并且严令余靖不得再与交趾使者有任何联络。"

皇祐五年（1053）正月初六，朝廷接受了狄青的主张，下诏给广南西路转运司并移文交趾，正式拒绝了交趾出兵助战的请求。这时，狄青已经与宋廷早前任命的潭州知州兼荆湖南路、江南西路安抚使、经制广南盗贼事的孙沔（996—1066）和桂州知州兼广南西路安抚使、经制广南东西路盗贼事的余靖会合，三路大军合成一路，从桂州进抵宾州，与据守邕州的侬智高主力形成对峙局面。

会师之后，考虑到从去年五月侬智高起兵以来，宋军各部与侬智高交战皆是败多胜少，士气越来越低，狄青到达广西前线后下的第一个军令就是，各部队不得擅自行动，即"戒诸将无得妄与贼斗"，以免一旦受挫，影响全军的士气。

此前，陈曙担心平叛的军功有可能被狄青一人独占，便在狄青到达之前率领所部步兵八千人主动对叛军发起进攻，结果在昆仑关被侬智高打得溃不成军。

需要说明的是，这次遭受重创的昆仑关之战，可能跟皇祐四年（1052）十二月初一的金城驿之败，是同一场战役的两场不同的战斗。因为金城驿就在昆仑关附近，且陈曙再怎么自寻死路，也不可能在短短一个月之内连干两次这种贪功冒进的蠢事。昆仑关之战中，陈曙的部下袁用等人望风溃逃，毫无军纪。狄青听了战况汇报后，一针见血地指出："令之不齐，兵所以败。"

狄青治军一向以军纪严明著称，此次南下平叛，重点工作就是整顿军纪，以提高宋军的战斗力。据《五朝名臣言行录》的记载，狄青率领禁军主力抵达潭州后，立即整顿军队，严明纪律。对于军营的修建、粮食的搬运等工作，都有具体的部署和安排。有士兵拿了路上行人的一把青菜，狄青立即下令将该士兵斩首示众。从此全军纪律严明，行军当中没人敢乱说乱动，一万多人行军竟然听不到一点杂音。

皇祐五年（1053）正月初八的清晨，狄青将诸将召集到大堂上，让陈曙出列，并且召来刚刚从昆仑关阵前溃逃的陈曙的部下袁用等三十二人，验明他们的"败亡之状"后，让人将他们全部推出军门斩首示众。狄青果断处分了陈曙等人，令站在一旁的孙沔、余靖这两位文官出身的各统一路兵马参战的主帅不知所措，"相顾愕然"。

此前陈曙主动出战，虽然有贪功冒进之嫌，但也是在余靖的一再催促之下才带兵主动出击的。狄青此举也是在敲山震虎，警告余靖以后不得擅作主张，干预平叛的军事部署。余靖见状，只得"离席而拜"，承认自己指挥的错误："曙失律，亦靖节制之罪。"狄青见余靖态度端正，敲打他的目的已经达到，见好就收地说："舍人文臣，军旅之责非所任也。"

余靖的官位虽然不如狄青，但在宋代以文制武的国策之下，他此时的名位并不比狄青低多少，且他在士大夫中名望颇高，恐怕并不愿意听命于行伍出身的狄青。狄青快、准、狠地处理了广西前线的主将陈曙，敲打了余靖，颇有效。据说当时在场的将领们都被吓得双腿发软，站不直腰，狄青在军中的威信一下子就树立起来了。

余靖是天圣二年（1024）的进士，在士大夫中很有些声望。景祐三年（1036），范仲淹因为直言批评时政，遭到时任宰相吕夷简的打压，谏官御史都慑于吕夷简的淫威不敢说话，当时还是集贤校理的余靖却挺身而出，上书申救范仲淹，结果被贬到江南西路的筠州（治今江西高安）当了一个监管酒税的小官。集贤校理属次等馆职，为文学高选，并非御史言官，本不必管这种事情。余靖出于义愤为范仲淹鸣不平，虽然被贬官，但却从此名满天下。

庆历三年（1043），余靖出任右正言，以敢于批评朝政、倡议改革弊政著称。作为范仲淹的亲密战友，他也积极参与了庆历新政。之后他历任吉州和虔州知州，皇祐三年（1051）因父亲病逝，按例去职回家服丧。

侬智高在广西起兵接连攻下邕州等地时，余靖正因父亲去世在韶州（治今广东韶关）家中服丧。朝廷决定就近起用他主持平叛工作。皇祐四年（1052）六月初二，正当侬智高率领大军围攻广州城的时候，仁宗下诏让余靖提前结束为父守孝的丧期，出任潭州知州，几天之后，又改任他为桂州知州兼广南西路安抚使。七月初三，余靖又加衔"经制广南东西路盗贼"，朝廷实际上是将统领两广前线部队平叛的重任交付给了他。

不过，余靖毕竟是文臣，干那些只需要动动嘴皮子的工作，他可以干得很好，可打仗这种真刀真枪的活儿，却不是他做得来的。"说就天下无敌，做就有心无力"在余靖身上体现得特别明显。

余靖上任以后，几乎没有打过一场像样的仗。七月，侬智高围攻广州失败后撤兵退回广西，在路上击杀了广东钤辖张忠；九月，又在太平场击杀广西钤辖蒋偕。宋军的战场形势自广州保卫战胜利后再度急转直下。为避免形势进一步恶化，仁宗在九月底正式任命狄青为平叛的主帅。不过，狄青一直到十月中旬才集结好兵力，率军从开封南下。在狄青整军南下的期间，广西形势再度恶化。

十月初，余靖带着广西宋军主力屯驻于宾州，听说侬智高准备大举进攻宾州之后，放弃了宾州以及城中储备的大量后勤物资，逃到邕州。侬智高兵不血刃地拿下了宾州。几天之后，又引军来攻邕州。余靖不敢跟侬智高正面交战，带兵出城扬言去阻击叛军，实际上是趁机开溜。余靖带着大部队撤出邕州，导致侬智高在十月中旬再次十分顺利地拿下一个重镇。

以上由余靖领导的广西前线平叛的战况，不见于以官方战报为基础撰写的《续资治通鉴长编》，但却被司马光所写的《涑

水记闻》记录了下来。司马光也是文人出身，其立场往往是倾
向于美化文官的，但余靖的屡战屡败连司马光都看不下去了，
忍不住多写了几笔他的"光辉战绩"。

宋代为了防止武将拥兵自重，重蹈五代的覆辙，一直采取
的是用文臣节制武将的国策。狄青武将出身，虽然官居枢密副
使，但在文臣面前并没有多大的优势。而且文官们认为，仁宗
派狄青为主帅，带着禁军精锐南下平叛，本身就有违武将不可
独当一面的祖制。余靖在庆历三年（1043）当右正言的时候，
狄青正在独自主持渭州一线的战事，当时就曾遭到过余靖的反
对。余靖上疏朝廷说："狄青武人，使之独守渭州，恐败边事。"
这种蔑视武将的言论，在当时的文臣中间极为普遍。

皇祐四年（1052）十月上旬，狄青领军出发后，当时的右
正言韩绛（1012—1088）也给仁宗打小报告，说"狄青武人，
不可独任"，建议另派一位高级文官担任狄青的副手，其实是建
议派人去做狄青的监军。韩绛是前文提到过的成功处理天圣八
年（1030）前后益州谣言危机的知州韩亿的儿子。他是庆历二
年（1042）的进士第三名，当时的第四名就是大名鼎鼎的王安
石，两人关系极好。他是王安石变法最重量级的支持者，在神
宗朝与王安石一起官拜宰相，也是一代名臣。他在这个时候跳
出来反对让狄青独当一面，绝非嫉贤妒能，而是几十年来形成
的宋代政治文化传统使然。

仁宗这时也犹豫起来，找宰相庞籍前来商量。尽管庞籍也是文臣，但他知道在此危急关头，不是去跟武将争地位的时候，派人去压制狄青，破坏平叛战争的大局，只会把事情搞到无法收拾的地步。他对仁宗痛陈利害，坚决主张要专任狄青。

他对仁宗说："之前我军之所以屡战屡败，都是因为前线大将的权力太轻，偏将、副将们各自为政，该防守的时候盲目进攻，该进攻的时候又畏缩不前，这皆是因为大将没有足够的权力和权威，指挥不动偏将、副将。本朝重文轻武，若有文官给狄青当副手，恐怕根本不会把狄青放在眼里。到时狄青威望受损，他的军令在军中恐怕就难以执行了，这岂不是要重蹈覆辙吗？"

庞籍曾经在陕西前线主持过对西夏的战事，对宋军的弊端非常清楚，而且他当过狄青的领导，对狄青的军事才能非常赞赏。他相信，如果这场战事连狄青都解决不了，那么整个大宋也就没人能解决了。

庞籍语重心长地为仁宗分析道："狄青素以善战闻名，现在让他以枢密副使的执政级大臣的身份前去讨伐叛军，如果还是不能取胜，那么不仅仅岭南地区不再是陛下的了，连荆湖、江南将来还是不是我大宋的国土，都是一个很成问题的事情。这次侬智高的祸事一旦闹大，咱们还不知道怎么才能收场，所以不能不慎重对待。狄青过去在陕西前线时，曾在臣的麾下任

职，他沉着勇敢，智勇兼备，陛下把平定侬智高叛乱的重任交
给他，朝廷给足他体面，他在军中的威望才建立得起来。他再
指挥部队作战，就必定能够打败敌人。希望陛下不要被那些乱
发议论的文人影响。"

仁宗听后，连声称赞庞籍说得好。于是下令"广南将佐皆
禀青节制"，这意味着将整个平叛战争的前线指挥权全部交给了
狄青。尽管如此，多年形成的宋代政治文化的惯性还在，仁宗
也补充了一条，即潭州的孙沔、桂州的余靖如果各率所部分路
讨击，他们各自也拥有对所率部队的军事指挥权。

严格来讲，狄青并不是余靖的直接领导，只是共同带兵平
叛的同事，只不过狄青有枢密副使的身份，又是真懂带兵打仗
的内行，在三路大军联合行动中，有实际上的最高指挥权。所
以，在正式进行平叛的军事行动前，狄青通过解决陈曙不听军
令一事，彻底统一了前线的军事指挥权，这是非常必要的。

狄青在建立威信的过程中，既杀伐果断又有礼有节，既震
慑住了广西前线的各路武将，也给广西帅臣余靖保留了足够的
体面，加上后续指挥作战十分成功，一举荡平叛军，让余靖十
分敬服。

嘉祐二年（1057）三月，狄青病逝后，余靖还为狄青写了
墓志铭。在《宋故狄令公墓铭》中，余靖回忆狄青在宾州为正
军法而大开杀戒时，"接士大夫以礼，御下以严，临敌制变，

众莫之测"，真心实意地夸赞了狄青一通，并且认为诛杀陈曙等人，严正军纪，是平定侬智高之战得以大获全胜的关键，所谓"初广西铃辖陈曙以步卒八千溃于昆仑关，公至，推首逼者殿直袁用而下并曙诛三十一人，其下股栗，遂能一战而成大功"。看来，狄青不但一战打败了侬智高，也彻底征服了余靖。

狄青大军进抵宾州之后，侬智高的主力在邕州，双方的决战不可避免。狄青这次南下，带有在陕西前线与西夏作战的精锐骑兵五千余人，他们是这次平叛的主力。骑兵利于平地作战，于是侬智高的谋士建议他将主力集中到宾州通往邕州的要隘昆仑关，依托关城阻击宋军。宋军屯兵坚城之下，时间一久，后勤必然跟不上，到时军粮耗尽，自然撤兵而去。

但侬智高起兵以来，除了强攻广州城曾经受挫以外，几乎每战必胜，特别是与宋军野战，都是摧枯拉朽，因此对狄青大军非常轻视，以为狄青带来的禁军跟之前的两广地方部队一样不堪一击，对骑兵的战斗力完全没有认知，所以拒绝了在昆仑关设防的建议。

狄青为了寻找战机，也为了麻痹敌人，故意按兵不动，并下令各地调集十日的军粮到宾州。这些消息被侬智高派出的探子打听了回去，侬智高认为狄青短期内不会主动进攻邕州。等侬智高松懈下来，狄青突然下令全军出击，由他自己率领前阵，孙沔率次阵，余靖率后阵，当天晚上就赶到了昆仑关。第二天黎明，狄青率军进驻邕州城外的归仁浦。

　　皇祐五年（1053）正月十七日，依智高得知宋军已经到了邕州城外，立即整军出城，到归仁浦迎战宋军。依智高排兵布阵仍然相当严整，"列三锐阵以拒官军，执大盾、标枪，衣绛衣，望之如火"。双方刚一交战，宋军的前军就有点扛不住了，稍微后撤，在陕西前线久经战阵的前锋大将孙节在阵前被叛军击杀，宋军全军震动。孙沔和余靖吓得大惊失色。

　　这时，狄青从西北战场上带来的骑兵发挥了一战定乾坤的作用。狄青镇定自若地登上旁边的一座小山丘，拿出军旗，指挥骑兵冲入敌阵。依智高的部队都是步兵，从未与骑兵交过手，一时惊慌失措。狄青的骑兵犹如神兵天降，一番冲杀，将依智高的主力部队截成几段。叛军阵形大乱，战场形势在瞬间逆转。叛军很快被官军分割包围，各个击破。

　　此战，依智高的主力基本被全歼，他的亲信黄师宓、依建中、依智忠等五十七人全部战死。战后，依智高彻底丧失了斗志，当天晚上，他就放弃邕州城，带着少数亲信向西逃命去了。归仁浦一战后，依智高大势已去，宋军很快就稳定了广西的局势。

　　二月初，狄青率领禁军主力班师回朝。朝廷下诏让余靖暂时率领所部人马留守邕州，清剿依智高余党，等处理完邕州的善后事宜之后，再返回广西安抚使的治所桂州。

依智高撤出邕州以后，基本上失去了军队，也没有了固定的地盘，他起家的老巢广源州，在他率主力东进与宋朝争夺广西之地后，也已经被交趾武力夺占了。他无法再在广西立足，只得带领少数亲信往西逃入广西与大理交界处的特磨道暂时躲了起来。

特磨道的范围，包括今云南的广南、富宁全境。特磨道当时的首领侬夏诚，接受大理的"布燮"官职，因此该地区名义上属于大理国的地盘，但实际上处于本地豪强首领的自治之下。侬智高的母亲在其父侬存福死后，改嫁给侬夏诚的弟弟侬夏卿，他们实属一家人。侬智高逃亡到特磨道，至少人身安全是可以得到保障的。

侬智高逃亡后，宋朝方面并没有放弃将其抓捕归案的想法。二月中旬，朝廷下诏让广西都监萧注，邕、贵、钦、横、浔、宾、龚七州都巡检使王成等制定抓捕计划，一起追捕侬智高。广西官府发布声明说，有能抓住侬智高献给朝廷者，赏给正任刺史的大官。宋代的正任刺史属于武将的高级加衔，素有贵品之称，一般将领打一辈子仗都未必能当上正任刺史，所以这也算是重赏了。但由于侬智高躲入宋朝控制力非常薄弱的特磨道地区，抓捕侬智高的行动进展缓慢，宋朝方面甚至一度不知道侬智高的动向。

据《宋会要辑稿》记载，直到五月初，余靖才向朝廷奏报，

"智高逃入外界藏避"。仁宗下诏给余靖，要他想办法乘侬智高衰弱之时尽快将其擒杀，以免他死灰复燃。可见，侬智高之乱虽然被平定了，但宋廷仍心有余悸，担心不斩草除根，后患无穷。

随着宋朝方面追捕行动的进一步展开，特磨道的压力也越来越大。余靖派邕州司户参军石鉴只身进入特磨道，游说特磨道首领侬夏诚将侬智高绑了送给宋朝，这样可以得朝廷重赏。侬智高在特磨道暂住了一段时间后，发现这里也不安全了，于是将其母阿侬、其弟侬智光、其子侬继封留在特磨道，自己带亲兵五百人，以及妻子、其他诸子投奔大理国去了。

侬智高的母亲阿侬并非一般的老妇人，而是一位相当有胆识计谋的女中豪杰。侬智高起兵后，她积极地出谋划策，参与了不少重要行动。史载，"智高攻陷城邑，皆其谋也"。传闻中她的形象极为凶狠，喜欢吃小孩。《隆平集》中说，"阿侬凶悍有谋，嗜小儿肉，间以具庖食"。《宋会要辑稿》则更夸张，说她"每食必杀小儿"，这大抵都是些发泄情绪的流言。阿侬改嫁的丈夫侬夏卿，是特磨道首领侬夏诚的弟弟，有这样的人脉，她在特磨道可谓如鱼得水。阿侬召集侬智高的残余部众，渐渐聚积起一支三千人的残兵队伍，天天训练，图谋时机成熟之时再次进犯广西。

为了避免引起与边境少数民族部落的纠纷，余靖听从部下黄汾、黄献珪、石鉴、吴舜举等人的建议，决定不直接派遣官军，而是以重金向当地少数民族部落借兵，突袭特磨道。特磨道距邕州有四十天的路程，特磨道方面完全没想到广西地方当局会想出这一招来，所以没有任何防备。黄汾等人进入特磨道后如入无人之境，一举将侬智高的母亲阿侬、弟弟侬智光、儿子侬继封等全部抓获。侬智高要不是已经提前流亡大理，恐怕这次也难逃阶下之囚的命运。

皇祐五年（1053）十二月初，余靖向朝廷献上了捷报。仁宗下诏命人将侬智高的母亲、弟弟和儿子全部押送到京师听候发落。

侬智高离开特磨道去大理后，从此下落不明。但各种小道消息却始终不断，不少消息说他去大理是去借兵的，目标是从云南进攻四川，即"身诣大理，欲借兵共寇四川"。

于是，进入下一年之后，侬智高给宋朝造成的危机就从广西转移到了四川。侬智高企图从大理进攻四川的消息渐渐传到了四川。至和元年（1054）六月初，益州路钤辖司向朝廷奏报，接到与大理接壤的黎州方面的情报，四川将会成为侬智高的下一个目标。于是，被甲午再乱谣言困扰了一年半，但又一直没有真正闹出过什么乱事的四川，终于沸腾了起来。

日夜不得休息

甲午再乱的谣言传了这么久，朝野上下严阵以待也已多时，但正如张俞"吐槽"的那样，"自春抵夏，未尝有毫发惊"，这样的结果总让人觉得，仁宗君臣这场如临大敌的表现有些荒唐。

虽然小半年过去了，什么事也没有，但四川百姓的神经这个时候其实仍然是紧绷着的。侬智高要来了的消息一传开，四川百姓立即相信，该来的终究要来，甲午再乱的宿命原来是逃不过的。仁宗、朝廷以及四川地方当局千防万防，千算万算，又是调整四川地方的人事安排，又是派人巡视四川各地的社情民风，又是派人到四川安抚人心，又在全川全面铺开城池修筑之类的国防基础设施建设，结果一切都是徒劳。

人们这时才发现，这些为了防止甲午再乱采取的预防措施，全都搞错了方向，第三次甲午之乱不再是军阀割据或内部叛乱，而是外来的战乱。侬智高图谋四川的传言，属于因环境的突然变化而产生的新谣言，这对于大众来说具有超乎寻常的吸引力，容易得到更为普遍的认同。四川百姓听到这个新谣言后，马上深信不疑，最终将甲午再乱谣言的故事引向最后的高潮。

从至和元年（1054）夏天开始，侬智高图谋四川的谣言和甲午再乱的谣言叠加在一起，经过一段时间的发酵，很快蔓延成为四川百姓特别是成都百姓的一场集体性大恐慌。

可惜的是，对于侬智高图谋四川的谣言，朝廷最初并没有给予足够的重视。在六月初得到益州钤辖司关于侬智高动向的汇报之后，朝廷只是把它当成侬智高叛乱善后工作的一部分，把侬智高打算进攻四川的消息当成一个正常的军事情报来对待。所以，朝廷才给益州地方当局下达了在云南通往四川的交通要道和关隘等地增加兵力、提高戒备的命令。这当然无可非议，这一套操作也符合当时处理边关军情的常规做法。

类似的军情，就在两个月前才刚刚出现过。当时川陕交界处的文州（治今甘肃文县）知州吴贲贪图功赏，诬告当地蕃部豪族常氏谋反，激起蒙冤的蕃部首领叛乱。利州路转运司向朝廷上报，"蕃部寇文州"，朝廷接到奏报后，下诏让益、利、梓、夔四路钤辖司以及秦凤路部署司严加守备，并令阶州地方官安抚所属蕃部，"勿令结连以为边患"。

事实上，六月初黎州传来的这个侬智高打算进攻四川的军事情报，反映出在甲午再乱谣言流行之际大众受恐慌情绪刺激产生了应激反应。这个军事情报本身就是甲午再乱的大谣言背景之下滋生出的小谣言。关于这件事情，官方最初的通报是，"侬智高自广源州遁入云南"，并没有明确说侬智高要来攻打四川，但是云南离四川最近，而四川的军备又最薄弱，人们觉得侬智高在云南搞阴谋活动，肯定是想打四川的主意。

侬智高图谋四川的说法，在关键事实上有严重错误。前面已经详细梳理过，侬智高从邕州败逃之后躲去了特磨道，之后从特磨道流亡到了大理。而侬智高起兵之后，带着主力转战两广各州县，交趾早已趁机拿下了广源州，所以侬智高根本不是从广源州逃入的云南。

仁宗及朝中大臣把侬智高要来攻打四川的谣言当成了一个普通的军事情报，完全没放在心上。在这个谣言流传了一个月以后，仁宗因为这一年上半年四川一直平安无事，就认为甲午再乱谣言给四川造成的危机已经解决。他认为程戡已经圆满完成了任务。

七月初，仁宗兑现了自己的诺言，任命程戡为参知政事。程戡接到命令后，开始交接在四川的工作，心满意足地准备回京登上大宋王朝权力金字塔的顶层。在这个时候把程戡调回中央，说明朝廷认为此时四川已经不再需要重臣镇抚了，也进一步说明在侬智高谣言的初起阶段，朝廷是掉以轻心的。朝廷和四川地方当局都没有意识到侬智高要来攻打四川的消息是谣言，而非真正意义上的军事情报，并为此付出了巨大的代价。程戡刚一卸任，局势就开始恶化了。

据张俞的描述，叠加了侬智高谣言的甲午再乱谣言在沉寂了一阵之后再度甚嚣尘上，所谓"秋七月，蛮中酋长以智高事闻于黎，转而闻之益，云南疑若少动，岁凶之说又从而沸焉。
缙绅从而信之焉，西南一隅，朝廷重忧之矣"。从张俞的描述来
看，侬智高谣言对于甲午再乱谣言有着火上浇油的效果，不但
一般老百姓跟风议论、传播，就连作为知识精英的士大夫群体
也深信不疑。

苏洵绘声绘色地描述了侬智高谣言是如何击破四川百姓最
后一道心理防线的："侬智高自邕州败奔南诏，西南夷闻之，声
言智高将借兵南诏以入蜀。"谣言从边境传入四川腹地，恐慌
也从边境一步步扩散到四川的乡村和城市，最后传遍全国。张
俞描述当时谣言传播的情况是，"边军夜呼，野无居人，妖言流
闻，京师震惊"。边关的士兵在夜里被惊醒，大呼敌人来了；乡
野之间的居民被吓得都涌入城镇躲避想象中的战乱，没人敢在
没有防御能力的乡村居住。谣言四处流传，最后连京城中的人
也都知道四川终于出大事了。甲午再乱之说诚不我欺！

双重谣言的威力非常大，恐慌情绪很快就弥漫到整个四
川，人群向城镇特别是向四川最大的都市成都聚集。大规模人
群集中，又会进一步加快谣言发酵的速度，一场前所未有的集
体性大恐慌在成都爆发了。甲午再乱谣言制造的不确定性，本
来就让大众长期处于模糊不定的危机感和焦虑感中；而侬智高
图谋四川的新谣言，又让大众立即感觉到自己处于一种迫在眉
睫的危险之中。于是，谣言在迅速扩散的过程中被更多的人接

受和改造，各种怪诞的想法层出不穷。

广西的侬智高之乱闹了将近一年，对两广地区的破坏是极大的，对老百姓来说，是一场极为残酷的兵祸。皇祐四年（1052），侬智高大军围攻广州城近两个月，广州城一度成为孤城，物资极度匮乏，城中人民的生存状态可想而知。直到七月中旬以后，番禺县令萧注打通海上通道，"诸路援兵及民户牛酒刍粮相继入城"，才缓解了城中人民的生存窘境，"城中人乃有生意"。

广州城被围前，已经有侬智高大军要进攻的消息传来，但知州仲简为了安定人心，把这些预警的情报通通斥为谣言，不但把通报消息的人当成造谣者抓起来，还下令说："有言贼至者，斩！"

广州知州仲简故作镇静，拒绝在战事爆发前做任何准备，老百姓也没有意识到一场巨大的灾难即将到来。等到侬智高真的打来了，广州地方当局才在慌乱之中打开城门放老百姓入城。这时，老百姓争先恐后地挤入城中，有钱的人就花钱贿赂城门官，希望能先进城，没钱的人就只能靠硬挤，最后发生了极为严重的踩踏事故。侬智高还没打来，广州老百姓就自相践踏，死了许多人，这完全是广州地方当局不作为和乱作为的结果。

另外，战事一起，老百姓往往会成为乱兵屠杀的对象。

皇祐四年（1052）九月中下旬，侬智高攻下昭州（治今广西平乐）前，老百姓听说叛军打来了，纷纷跑到城外的一些山洞中躲避战乱，结果叛军打来之后纵火烧山，这些避难的百姓全都被活活烧死。这次死难的百姓人数，按《续资治通鉴长编》的说法有数百人，按《宋会要辑稿》的说法则有数千人。

而战乱一旦爆发，给老百姓造成重大伤亡的不一定都是叛军。官军或者官府为了赢而苦一苦百姓的事也是屡见不鲜。本来官府的军事行动所增加的军费开支，就已是老百姓的沉重负担了，为了加强军事防御能力，临时增加的国防基础设施建设工程，还会进一步加重百姓的负担。如果碰到那种不顾百姓死活的官员，当地老百姓还会遭受更大的灾难。

比如为了阻挡侬智高扩大战果，朝廷曾下令让两广各州修筑城池。皇祐四年（1052）六月底，广西提点刑狱朱寿隆在巡视时发现，贵州（治今广西贵港）地方当局在接到朝廷的命令后，不顾百姓死活，强迫所属百姓进行高强度的筑城工作，"虐用其人，人不堪命"。而臭名昭著的邕州知州宋克隆，更是屠杀逃难的老百姓，诈称是斩获的侬智高叛军，以完成朝廷交代的歼敌任务，所谓"纵士卒下诸山寨，杀逃民，诈为获贼"。

更糟糕的还在后面。战乱一起社会秩序必然大乱，平时各种宵小之徒都会趁乱出来捞一笔。如广州城被围后，城外便成为官府管不到的地方，"群不逞皆旁缘为盗"，其中骨干力量有六十多人，而被他们裹挟加入的人则多达六千多人。同时，战乱一来，老百姓往往会不由自主地被卷进去，不得已加入叛军，狄青击溃侬智高主力收复邕州后，发现被侬智高"俘胁者"多达七千多人。

所以，当四川人民特别是成都人民听到侬智高要来攻打四川的谣言后，立即陷入了歇斯底里的疯狂之中。说实话，侬智高借兵大理、从云南进攻四川的谣言，如果根据历史经验来看，是有相当可信度的。因为大理的前身南诏在唐代就曾多次从云南攻入四川，唐代中后期，连有重兵把守的剑南西川节度使驻地成都都一度差点完全陷落。南诏曾经给成都人民造成了毁灭性的灾难，侬智高图谋四川谣言的广为流传，必然会唤醒成都百姓的恐怖记忆。

唐文宗太和三年（829）十一月，南诏大军越过大渡河，接连攻下川南重镇巂州（治今四川西昌）和戎州，并在离成都约160里的邛州大败唐军，迅速攻陷了邛州城。十二月，南诏大军从邛州直抵成都城下，迅速攻陷了成都的外城。随后又分兵进攻东川，一度攻入了梓州的西城。此役，南诏军队占领成都外城达十日之久，撤军之时，"乃大掠子女、百工数万人及珍货而去"，抢钱就算了，还要抢人，这可把成都的老百姓给吓惨了。

为了避免被带去云南，被南诏俘获的四川老百姓纷纷跳江逃跑，被淹死的不计其数，"流尸塞江而下"。南诏军队撤退至大渡河时，南诏权臣嵯颠极为煽情地对被俘的蜀人说："此南吾境也，听汝哭别乡国。"于是，被俘的蜀人大哭，在悲戚的气氛烘托下，许多人跳入大渡河中，"赴水死者以千计"。这段惨痛的历史已经过去了两百多年，但对于成都人来说，如果侬智高要从云南来进攻四川的传闻属实，则当年的悲剧即将重演。

当时集体性恐慌在谣言的一再刺激之下已经在成都扩散开来，这个时候辟谣已经没有意义，侬智高是否要进攻四川也不重要了，谣言所引起的恐慌已经爆发，危机已然生成。

这是不是意味着朝廷或者四川地方当局无事可做，只能听凭谣言疯狂扩散了呢？答案显然是否定的。当谣言引发恐慌以后，真正需要面对的问题不再是谣言的真假，而是恐慌本身。这时，有效的做法不是去澄清事实，揭开真相，而是消除大众的恐慌心理。

前面讲过真宗年间司马池成功处理郫县谣言危机，就是一个非常正面的典型。当时，"蜀人妄言戍兵叛，蛮将入寇，富人争瘗金钱逃山谷间"，谣传的核心内容是"蛮人"要来攻打郫县，这跟侬智高要来进攻四川的谣传如出一辙。郫县爆发了集体性大恐慌，有钱人把财宝都埋藏到地里，带着家人逃到荒山野林里躲了起来，整个社会秩序一度出现大混乱。

这时，如果一味要求老百姓不信谣，只会让人产生逆反心理，反倒会成为谣言传播的助力。司马池趁着上元夜全民狂欢的机会，大开城门，组织元宵灯会，让老百姓尽情玩乐。大众的紧张情绪得到释放，谣言引起的恐慌就被控制住了，所谓"蛮将入寇"的情况又并没有真正发生，自然也就没有人再信谣和传谣了。

所以，如果政府能够及时采取一些化解恐慌的措施，还是可以成功解决谣言危机的。但至和元年（1054）夏天这场突如其来的谣言大恐慌，朝廷和四川当局的应对是相当差劲的。如前所述，朝廷虽然在六月初已经接到益州钤辖司上报的侬智高逃入云南的奏报，但一开始只是把它当成是一个普通的军事情报，并没有意识到这个消息有可能引爆甲午再乱的谣言危机。

程戡卸任后，仁宗最初比较属意前宰相吕夷简的儿子吕公弼出任下一任益州知州。经历了宋夏战争、庆历新政、贝州王则兵变以及侬智高之乱等一大堆事情之后，仁宗想到之前吕夷简当政的那些年，四方无事，天下安定，十分怀念吕夷简。于是爱屋及乌，非常看重吕夷简的儿子吕公弼，天天念叨着吕公弼是个人才，甚至把吕公弼的名字写在大殿的柱子上，时时提醒自己，又经常跟宰相讲"公弼甚似其父"的话。于是，这次仁宗打算让吕公弼去接替程戡出任益州知州。

吕公弼此时是兵部郎中、龙图阁直学士、权知开封府，在京城当官当得好好的，实在是不想去山高路远的益州为官。所以，当仁宗表达了这个想法后，吕公弼态度非常明确，坚决拒绝出任益州知州。仁宗也不愿强人所难，只好临时在负责主管国家马政的群牧司增加了一个"同群牧使"的高级职位，让吕公弼去担任。同时声明，群牧司增设岗位只是临时的，就是为了给吕公弼在京城找个去处，以后不会保留这个岗位。

不过后来吕公弼还是没有逃脱去四川做官的宿命。嘉祐六年（1061）四月，这时益州已恢复成都府建制了，吕公弼被任命为成都知府，这次他从延州欣然赴任。他到成都后，爱民如子，深得好评，可见当初仁宗想让他去益州做知州，还是很有眼光的。

因为吕公弼不肯去益州就任，仁宗只得重新寻找合适的人选，最后选中了当时的滑州（治今河南滑县）知州张方平。有意思的是，张方平最初也不愿意入蜀，他跟仁宗诉苦说，益州知州按惯例不得带家人，他的父亲已经年老，他需要随时在老父身边尽孝道，如果去益州做知州的话会有亏孝道。这是一个冠冕堂皇的请辞理由，很多不愿意去四川的官员以此为借口逃避入川，最后都成功获准了。

张方平没想到的是，仁宗这次竟然不按套路出牌。他对张方平说："朕知道这个规定非常不合理，极度不近人情，这种情况也不是一天两天了。之所以没有去改，主要是因为这是'祖宗故事'，不敢轻易更改。现在爱卿把这件事情挑明了，朕也觉得可以为爱卿做一些改变。你这次去益州，把你的父亲带上就行。朕随后会让相关部门出面讨论废除这个规定。"

仁宗以退为进，反倒让张方平不敢再说什么了，因为祖宗之法在宋代可是犹如宪法般的存在，皇帝不敢轻易改动祖宗之法，大臣们要是敢公然破坏祖宗之法，也会成为众矢之的，立即就会在官场上"社死"。所以，张方平听了仁宗的话吓得大惊失色，回奏说："祖宗的法令怎么可以因为臣的缘故说变就变、说改就改啊！"话说到这个份上，他即使再不愿意去益州，也只得硬着头皮去了。

程戡调任参知政事的诏令是在至和元年（1054）七月初六发布的，吕公弼出任益州知州的诏令是在七月初八发布的，吕公弼坚辞益州之命后，仁宗在七月十三日发布了张方平出任益州知州的任命。从任命诏书发布的时间来看，这个节奏还是相当紧凑的。但考虑到古代实际的交通条件，张方平交接完滑州的工作，去京城面见仁宗，再出发去益州上任，需要较长的时间准备。据《续资治通鉴长编》记载，张方平到达益州，已是当年十一月了。

这样，从程戡离任到张方平到任，差不多整个夏天和秋天的四五个月里，处在谣言危机风暴中的益州，地方"一把手"的重要位置竟然一直空缺。这无疑给叠加了侬智高谣言的甲午再乱谣言充分的野蛮生长空间，谣言危机所引发的集体性大恐慌就这样愈演愈烈了。更为麻烦的是，错过了最佳干预时间的同时，四川地方当局由于缺乏有足够行政经验的官员主持大局，在这期间还使出了许多加重谣言危机并引爆集体性大恐慌的昏着。

程戡离开成都后，朝廷让益州路转运使高良夫在张方平到任前暂时代理益州政务。高良夫在《宋史》中无传，有关他的史料也不多，结合散落在《宋史》和《续资治通鉴长编》等史料中的零星记载可知他的大致生平。

高良夫大约在仁宗朝前期就已经入仕，宋夏战争期间，他曾在陕西前线为官，一度做过延州通判。庆历四年（1043）宋夏和议之后，他参与过宋朝跟西夏的边界划定工作。之后当过开封府判官、江淮等路都大发运使、河北都转运使等。前文提到，程戡在四川发起大规模筑城运动的时候，当时的益州路转运使高良夫曾经上奏朝廷给程戡请功。另外，王珪的《华阳集》中收录了一份至和元年（1054）拟写的朝廷任命高良夫为益州转运使的制词，可见高良夫大约是当年上半年成为益州路转运使的。

从高良夫的仕宦经历来看，他是一个长期从事具体事务性工作的官员，早期主要在宋夏战争的一线任职，后期大部分时间是在负责财税以及监察州县地方官的转运司系统任职，没有主政一方的经历，缺乏地方行政经验。高良夫因早年的经历，对战争相当敏感，当他听到侬智高要来进攻四川的谣言，早年在陕北前线的战争恐惧被点燃了，史书上说"良夫闻之大惊"。

转运使在宋初本来只是负责一路的财政赋税事务，后来又逐渐增加了监察辖区内州县官吏以及覆核司法案件等政法工作，于是"厘革庶务，平反狱讼，漕运金谷"都成了转运使需要处理的事务。比起知州等地方长官，转运使的工作是既琐碎又忙碌的。人长期陷入纷乱的事务性工作中，往往容易形成遇事就先忙起来的习惯。所以，高良夫被谣言惊吓到以后，第一反应就是先把工作干起来。他将益州的驻军调派到边境州县驻防，又从各地调派编制外的地方民兵"弓手"增加军力。此外，他还征发老百姓加固城墙。在谣言危机之下，成都地方当局忙得不可开交，老百姓也日夜不得休息。

高良夫的做法恰恰犯了大忌。他的一系列举措加剧了紧张气氛，还以官方背书的做法印证了谣言是真的。他用瞎忙来掩盖自己的无能，反倒让老百姓更加人心惶惶。大家都被"调动"了起来，平静的生活被突然打破，纷乱的民众开始无序地聚集。在这种情况下，谣言会进一步加速传播，而恐慌也会被成倍地放大。

苏辙（1039—1112）多年以后在所著的《龙川别志》中回忆，高良夫应付谣传和恐慌的一系列操作，全都是强化谣言和扩散恐慌的瞎指挥。他说，"转运使高良夫权知成都，得报大恐"，于是"移檄属郡劝民迁入城郭"，让各地官员出面劝老百姓迁入城中避难，造成大规模人群聚集。人多嘴杂，谣言只会越传越厉害，大家只会越听越害怕。

当然，苏辙的回忆也不完全是他的亲身见闻。他晚年党争失败后谪居岭南多年，元符二年（1099）夏，贬居循州（治今广东龙川）时写成了《龙川别志》。他在自序中说，撰写此书是为了把他从朝中名流那里听来的逸闻旧事流传下去。"如欧阳公永叔、张公安道皆一世伟人，苏子容、刘贡父博学强识，亦可以名世，予幸获与之周旋，听其诵说"，这段序文中提到的"张公安道"就是张方平。所以，《龙川别志》中所讲的张方平化解益州谣言危机的故事，部分内容很有可能就是张方平本人讲给苏辙听的。

高良夫还"令逐县添弓手"，在各县临时招募民兵，想加强军力，实际上这种临时征调的民兵毫无战斗力，而到处征召民兵，只会骚扰老百姓，同时引起大众对于战争的恐慌。几十年来连兵器都没有见过的四川百姓哪里见过这种阵仗啊！苏辙说，"蜀人久不见兵革"，看到到处都在招兵买马，这么多人拿着兵器到处走，"惧甚，汹汹待乱"，人们害怕极了，在绝望中等待着灾难的最终降临。

苏辙的兄长苏轼在为张方平所写的《张文定公墓志铭》中写到这段往事时，直言高良夫是个"妄人"。苏轼批评得很辛辣，委实属于站着说话不腰疼，其实高良夫这么做也无可厚非。在侬智高马上就要打来的谣言已经街知巷闻的时候，他如果不积极地投身到强军备战的工作中去，而是什么都不做，万一侬智高真的打过来，到时成都失守，酿成大祸，他是要被问责的。

依智高叛军在广西肆虐的时候，很多地方长官就是什么也不做，坐以待毙，事后被朝廷以玩忽职守的罪名施以严惩。如果侬智高真打来，像高良夫这样临时抱佛脚，一顿乱指挥，成都大概率也守不住，但他做了这些事，表明自己是在完成该做的工作，虽然做得不到位，效果不佳，但那只是能力问题，不是态度问题。从他的角度出发，他现在越积极主动地做事，以后被追究、问责时的罪过就越小。

高良夫的行为虽然可以理解，但他在慌忙之中瞎指挥，后果却是灾难性的。在高良夫的推波助澜下，谣言大恐慌中的成都百姓心态彻底崩了。据《续资治通鉴长编》描述，当时"民大惊扰，争迁居城中。男女婚会，不复以年。贱鬻谷帛市金银，埋之地中"。人们因为恐惧，争先恐后地往城里跑。他们得知灭顶之灾马上就要来了，日常生活的秩序彻底乱了套。青年男女不等成年，纷纷谈婚论嫁，生怕晚了就来不及了。老百姓害怕敌人一旦打来，自己的那点家当会被洗劫一空，于是纷纷把自己家里的粮食和布帛等日用品贱卖，换成金银埋到地里藏起来。至此，这场谣言危机导致的集体性大恐慌达到了高潮。

第六章

从来没有真相可言

至和元年（1054）的夏秋之际，成都因为谣言危机渐渐乱成了一锅粥，但朝廷似乎反应非常迟钝，既没有对侬智高是否会进攻四川发布任何官方通报，也没有对谣言引起的社会恐慌下达任何处置意见。直到中秋前后，朝廷仍然把侬智高要进攻四川的谣言当成一个普通的军事情报处理。这种认知在接下来的几个月里没有大的变化。

八月上旬，朝廷下诏让"雅州知州专管勾黎州兵甲盗贼公事"，显然，这一诏令旨在通过理顺以黎州为主的边防前线的军事指挥权问题，加强四川与云南交界地区的军事防御能力。九月初，朝廷听说戎州、泸州等地的知州经常在"蛮人入寇"的时候带着部队前去边境巡视，所到之处强令当地老百姓供应粮肉等物资，于是给梓州路转运司下令，要求严禁此类扰民害民的行为再度发生。

朝廷一直在做军事准备工作，显然，直到当年秋末，仍然不知道四川出事了。四川真正的危机不是军事上的，侬智高图谋四川的谣言本身就足以引发一场大乱。事实上，对于如何处理谣言危机，仁宗朝廷本已积累了相当丰富的经验，但因为没有意识到四川正在上演的是谣言恐慌，所以错过了处理谣言危机的最佳时机。

这时，开封的仁宗君臣正在被另一个谣言搞得心烦意乱。至和元年九月初，关于枢密副使王尧臣（1003—1058）的谣言大案正在上演。

王尧臣是仁宗天圣五年（1027）的状元，担任过翰林学士等文学清职，也担过三司使、群牧使等事务性极强的繁剧之任。皇祐三年（1051）十月，王尧臣升任枢密副使，不久之后，侬智高之乱就爆发了。王尧臣主持枢密院，出台了广西三路联防机制，即以宜州、容州、邕州三州为中心，将广西全部的军事力量分为三路，在宜州、容州、邕州三州各驻重兵，又以桂州为广西经略安抚使驻地，统领三路，战时三路联合出兵，广西经略安抚使坐镇桂州统一指挥。这个三路联防机制为狄青平定侬智高之乱提供了军事机制上的保障，曾得到狄青的肯定。

王尧臣为官的风格是秉公办事，不喜欢有人私下请托，当时常见的拉人情等官场习俗，他全都深恶痛绝。枢密院除了主管全国的军事工作以外，还要管理各级军官的考核升迁等事宜。武将们喜欢通过搞关系的方式为自己捞好处，王尧臣上任之后，把枢密院的"后门"全关了，"务裁抑侥幸"，断了大多数人的升官发财之路，引起一众武将的怨恨。他们刻印匿名宣传单在京城到处发放，制造关于王尧臣的谣言，企图将王尧臣从枢密副使的位子上拉下来。

仁宗听说后表示，他绝不相信这种流言，并要求严厉打击造谣者，平息各种议论。至和元年（1054）九月十日，仁宗要求开封府从严从速解决王尧臣谣言事件。开封府张贴黄榜，若有人能检举揭发造谣的幕后黑手，赏钱二千缗，愿意当官的，可以给大理寺评事或者侍禁的官位，已经当官或者在军籍的，优先考虑给予更好的职位。如果是造谣者的同谋出来检举揭发同党的，不但本人可以免罪，还可以跟普通人一样得到奖赏。哪怕是僧人、道士，只要出来检举揭发，都可以获得各种荣誉称号、提升教阶等级。这样的奖赏不能不说是相当丰厚了。

由于朝廷处理及时，有关王尧臣的谣言很快平息，没有影响到王尧臣的仕途，更没有在朝中引起难分难解的政争。谣言案结束后，王尧臣继续担任了两年的枢密副使，嘉祐元年（1056）还升任了参知政事，直至嘉祐三年（1058）病逝在参知政事任上。

这时，四川的谣言危机却愈演愈烈。到了至和元年（1054）的仲冬时节，四川谣言危机的寒风终于吹到了京城开封。

十一月五日，御史中丞孙抃（996—1064）上疏说，"西川屡奏侬智高收残兵，入大理国，谋寇黎、雅二州"。孙抃把问题挑明了，他给朝廷的建议是，让前去益州上任的张方平提前了解情况，规划解决办法，重点不是加强军事防御力量，而是"安蜀人"，即消除谣言的影响，化解四川社会的集体性恐慌。

孙抃就是眉州人。眉州孙氏自唐代起就是蜀中的书香世家，人称"书楼孙氏"。孙抃在天圣八年（1030）考中进士，历任绛州通判、开封府推官、起居舍人、翰林学士等。《宋史》本传评价孙抃"虽久处显要，罕所建明"，看来他并不是一个喜欢积极发言的人。这次他能够站出来向朝廷挑明四川的情况，应该是收到来自家乡的许多不利信息，觉得必须引起朝廷的重视了。

但这次朝廷又会错了意，在接到四川因为谣言而陷入大恐慌的消息之后，朝廷的应对策略竟然跟高良夫的思路如出一辙。朝廷的想法是，只有增强四川的军事实力，才能安定人心，于是下令征调宋夏战争前线的陕西精锐步兵和骑兵前去四川驻防。考虑到四川部队平时不进行军训也不发放武器，朝廷在调兵的同时也安排了调拨武器装备到四川。

曾经做过益州知州，又正好在主持陕西军政的文彦博立即响应朝廷的号召，命人"车载关中器甲入蜀"。于是，一车一车的武器装备从陕西向四川运送。因此，一时之间，整条川陕道上，"兵仗络绎，相望于道"，崎岖的蜀道之上，出现了几十年都未遇到过的壮观而又忙碌的场面。

朝廷的做法，相当于在高良夫对谣言危机火上浇油之后，又倒了一桶油进去。这下，谣言大恐慌的火在四川烧得更旺了。

新年的上元夜

就在情况已经失控并继续恶化的情况下，张方平终于抵达了益州。据《续资治通鉴长编》记载，张方平到益州的时间是至和元年（1054）十一月，但未说明具体日期。十一月初，御史中丞孙抃在朝廷上公开挑明益州的谣言危机，并建议仁宗下诏给张方平，说明当时张方平应该还在前去益州的路上。再从张方平上任后不久就到了至和二年（1055）的新年来看，他应该是在十一月底才到达益州的。

张方平上任的过程比较迟缓，大概是因为他本来就不想前去赴任。至和元年七月中旬，仁宗发布任命张方平为益州知州的诏书时，他应该还在滑州。接到诏书后，张方平从滑州赶回开封面见仁宗，万般无奈之下只好同意前去益州就职。一来二去费时不少，加上他此行多少有些不情愿，所以动作可能非常缓慢。

仁宗知道四川事态严重，颁下诏旨催张方平尽快赴任，可见张方平的行程确实有点不正常。仁宗催促张方平加快赶路的同时，还给了他"便宜从事"之权，允许他到益州后根据实际情况采取措施，不必事事请示朝廷。

张方平非常坚定地回复仁宗说，他已然心中有数，让仁宗不必担心。他说："南诏去蜀二千余里，道险不通，其间皆杂种，不相役属，安能举大兵为智高寇我哉！此必妄也。臣当以静镇之。"

在张方平看来，侬智高图谋四川的消息纯属无稽之谈，这就是个谣言，不是什么重要军情，完全不必把它当回事。他分析认为，大理与四川相距两千余里，沿途大多都是崇山峻岭、羊肠小道，如此漫长的距离，如此难走的道路，不可能成功实施偷袭。更何况大理与四川之间还有许多双方都无法控制的少数民族部落，这些部落族属各异，又没有统一的政权，各部族之间钩心斗角，谁都不服谁。侬智高在广西兵败之后，只带着少数亲随逃亡到大理，哪里有实力整合这些部族，来进攻四川呢！

我们今天从局外人的角度来看，张方平的分析可以说相当有道理。但这个道理只能说给朝廷高层听，如果去给四川的老百姓讲，是没有什么效果的。

其实，张方平真正高明的地方，在于他明白解决这场谣言危机的根本出发点是消除大众的恐慌，"以静镇之"就是最好的办法。具体来说，就是主事者自己要稳得住、不能慌。当然，不慌不急的前提是对谣言散布的真假难辨的消息做到心中有数。

张方平对于侬智高图谋四川谣言之虚妄的分析，一是让自己心中有数，二是让仁宗有心理准备，意思是他随后就要"放大招"了，朝廷不要被他稍后的一系列不按套路出牌的危机处理方式吓到，要支持他的各种举措，切勿从中作梗。

然后，张方平就开始了他的"表演"。他在去成都的路上见到了一批又一批从陕西移防四川的士兵，以及各种发往四川的武器装备。只要士兵和武器装备在四川的道路上络绎不绝，四川百姓的心就一刻也不能安定下来。张方平果断下令，让这些士兵和武器装备一起原路返回，不必再去支援四川。

他是在跟朝廷的军事部署公开对着干，如果没有仁宗授予他的"便宜从事"特权，他绝没有这样做的胆量。史称张方平从小"颖悟绝伦"，为人"慷慨有气节"。此前，王拱辰负责制定河北的食盐专卖政策，以图增加盐税收入。张方平见到王拱辰的方案后，对仁宗说："新制定的河北盐税改革方案为什么这么狠呢？他们搞的是一税二收啊！"仁宗听后大惊，说："这才刚立法准备收税，你为何这样说呢！"

张方平解释说："五代时周世宗已经把盐税打包分摊到正税之中了，就是现在两税中的盐钱。现在再专门制定政策来收河北的盐税，不是第二次收税又是什么！"仁宗恍然大悟。张方平见仁宗被他说动了，害怕仁宗反悔，当场请仁宗下诏，停止推行河北的"榷盐"新政。

事实上，张方平在北宋中期的官场本就是个很特殊的存在。跟大多数文官以进士身份进入仕途不同，他是在景祐元年

（1034）通过"茂才异等"的制举考试进入官场的，这是一种针对特殊人才的非常设的科举考试。张方平年轻的时候，当时的参知政事宋绶（991—1041）和蔡齐（988—1039）见到他，就夸许他是"天下奇才"。在被仁宗选中担任益州知州之前，他已有非常丰富的中央和地方任职经历，在中央做过御史中丞和三司使等要职，在地方主政过滁州、江宁府、滑州等大州要郡，地方行政经验已相当丰富。

张方平说的"以静镇之"，即依靠权威者的强大气场，在谣言制造的巨大不确定性面前展现足够的定力，从而使人们从恐慌的忙乱中平静下来，慢慢恢复正常的生活秩序。事实证明，"以静镇之"的策略解决谣言引发的集体性恐慌是非常有效的。

张方平到达益州后，下令将之前调集加强边境防御的部队全部遣回原驻地，把高良夫临时招募的民兵也全部遣散，让修建城墙的百姓全部回家休息。之前朝廷和高良夫为了应付谣传中的依智高入侵威胁所做的一切工作，全部被他叫停。

"躺平"是公开的表演，张方平在私下也做了许多工作。将近四十年后，张方平寿终正寝，文坛名流、世家子弟王巩为张方平写下了一篇盖棺定论的雄文《乐全先生张公行状》。在文章中，王巩补充了张方平解决这场谣言危机的一些具体细节。

张方平到成都后，除了解散高良夫征集的民兵、停止加固城墙外，还对趁乱散布谣言者进行了严厉打击。他向州县下发谕令，要求各地严查那些没事聚在一起，借侬智高图谋四川的谣言制造恐慌的人。同时发布公告，要求民间婚嫁不得不顾礼法乱来，必须备齐婚嫁的手续如礼举行，凡是不按礼法草率结婚者，官府一律从严问罪。

做完这一切，已经是至和元年（1054）岁末和次年年初了。老百姓在表面平静内心却忐忑不安的氛围中度过了春节。谣言引起的紧张气氛仍未完全消除，这个春节可能过得并不欢乐，大家只是在平静中等待着厄运或者幸运降临。

至和二年（1055）正月十五上元节，张方平精心策划了一场全民狂欢的观灯盛会。他还下令，在上元节灯会表演期间，成都无论白天还是晚上都要城门大开。这个做法，司马池在郫县谣言盛行时用过，王曾在应天府帽妖谣言流行时也曾用过，可谓屡试不爽。上元节观灯结束后，成都的集体性大恐慌终于消散，一切恢复了往日的平静，"蜀人遂安"。

《续资治通鉴长编》以及苏轼的《张文定公墓志铭》都把谣言平息归功于张方平的"两面派"手法。一面是给人看各种"表演"，另一面是不动声色地解决这场集体性大恐慌的源头——探察侬智高的准确动向。

在当时的四川，张方平并不孤独，有人和他看法相同。元丰六年（1083）十一月，前太中大夫程濬（1001—1082）下葬，程濬是眉州人，他死后，家人请同为蜀人的吕陶为他写了墓志铭。吕陶详细叙述了程濬的生平。程濬在仁宗朝前期考中进士，之后整个官场生涯大部分时间都是在四川度过的，起初任彭州、嘉州、梓州等州的通判，之后又升任遂州知州、荆湖南路提点刑狱、夔州路转运使等。熙宁三年（1070），他七十岁时致仕回家。

程濬在遂州知州任上碰到过一个棘手问题。当时负责监控川南一带少数民族动向的淯井监收到一个情报，说"云南鬼主将请道来贡"。淯井监位于今四川省长宁县南 70 里的双河镇，是宋代泸州下属的一个盐业生产基地，也是宋朝官方探听川南少数民族情报的前沿哨所。人们纷纷怀疑，这些少数民族首领说是来给宋朝进贡的，其实另有所图。他们早不来晚不来，偏偏这个时候来，可能是为侬智高进攻四川打前站的。这个消息将整个梓州路震惊了。

程濬在遂州任上的时候，正好是至和元年（1054）秋冬之际甲午再乱谣言达到高潮之时。从这条史料来看，侬智高图谋四川的谣言不但通过川西的黎州传入了成都平原，也通过川南的泸州传到了川中丘陵地带的遂州一带了。

据《太中大夫武昌程公墓志铭》记载，负责指导遂州军务的梓州路钤辖司负责人听到这个消息后，立即准备调集兵马加强边境的防御力量。而且梓州路转运司的负责人也非常紧张，表现出过度的忧虑。整个梓州路从南到北人心惶惶，似乎马上就要爆发集体性大恐慌。

这时，程濬给同僚们分析说："云南于中国道路梗绝之久，彼自卫巢穴不暇，安能远来！吾属当慎所举，以宁人心。"他跟张方平简直是"英雄所见略同"，他也认为从交通条件上看不存在从云南袭击四川的可能性。程濬断定这个消息就是谣言，所以官府要做的事情，不是调兵遣将，而是要在谣言流行之际稳住阵脚，让老百姓心里有底，不慌不怕。

最后在程濬的劝说下，梓州路钤辖司放弃了调集军队的想法，遂州人心才逐渐安定下来。程濬的做法，事实上与张方平的"以静镇之"不谋而合。吕陶说，在整个谣言危机处置的过程中，遂州人民"赖公镇重"，事后还给程濬送了个"铁塔"的绰号。

事实上，民间也不乏能看破谣言的有识之士。在张方平上任前，成都本地士人的杰出代表张俞曾写信给张方平分析四川时局，特别讲到侬智高将要进攻四川的说法绝不可信。张俞在《送张安道赴成都序》中说，"大理至南诏，南诏至益，其地相去数千里，山川险阻，从而可知"，显然，张俞的看法跟张方平"南诏去蜀二千余里，道险不通"的分析逻辑基本一致。

张方平和张俞都是首先从地理因素上来分析这一问题的。云南离四川很远，侬智高千里奔袭，军事上难度极大。只是张俞误将唐代的南诏和宋代的大理看成同时存在的两个政权，事实上，南诏早在 902 年因权臣篡位而亡国，之后几十年间，内部政治斗争剧烈，政局一直不稳定，短短三十年间，先后经历了大长和国、大天兴国、大义宁国三个短命的小朝廷。直到 937 年，通海节度使段思平起兵灭大义宁国，建立大理国，云南的局势才稳定下来。

宋朝统一四川后，大理方面态度比较积极，想恢复南诏与唐朝那样的传统朝贡体制，但北宋朝廷对于要不要跟大理建立官方联系一直秉持着非常审慎的态度。宋朝君臣普遍把唐朝的衰亡归咎于后期与南诏的长期战争。欧阳修在《新唐书》中总结唐末的历史，有"唐亡于黄巢，而祸基于桂林"的说法，黄巢我们都熟悉，这句话中"祸基于桂林"，指的是咸通九年（868）庞勋领导的桂林戍兵大起义。

这支驻守在桂州的部队是唐朝用来防备南诏的。唐末，唐朝与南诏长期交战，这批本来应该三年一轮换的士兵等了五年都没等来轮换的命令，十分不满，发动了起义。起义军从桂州出兵，经湖南、浙西进入淮南，人数最多时有二十万人，活动范围遍及南方大部分地区，对唐朝的经济重心江南地区造成巨大破坏。起义虽然只坚持了一年多就失败了，但却引发了随后唐末的一系列大起义。

宋朝建立后，国家战略重心一直在北方，应付契丹和西夏已力不从心，不愿意耗费有限的资源去经营云南，故而从宋太祖起就对大理态度比较冷淡。宋人为此还编出一个宋太祖手持玉斧划开大渡河，从此将大理置于域外的故事。这个挥玉斧的故事尽管是后人的附会，但还是非常形象地反映了宋朝官方对大理的态度。宋朝与大理长期以来几乎没有建立起官方的交流渠道。汉唐旧疆从此沦为化外之地，云南在宋代成为"最熟悉的陌生地"。张方平在给仁宗的回复中把大理称为南诏，张俞甚至认为大理和南诏是同时存在的两个政权，都说明了宋朝与大理的隔膜之深。

在这样的背景下，一旦云南发生什么变故，比如像侬智高逃亡去了大理这样的事件，宋朝官方基本上很难及时获得有效信息。甲午再乱谣言危机的下半段，即侬智高图谋四川的谣言流行期间，我们可以看到，宋朝官方对于云南的信息获取是完全缺位的。这才是侬智高将要进攻四川的谣言得以产生并流行的最根本原因。人们缺乏对所关心问题的相关信息，对事情的前景没有一点把握，这时谣言最容易滋生。

不过，这次谣言最后造成集体性大恐慌，还有一个重要原因，那就是虽然宋朝官方与大理官方的联系没有建立起来，但四川与云南山水相连，民间的经济、文化交流渠道很畅通，民间的商业贸易和人员往来非常频繁，特别是四川这边，有不少人为了谋生经常去大理从事商贸活动，甚至在那边定居生活。

据宋人所写的《云南买马记》记载，熙宁七年（1074）峨眉进士杨佐奉成都府路钤辖司的命令前往云南买马，一行人进入大理境内后，远远地看见山上有当地部族的老百姓在锄地。这些少数民族部落的百姓突然见到有汉人经过，兴奋得大喊大叫，然后召集附近部落的人把杨佐一行包围起来。杨佐吓得不敢乱动，过了一会儿，有一个老翁哭着走过来，用缓慢的语气对他说："我是汉嘉的农民，皇祐年间因为饥荒跑来这里混口饭吃。现在我已头发花白，牙齿脱落，离死不远了，没想到竟然能够在这里再见到老乡！"

汉嘉乃嘉州的别称，峨眉为嘉州的属县，二人确实是同乡。从这位流落大理的老人的经历来看，当时四川民间是有途径前去大理讨生活的。而这位汉嘉老人流落到大理的皇祐年间（1049—1053），正是甲午再乱谣言故事发生的年代。

四川与云南之间存在着发达的西南丝绸之路，双方的经济联系和民间交流是很丰富和频繁的。一方面是官府交流的渠道匮乏，一方面是民间交往的渠道丰富，这就意味着有关大理的官方消息有限，而民间消息或者小道消息很多，这也必然导致谣言盛行。

最典型的就是，在毫无根据的情况下，人们开始创造各种"剧情"，其中以苏洵在给吴姓通判信中的描述最为生动。"去岁邕管通寇，南诏为之囊橐，倡言于其国曰：'砥尔戈，秣尔马，

吾将逞志于蜀。'"这段话中的"邕管逋寇",就是指侬智高在广
西叛乱;"南诏为之囊橐",则是指侬智高失败后逃亡大理并被收
留。但接下来的精彩剧情,明显像是在酒桌上吹牛吹出来的。
这个说法,把侬智高在大理境内厉兵秣马的兴奋状态都"脑
补"出来了。

苏洵描写的这种虚拟场景,声情并茂,画面感十足,对老
百姓的影响是很大的,很容易成为茶余饭后的谈资,刺激所有
听众的神经。

当然,如果仅仅是从地理的角度否定侬智高图谋四川的谣
言,这样的分析判定似乎还有些单薄。接下来,张俞继续分析
说:"二虏虽大,皆顺服之国也,朝廷亦尝有恩以縻之,今乃舍
部族之常居,附逋贼之余党,历险隘之远道,以谋入寇,彼虽
蛮夷,亦知其迂而不为也。"他认为它们都是"顺服之国",且宋
朝平时对它们有恩惠,所以它们不会跟侬智高这伙败亡的残余
势力勾结。事实上,宋朝与大理的官方联系很少,所谓的恩惠
只能说少得可怜,考虑到张俞把大理和南诏当成同时存在的两
个政权,这些说辞不过是张俞自己想当然耳。

张方平对这个问题的理解要深刻得多。虽然他也把大理
说成南诏,但这可能只是习惯性地使用在历史上更有影响力的
旧称,他并没有把大理和南诏混为一谈,说明他还是知道一些
内情的。张方平认为,大理与四川之间有许多各自为政的少数

民族部落。侬智高在广西兵败之后，根本没有实力整合这些部族发动对四川的进攻。张方平的推断非常符合实际情况。事实上，大理的实力远远比不上南诏，并不能真正控制大渡河以南的所有部族。

大理前期在唐代嶲州故地，即大渡河以南的今四川凉山州一带建置了建昌郡，隶属于会川都督府，但下属的邛部川（又称"邛部州"）蛮、虚恨蛮、山后两林蛮等部族，他们在族属上为"乌蛮"，即今彝族的先民，与大理王室及其主体人群所属的"白蛮"（今白族的先民）并不同族，双方既有共同的利益，也有矛盾冲突，这一点张方平看得很透彻。大理与四川之间的这些部族大多处于"两属"状态，他们跟大理和宋朝都有官方联系，名义上接受双方的领导，实际上就是两边都收好处。

川滇之间的这些乌蛮部落内部也是派系林立，各自为政，甚至互相攻伐，争权夺利。比如两林蛮与邛部川蛮经常互相攻杀，"受欺负的一方"有时还会请求宋朝出面主持公道。开宝六年（973），邛部川蛮首领阿伏与两林蛮首领勿儿一言不合吵了起来，之后勿儿率两林蛮部众进攻邛部川蛮，杀死和俘虏了不少邛部川蛮的部众。收到双方火拼的消息后，宋太祖还下诏给他们做调解，劝他们"各守封疆，勿相侵犯"。这种背景下，侬智高想要调动他们一致行动，去进攻宋朝统治下的四川，无异于天方夜谭。

此外，也是最重要的一点，大理内部此时也是危机四伏，矛盾重重，自顾尚且不暇，根本没有时间来管侬智高的事。

937 年大理建国后，虽然社会比较平稳，但王室内部的冲突和矛盾却一直很大。段思平是大理的开国之君，他死后仅仅一年，他的兄弟段思良就废掉了他的儿子段思英，自立为大理国王，从此大理王位转到段思良一系，直到 1044 年，段思平的玄孙段思廉才在权臣高氏的支持下夺回王位。

由于王室衰微，段思廉时代，大理实际上施行的是权臣政治，内政由高氏、董氏、杨氏等几大家族掌控，他们相互争权夺利，闹得不可开交。皇祐四年（1052），也就是侬智高在广西起兵那年，同时是甲午再乱谣言刚刚兴起的那一年，大理的杨氏家族代表人物杨允贤率部发动叛乱，很快就被高氏家族的首领高智升率兵镇压了下去。此事说明大理正逢多事之秋，哪里有心情和实力去帮助侬智高反攻宋朝、进攻四川呢！

既然侬智高从大理借兵或借道进攻四川都是不可能的事情，那么这一谣言又是从哪里来的呢？追查谣言的源头，抓住造谣者，这是张方平破除谣言引起的大恐慌后釜底抽薪的绝杀之技。

我们回顾这段历史可以发现，至和元年（1054）夏，黎州方面向益州钤辖司汇报的内容只是侬智高逃入了云南，并没有说侬智高有进攻四川的计划。六月初，益州钤辖司将这一消息上报朝廷，也只是暗示侬智高有可能从云南骚扰四川。但很快，消息的重点就从通报侬智高逃亡的方向，变成预测侬智高下一步要主动进攻的方向了。多种史料显示，使宋朝上下的关注焦点发生偏移的重要推手，就是处于大理和宋朝之间缓冲地带的少数民族诸部族。

苏辙在《龙川别志》中回忆当时的情形有如下描述："侬智高自邕州败奔南诏，西南夷闻之，声言智高将借兵南诏以入蜀。"西南少数民族诸部得知侬智高进入大理后，放话说侬智高要从大理借兵进攻四川。这些情报说得天花乱坠，很是精彩，但仔细想想，话都是西南少数民族这种"中间商"说的。张俞的说法也印证了这一点，"秋七月，蛮中酋长以智高事闻于黎，转而闻之益，云南疑若少动"，传话的人也是"蛮中酋长"，即西南少数民族诸部的首领。

这些在大理和宋朝之间做传话人的少数民族部落，最积极的就是前面提到的邛部川蛮。《续资治通鉴长编》后来曾明确点出，当时"西南夷有邛部川首领者，妄言蛮贼侬智高在南诏，欲来寇蜀"。

邛部川蛮聚居区主要在今四川省凉山州的美姑、越西等地，他们从唐朝末年开始逐渐强盛，其首领自称"百蛮都鬼主"，经常通过黎州向宋朝进行朝贡活动，宋廷则赐予其首领各种散官将军名号，并顺带赏给一些财物。北宋前期，邛部川蛮

经常隔几年就来开封朝贡一次，与宋朝的联系非常密切。明道
元年（1032），邛部川蛮与宋朝建立起了定期的朝贡关系，宋廷
规定邛部川蛮五年一贡。因为朝贡有利可图，邛部川蛮在随后
的几年中多次请求三年一贡或一年一贡，但都被宋廷拒绝了。

事实上，邛部川蛮每次朝贡的规模都极为庞大。《宋史·邛
部川蛮传》记载，雍熙二年（985），"都鬼主诺驱并其母热免遣
王子阿有等百七十二人以方物、名马来贡"；端拱二年（989），
邛部川首领"遣弟少盖等三百五十人来贡籍田，贡御马十四
匹、马二百八十四、犀角二、象牙二、莎罗毯一、合金银饰蛮
刀二、金饰马鞍勒一具、羱羊十、牦牛六"；咸平五年（1002），
"又遣王子离归等二百余人入贡"；庆历四年（1044），"邛部
川山前、山后百蛮都鬼主牟黑遣将军阿济等三百三十九人献马
二百一十、牦牛一、大角羊四、犀株一、莎罗毯一"。

从《宋史》的记载可以看到，邛部川蛮的朝贡活动，每
次都是二百到三百人的规模，又带着大批的土特产，实际上是
一个庞大的贸易商队。但对宋朝而言，招待人数众多的朝贡使
团，以及回礼赏赐，是笔数额不菲的花销，给宋朝在财政上造
成了很大的压力。如果他们经常来，宋朝是真吃不消的。

因此，在总体政策上，宋朝一直试图与邛部川蛮保持一定
的距离。邛部川蛮求而不得，只能另辟蹊径。为了增加自己在
宋廷心目中的分量，邛部川蛮经常积极主动为宋朝做一些力所

能及的事情，为自己创造统战价值。

比如开宝四年（971），宋朝的黎州驻军士兵发动暴乱，邛部川蛮首领阿伏就主动派兵帮宋朝镇压了这次起义。事后宋太祖下诏赏赐阿伏银带、锦袍，加封阿伏为归德将军。王小波、李顺起义期间，邛部川蛮也曾出兵阻击起义军，事后向宋太宗邀功，请求朝廷在黎州之外开辟从嘉州方向进行朝贡的新道路。宋朝方面虽然拒绝了为邛部川蛮再开辟一条新朝贡道路的请求，但为了表彰他们参与镇压起义的功劳，一次性给邛部川蛮下属的十九个"王子"加官进爵，并给下属的三十六个"鬼主"颁发了奖励敕书。

显然，对于邛部川蛮来说，没有乱事发生，他们在宋朝那里就没有存在感。那么抓住机会，在大理和宋朝之间制造紧张空气，就能增加他们在宋廷心中的分量，还可以借机立功受赏。所以，他们最初放话说侬智高要进攻四川，不过是为了借机显示一下他们介于宋朝和大理之间的"中间人"价值。"传话"就是"中间人"存在的最大价值。同时，积极向宋朝提供军事情报，还可以因此获得朝廷的重视，在政治地位和经济待遇上得到相应的回报。

按王巩所写的《乐全先生张公行状》中的说法，邛部川蛮制造谣言纯粹是为了赚钱。他们的如意算盘是，宋朝听信这个谣言后，会派出大批人马前来边境驻防，仅仅是这么多人的吃穿用度，就是一笔不小的生意。他们只要提前做好准备，就可以趁机大捞一笔。

由于当时正是甲午再乱谣言盛行的敏感时期，又有依智高入寇谣传的叠加效应，这激发了四川社会前所未有的集体性大恐慌，严重动摇了宋朝在四川的统治。造谣的邛部川蛮成了宋廷和四川地方当局必须严厉打击的对象。张方平为了平息恐慌，开始全力追捕造谣者，并最终将其斩首示众。

张方平到任后，第一时间给邛部川蛮首领下令说："寇来，吾自当之，妄言者斩！"张方平用非常严厉的语气警告邛部川蛮，不准其再散布依智高入寇的消息，否则会进行严厉打击，果断阻止了谣言的再生产和再传播。

当然，邛部川蛮造谣，还得有人帮他们传谣才行。谣言的大规模传播，一定有宋朝自己人的参与。张方平对那些勾结邛部川蛮兴风作浪的宋人也毫不手软。

上元节观灯活动结束后，四川社会的大恐慌基本上平息了下来。这时，张方平抓住了一个邛部川译人和一批同党，这个译人应该是在邛部川蛮和宋朝交往联系过程中为双方提供翻译服务的人，很可能就是宋人，至少他的同党中肯定有宋人，不然这个消息无法从邛部川蛮那里散布到整个四川。张方平抓到这个译人后宣布，他就是制造依智高入寇谣言的始作俑者，将他公开处斩，"枭首境上"，还将其同党发配到湖南。这一招敲山震虎，"西南夷大震"，不断散播侬智高入寇谣言的邛部川蛮部众终于消停了下来。

在谣言危机中，简单粗暴地用行政命令禁止谣言，远远不如官府主动发现造谣者并揭穿谣言有效。但真实情况往往是，根本找不到最初的造谣者和传谣者，所以有时候更合理的做法可能不是去"发现"造谣者，而是去"制造"造谣者。张方平抓捕到的这个邛部川译人及其同党，真的就是造谣和传谣的始谋者，还是只是对侬智高入寇消息感兴趣的"吃瓜群众"，其实很难说清楚。

不过，在解决谣言危机的过程中，真相往往并不重要，重要的是官府能不能够有效证明谣言的虚假，只要让大众相信这个谣言是假的，就算是大功告成了。

有意思的是，围绕张方平如何揭穿侬智高入寇谣言这件事情本身，就有各种谣传在士大夫间流行。《续资治通鉴长编》所记的这位"背锅"的译人是其中一种说法，苏辙在多年后的回忆中又给出另外一种说法。

据《龙川别志》记载，张方平一边搞"以静镇之"的表演，一边派人去打听侬智高入寇谣言到底是怎么回事。有人向他报告说，这些事情都是雅州的一个"蕃牙郎"绰号"任判官"的人所为。张方平遂以了解情况为由，将任判官叫到成都。见面之后，张方平声色俱厉地斥责他，"敢虚声动摇两蜀情状"。张方平把造谣引发四川社会大恐慌的罪名都扣到了任判官的头上，并威胁说要将他斩首示众。

任判官吓得立即拜伏认罪，求张方平饶他一命，并答应亲自前去番部之中探听侬智高的真实动向。临行之前，他主动将全家数十口人送进雅州的监狱，表明自己决不借机跑路，并对张方平说，如果他超过一个月不回来，官府可以将他全家人通通处死。张方平见他如此有诚意，就同意放他离去。

最后，任判官如期回来。他拿到了邛部川附近的"小云南"部落的文件，上面清楚说明侬智高到南诏（大理）后，"复谋为乱，为南诏所杀"。想不到吧，侬智高竟然自己把自己作死了！

当初侬智高兵败，宋朝方面不知其存亡情况，听说他到了大理，一时也无法判断他的下一步行动。正因为存在这种不确定性，谣言才大有市场。而缺乏真正可靠的消息又是造成这种不确定性的根源，弄清了侬智高已死，谣言自然就不攻自破了。

比起抓捕并诛杀邛部川译人这个"造谣者"，任判官深入大理境内拿到的这个消息，对于平息侬智高入寇的谣言更为有效，因为它将各种不确定性因素彻底解决了。不过，邛部川译人或者任判官的故事，哪个更接近真相，根据现有史料以及历史学研究的方法，已经没法说清楚了。

生死不明的对手

当四川被侬智高进犯的谣言搞得焦头烂额的时候，京城开封的街头巷尾也正在流传着另一个骇人听闻的流言。至和元年（1054）十二月，一则关于宰相陈执中（990—1059）家丑的谣言传得街知巷闻，在朝堂之上引发了一场持续数月的激烈政争。

当时陈执中家里的女婢迎儿死了，传闻是被陈家人打死的，事情上报给了官府，开封府对此案进行了立案调查。经过验尸后证实，迎儿身上伤痕累累，显然并非正常死亡。人们纷纷传言说，迎儿是被人活活打死的。宰相家人虐杀女婢这么劲爆的事情，立即成为"吃瓜群众"热议的话题。大家越传越离奇，各种版本都出来了，于是一时之间"道路喧腾，群议各异"。

十二月二十四日，殿中侍御史赵抃听说这些流言蜚语，立即上奏仁宗要求罢免陈执中的宰相之位。他说："迎儿的死，现在朝野议论纷纷，大致有两种说法。一种是说陈执中亲自拿着棍子毒打迎儿，致她昏厥倒地，不治身亡。另一种是说陈执中的小妾阿张性情凶残，行事暴虐，顺手抄起东西殴打迎儿，最终将其活活打死。"

赵抃不是想为迎儿申冤或是鸣不平，他此举是想借此案引发的舆情扳倒陈执中。他接着对仁宗说："这两种传言，不论哪一种是真的，陈执中都不可能无罪。迎儿之死，不是陈执中亲自干的，就是他的小妾干的。"

显然，开封府只能确认迎儿死于非命，但一直无法查出具体死因，也无法确定谁是凶手，于是民间群情激愤，传出了各种关于凶手的猜测，矛头直指陈执中，因为这两种说法，不论陈执中本人是不是凶手，他们家都肯定脱不了干系。

赵抃接着说："女婢如果犯了错，主家想要追究责任、加以处罚，应该将她移送官府审问，而不能滥用私刑。迎儿的死，是陈家不遵法纪、发泄私愤所致，不但有失朝廷重臣的体面，也是公然的违法乱纪行为，其目的不过是想树立陈家私门的权威。如果迎儿真的是阿张所杀，陈执中身为宰相，自然应该将阿张交给相关部门审判，怎能公然包庇凶手！"

在赵抃看来，陈执中处理迎儿案的做法已经触碰到一个政治人物的道德底线。因为在儒家尊奉的治国理念里，修身、齐家、治国、平天下，是一整套环环相扣的体系，把家里的事管好，才能把天下的事管好。陈执中把家事整得这么糟糕，治家之法还如此暴虐，说明他没有当宰相的能力，也没有当宰相的德行。赵抃向仁宗控诉说："以陈执中的这种水平，竟然担任宰相之职，而陛下还想要倚靠他来实现天下大治、国泰民安，这无异于一边开倒车一边又说自己在前进！"这就从理论上否定了陈执中继续担任宰相的合法性。

随后，赵抃提起多年前的枢密副使晏殊的往事。晏殊曾经在真宗末年担任过升王府记室参军，而当时的升王正是后来的仁宗。仁宗即位以后，晏殊深受器重，天圣三年（1025）十月升为枢密副使，位列执政，政治前途一片大好。但令人想不到的是，不到两年，晏殊就被赶出了朝廷。

天圣五年（1027）正月，晏殊参加玉清昭应宫典礼时，因为负责给他拿笏板的随从动作慢了些，他突然暴怒而起，一笏板朝随从脸上砸过去，当场就把随从的牙齿打掉了。事发之后，监察御史曹修古、王沿等人上疏弹劾晏殊，指责他身为执政大臣，本应是百官的表率，却行事如此狂躁，一点朝廷重臣的样子都没有。曹修古等人还举例说，之前太宗时的参知政事陈恕（946—1004）在中书门下（即宰相和参知政事办公的地方）打人，立即就被罢黜了。现在晏殊用笏板把人家的牙齿都打掉了，这种行为必须严惩。最终晏殊被罢职外任。

曹修古等人说的太宗朝的参知政事陈恕，就是陈执中的父亲。看来他们父子似乎都是喜欢乱打人的狂躁症患者，陈家的家风果然是有问题的。

赵抃借晏殊打人被罢免的先例，向仁宗正式发出罢免陈执中的动议。赵抃最后说："陈执中经常说自己有病，三天两头告假不上班，表示想退休。现在他上班不积极，做事得过且过，又把家里搞得乱七八糟，实在不适合再担任宰相之职。陛下何不顺水推舟，满足他想休息养老的愿望，就此罢免他的相位呢！"

陈执中在宋代中期的政坛上颇为另类。北宋经过太宗、真宗以来的科举大发展，到仁宗时代，以文学才华和儒家信仰相标榜的进士群体已经成为中高级官员的主体。陈执中却不是进士出身，他跻身官场靠的是其父陈恕的恩荫。陈恕在太宗朝曾当过参知政事，罢政后又长期担任三司使，主管全国财政工作十余年，在财政税收方面深受真宗倚重。宋代有中高级官员的子孙不经科举直接授官的优惠政策，称为"恩荫"或"荫补"，陈执中就是通过这个绿色通道走上仕途的。

景德元年（1004）陈恕去世，陈执中因为恩荫被朝廷授予太常寺太祝，这是一个从九品的虚衔，北宋前期主要用来安排宰执大臣的子弟。陈执中从此开始进入官场，之后摸爬滚打了十多年，到真宗晚年，他的本官已经晋升到从六品的卫尉寺丞，实职差遣则已当上了边远地区的知州。这在荫补入仕的官员中，算是发展得相当不错的了。

天禧二年（1018），在广西梧州知州任上的陈执中看准时机，给年迈的宋真宗上疏，详细剖析册立皇太子是真宗的当务之急，引起了真宗的注意。真宗将他召来京城面谈，并在不久之后正式册封皇子升王赵受益（后来改名"赵祯"，即宋仁宗）为皇太子。对仁宗来说，陈执中是有拥立大功的。

陈执中可以说是仁宗朝在宰执重臣的位子上坐得最久的人之一。宝元元年（1038）三月，陈执中成为枢密院的副长官——同知枢密院事，首次进入执政行列。但这个时候入朝秉政，特别是主持全国的军事工作，对于陈执中来说，并不是个好差事。

陈执中没有科举出身的士大夫的那种书生气，属于能领会上级意图的实干型官员，但也因此容易没有立场和主见，在紧要关头缺乏必要的勇气和担当。他成为同知枢密院事后不久，元昊称帝自立，宋夏战争爆发。此后一年多，宋军连遭大败，军事形势越来越差，枢密院成为满朝文武指责的对象。康定元年（1040）三月，在御史和谏官们的集体攻击之下，枢密院的三位主官被集体罢职外放，陈执中的首次执政生涯就此狼狈结束。

此后，陈执中在陕西前线与夏竦一起主持对西夏的战事，后调任京东路安抚使兼青州知州。庆历三年（1043），附近的沂州发生兵变，兵变领导人王伦带着起义军南下进攻淮南，陈执中在青州成功阻击了王伦叛军，还派部将一路追击王伦，最终在长江边上的历阳将叛军全歼。成功平定王伦兵变后，陈执中成为仁宗心目中能干大事的能臣。这时恰逢庆历新政基本失败，朝中宰执大臣大换血，庆历四年（1044）九月，在仁宗的坚持下，陈执中被任命为参知政事，第二次进入宰执大臣的行列。

仁宗此举遭到一众科举出身的谏官的强烈反对，他们认为陈执中为人刚愎，不学无术，让他执掌大政，是天下之大不幸。一向耳根子比较软的仁宗这次态度却很坚决，派宫中的宦官带着诏敕到青州召陈执中入京，对陈执中说："朕让爱卿做参知政事，满朝大臣都反对，朕坚决不听他们这些人的闲言碎语，就是要让爱卿来挑大梁、担重任！"仁宗在第二天见到谏官们，故意生气地说："你们莫非还想说陈执中的事吗？朕已经派人叫他立即前来京城上任了。"这才把谏官们的反对声音压制了下去。

庆历五年（1045）四月，陈执中晋升为宰相，走上了人生巅峰。陈执中当上宰相后，喜欢任用非科举正途出身的人，与科举出身的文官士大夫关系很差，谏官们一有机会就要弹劾他，说他"喜进无学匪人，不协众望"。他当上宰相后没过几年就遇上黄河决口，各种天灾加上异常天象频频出现，于是社会上流言纷起，都说这是陈执中德不配位所导致的。陈执中解决天灾的办法，却是天天召见江湖术士，希望可以用阴阳术数来为国家改命，更加被科举出身的士大夫看不起。

皇祐元年（1049）八月，在谏官们的一再攻击之下，陈执中终于扛不住了，借口足疾向仁宗请辞。仁宗不得已将他罢政外放。

不久之后，齐州有个学究因为抓捕盗贼有功，按规定可以得到赏钱，但他却向朝廷表示不想要钱，想要个官当当。朝廷没理他，于是他就请人去朝中疏通打点，最后找到宰相庞籍的外甥和宰相府的办事吏人。可是，这两个人只收钱不办事，拿了钱之后就没了下文。

没过多久，学究发现自己被骗了，就天天跑到百官上朝前休息的地方吵闹。事情闹大之后，庞籍外甥和宰相府办事吏人收受贿赂的事情就败露了。庞籍将二人交给开封府审理。二人受贿罪证确凿，被判流放岭南，但走到许州突然暴毙而亡。于是有传言说，这是庞籍为了灭口指使开封府将二人杀害。谏官韩绛上疏弹劾庞籍，庞籍被罢相外放。

庞籍罢相之后，仁宗又想起了陈执中。于是在皇祐五年（1053）七月召陈执中入朝第二次出任宰相。陈执中上任后跟科举出身的文官们的关系更差了。当时朝廷正在举行制科考试，参加考试的人一个也没考上，朝中纷纷议论说，这是因为陈执中自己没考科举，所以想压制科举出身的人。其实，这个说法完全是毫无根据的猜测。

至和元年（1054）年初，仁宗的宠妃张贵妃死后，仁宗不顾群臣的反对，坚持用皇后之礼为张贵妃办了丧事。这在儒家士大夫看来是严重违背礼法的行为，但陈执中不当回事，他不但不出言劝阻皇帝，还以宰相的身份配合仁宗举行一系列仪式表演。在士大夫看来，陈执中这些逢迎和配合仁宗的举动，已几近无耻了。

陈执中没有经过科举，较少受到儒家正统价值观的影响，加上其父陈恕为官数十年，主要也是做财政税收业务，是典型的事务型官员，因此，陈执中身上事务型官员的特点也很明显。他没有书生气，没有思想包袱，当然也没有儒家士大夫的理想信念。他的气质与北宋中期主流政治文化可谓格格不入。迎儿案爆发后，立即成为朝堂上的热点，许多谏官、言官都抓住机会积极上奏，要求仁宗罢免陈执中。

为了证明自己的清白，平息流言，陈执中上奏仁宗，请求朝廷成立专案组彻查这件事情。于是仁宗下诏，让太常少卿、直史馆齐廓全权负责审理此案。齐廓的本官太常少卿是正四品的高官，又有直史馆的馆职加衔在身，这个案子的办案规格显然不低。

奇怪的是，齐廓接手这个案子没多久就得了"心风"病，无法继续工作。稍后，龙图阁直学士、左司郎中张昇和给事中崔峄接手了此案。然而，前后换了多任主审官，案子却一直没有进展。可见此案在政治上的阻力很大，负责审案的官员压力也很大。

于是，新的传言又出现了，人们纷纷议论说，此案长期悬而不决，是因为专案组审到关键时候，每次需要证人上堂作证、提交证物核验时，陈执中都拒不配合，不肯把人证物证交出来。显然，在舆论战方面，科举出身的文官们更胜一筹。他们不断把各种惊悚的案情细节散布出来，目的就是打击陈执中的声誉，让他没有颜面继续待在宰相的位子上。

至和二年（1055）二月初，崔峄终于审结了迎儿案。最终的结论是：女婢迎儿对主人不敬，依主人可以处罚奴婢的规定，陈执中亲自执行了家法，重重地笞打了迎儿，致使她伤重不治而死。看到这个结论，士大夫们认为这是崔峄有意回护陈执中，隐藏陈执中纵容小妾滥杀女婢的真相。所以结案之后，关于迎儿案的各种离奇传言反倒愈演愈烈。

二月中旬，赵抃再次上疏，指责陈执中身为宰相大臣却为人暴虐，纵容家人残害家中的女婢。迎儿只有十三岁，陈的小妾阿张任意折磨她，寒冬腊月剥光她的衣服让她受冻，又经常不给她饭吃，折磨她之后又将她关进小黑屋，任其自生自灭。迎儿是被陈执中一家用残酷的手段虐待死的。

赵抃说，除了迎儿之外，还有一个名叫海棠的女婢也经常被阿张虐打，全身伤痕累累，后来不堪受辱，上吊而死。还有一个不知名的女婢，先被剪光头发羞辱，又被杖打后背，最后也受不了凌辱自杀而死。赵抃说，后面两个女婢被虐待致死的命案，都是去年十二月迎儿案发生后新增的命案。陈执中纵容小妾滥用私刑，且手段残酷，简直骇人听闻。

这些传言如果是真的，则陈执中别说继续当宰相了，连做个人都不配。但奇怪的是，仁宗却始终不为所动。御史台官员们一再上疏弹劾陈执中，一向碌碌无为的御史中丞孙抃这次都忍不住出来说话了，他上疏的言辞甚至非常激烈。仁宗依然没有任何表示，对于群臣的要求，他既不表示同意，也不表示反对，一律置之不理。

这时，御史台和谏院的官员还因为如何看待陈执中虐待女婢的传言吵了起来。时任知谏院的范镇上奏仁宗，反对御史们一再揪着陈执中家里的私事不放。科举出身的范镇立场跟绝大多数士大夫一样，也是坚决反对陈执中继续做宰相的。但他认为，陈执中当宰相以来，为政杂乱无章，失职渎职之处甚多，罢黜陈执中的宰相之职本来就是合情合理的，根本不需要从虐待家婢这种外人根本说不清楚的家事上来攻击他。

范镇补充说，陈执中一直坚称迎儿是因为做事犯错被他命人杖打惩罚，事后她自己想不开，犯了疯病而死。但现在大家都在传迎儿是被陈执中的小姜阿张活活打死的。朝廷成立专案组调查了这么久，案情却一直不能真相大白，所以现在人们对此事议论纷纷。范镇说，他仔细想了很久，觉得这件事情之所以闹成这样，是因为言官们处理这件事情的方向不对。

范镇说："此时就算阿张站出来承认迎儿是自己打死的，这又能怎么样呢？臣认为，就算阿张承认杀人，这事也是阿张的一面之词，还是证据不足，不能定案。要想做成铁案，还得由陈执中来当面对质。如果这样，那就成了满朝大臣为了一个女婢而让朝廷重臣、国之宰相当众受辱。如此有损国体之举，相信也不是大家想看到的吧！"

范镇觉得，如果陈执中不适合当宰相，就要用正当的理由将他赶下台，不能用这种真相难明的家事谣言去扳倒他，这并非国家之福。

迎儿案的焦点在于，陈执中坚称不是宠姜阿张动用私刑打死了迎儿，而是阿张在陈执中的命令下处罚迎儿失手打死了她；想要将陈执中扳倒的一方则声称迎儿是被阿张打死的。现代读者可能会觉得，这件事情有点不对啊。不应该是陈执中为了脱罪，故意说是阿张打死了女婢，让这件事跟自己无关才好吗？但实际情况却是相反的，整件事情看上去好像是陈执中在为阿张顶罪，为什么会是这样的呢？

这是因为，宋代家奴女婢的法律地位很低，宋代法律规定，主人无故殴打家中奴婢致死并不需要偿命，只是要被判"徒"刑一年而已，如果是故意杀人，则罪加一等。如果家中奴婢犯错在先，主人处罚犯错的奴婢造成奴婢死亡，则不需要负法律责任。

所以，如果一定要陈执中负法律责任，就不能是陈执中指使家人处罚迎儿，家人失手将其打死，必须是陈执中的小姜滥用私刑打死人。

范镇反对用家事来扳倒陈执中的意见一出来，立即遭到了攻击。有传言说，范镇这个时候跑出来说这些话，是在有意带偏节奏，目的是营救陈执中。传言还说，范镇近年来升官升得很快，是得了陈执中的恩惠，为了报恩，他才出来说这些奸邪的话。赵抃听到这些传言后，立即上奏仁宗，直指范镇想要蒙蔽圣听。范镇非常生气，和赵抃在仁宗面前争论，话越说越重，遂结下终生的仇怨。

仁宗这时候还是很信任陈执中的，不管御史言官们怎么说，就是不罢免陈执中的宰相之职，引得舆论进一步发酵。关于陈执中的家丑，传言也越来越多，随后翰林学士欧阳修也在奏疏中说陈执中"家私秽恶，流闻道路"。关于陈执中家事的谣言，已经严重影响到了大宋朝廷的形象。仁宗越是偏向留任陈执中，御史和言官就越是要求罢免陈执中，双方一直僵持了大半年。直到至和二年（1055）六月十一日，在舆情汹汹的情况下，仁宗终于扛不住了，下诏罢免了陈执中的宰相之位。历时大半年的迎儿案的各种谣传，在陈执中下台之后才逐渐平息。

巧的是，这时侬智高被杀的传言也传到了开封。

这一年六月十八日，宋廷将羁押在开封已经一年半的侬智高的母亲阿侬、弟弟侬智光、儿子侬继宗全部处死。但据司马光《涑水记闻》的说法，当时社会上也在谣传宋朝抓住的侬智高亲属根本不是真的。广西转运司曾向朝廷汇报说："有消息称，余靖他们抓住的侬智高的母亲、弟弟、儿子，都是假的，是当地的蛮人为了升官发财，随便找了几个人冒充侬智高的家属。"

由于广西离开封实在太远，验证相关信息的难度太大，此事的确真假难辨，甚至连余靖自己都不敢肯定是不是抓对了人。抓到侬智高的亲属后，朝廷要余靖查明这些人的真实身份，他只得向朝廷建议说，可以先把他们押送到京城看管起来，等将来抓到侬智高，再让他本人来核验真伪。

等阿侬等人被送往京城后，朝廷发现侬智高一直下落不明，于是就想利用阿侬等人诱降他。所以阿侬等人入京后一直得到朝廷的优待，被好吃好喝供养着。据说，每个月光是供他们吃喝就要花费三百多贯。

有大臣向仁宗"吐槽"说，朝廷这么养着这帮逆贼，"徒费国财"，希望将他们明正典刑，以正国法。仁宗却很生气地说："余靖欲存此以招智高，而卿等专欲杀之邪！"于是群臣不敢再有意见。为了表示诚意，朝廷还把当初对阿侬等人实施抓捕的杨元卿等人从广西调来开封，负责照顾他们的饮食起居。

杨元卿等人与侬智高有血海深仇，结果到了京城天天服侍仇人的母亲，"若孝子之养亲"，气得找执政大臣哭诉，自己到底造了什么孽，要受这种罪！

朝廷希望侬智高为了家人主动投降，等了一年多，也没有任何动静。至和二年（1055）六月中旬，朝廷突然下诏将侬智高家属全部斩首示众。《续资治通鉴长编》解释说，这是因为"或传智高已死，遂并戮之"。看来这时北宋朝廷已听到了侬智高已死的消息，认为其家属作为人质的价值已不复存在，所以将他们一并处死。

同时，《续资治通鉴长编》的小字夹注中提到，司马光所著的《百官表》《大事记》等书中有当年四月侬智高死于大理的记载。看来，朝廷得到侬智高的死讯是在四月，六月决定将他的母亲、弟弟、儿子一并正法，又下诏给负责处理侬智高之乱善后事宜的广西安抚使余靖和邕州知州萧注升了官。《续资治通鉴长编》讲述了广西方面打探侬智高动向的一些努力，侬智高的死，余靖，特别是具体负责此事的萧注立了大功。

据说，萧注曾招募死士前去大理抓捕侬智高。广西到大理道路险绝，一路都是深山老林，所过之处，居民族属各异，言语不通。这批死士历经千辛万苦，翻山越岭，艰难跋涉一百多天才终于到了大理，却发现侬智高已经被大理杀了。为了向宋朝示好，大理还将侬智高的头割下来送给了宋朝，"函其首至京师"。《续资治通鉴长编》夹注说，这个说法来自《宋史·萧注传》，但《宋史·侬智高传》的说法却是，侬智高到了大理后"卒不出，其存亡莫可知"。

苏辙《龙川别志》中讲的任判官的故事里，侬智高到大理后，因为"复谋为乱"，最后"为南诏所杀"。萧注派去的死士回来报告说，侬智高"自为大理所杀"。

侬智高带着五百多亲信逃去大理，虽是败军，但也是一股不可小觑的力量。侬智高很有可能参与了大理国王与权臣高氏的斗争，或者卷入了大理几大权臣高氏、董氏、杨氏的斗争中，最后失败被杀。

所以，《萧注传》和《龙川别志》中侬智高死于大理的说法，倒也合情合理。侬智高"大概""的确"是"真的"死了。

然而诡异的是，十二年后，又有消息说侬智高还活着。据《宋会要辑稿》记载，治平四年（1067）八月六日，当时的桂州知州张田向朝廷汇报，他得到钦州知州石鉴的报告说："蛮贼侬智高犹在大理国，及尝往来蜀中。"侬智高没死，十多年来一直寓居大理，并且经常前往四川，还来去自如。

石鉴还说，听说侬智高已"与大理结亲"，眼下正在大理"聚集蛮党，制造兵器，训习战斗"，看样子是打算卷土重来。因此，他建议朝廷早做准备。张田建议朝廷颁下密诏，让广西经略安抚司和东西两川钤辖司随时打探情况，严防死守。

朝廷接到这个汇报后相当吃惊，于是下诏给石鉴，让他去查明情况。石鉴回奏说："智高作过，经今已十五余年，恐是蛮人诡诈。"石鉴这话说了等于没说。"蛮人诡诈"的说法，可以指当年侬智高在大理被杀的消息是假的，是大理人为了应付宋朝编造的谎言。侬智高根本没有死，十多年来一直躲藏在大理，召集余部，积聚力量，准备待时而动。也可以指侬智高还活着的传闻是大理人或边境地区的少数民族部落故意放出来的假消息，是为了引起朝廷的重视，或者营造宋朝边境地区的紧张气氛乃至引发恐慌情绪。

这两种理解都是说得通的，但放在这个场景下却显得极为怪异。石鉴当年参与了处理侬智高之乱善后事宜，侬智高兵败逃亡之际，石鉴正任邕州司户参军，是余靖和萧注领导的负责追捕侬智高的"特勤小组"的重要成员。偷袭特磨道抓住侬智高的母亲、弟弟和儿子的行动，石鉴是主要策划人和执行人。侬智高当年在大理是真死还是诈死，现在新冒出来的侬智高是真的还是假的，石鉴应该最清楚。结果石鉴居然不敢明确表态，而是用"蛮人诡诈"的话术来搪塞朝廷，这一点"细思极恐"。

在信息极度匮乏和信任极度缺乏的情况下，孤立的消息来源无法得到其他消息的验证，同时由于消息提供者信誉较差，听到消息的人第一反应就是放出消息的人在说谎。在这种情况下，亲历者也不敢给自己听到消息的真实性打包票。这类事情，信就是真的，不信就是假的，不可能有足够的证据去验证真伪。

侬智高的生死，也就成了彻头彻尾的罗生门。

朝廷对石鉴模棱两可的回复很不满意，随后下诏给广南西路经略安抚司，要他们继续认真调查侬智高的动向，如果侬智高真的没死，要提前做好准备，不要等到真出了事，到时措手不及。同时，为了避免引起不必要的恐慌，朝廷特意强调，如果打听到侬智高确实没死，也不要声张，避免当年四川的谣言大恐慌再次重演。

两年后的熙宁二年（1069）二月，广西经略安抚司在经过一番打探后，回复朝廷说："侬智高确实没死，正在特磨道一带活动。已令现任邕州知州陶弼认真打探具体情况，并暗中做好布置，以防备侬智高突袭。"说得有鼻子有眼的，好像侬智高真的没死。

不过，这事后来就没有了下文。史书中再也没有看到广西地方当局有关侬智高生死的进一步调查结果，估计这件事情也就不了了之了。所以，对当年的宋人，特别是经历过甲午再乱谣言和侬智高图谋进攻四川谣言双重恐慌的四川百姓来说，侬智高到底死没死就是一个永远的谜了。

关于侬智高生死的后续传闻本质上还是一种谣言，因为信息的匮乏和信任的缺失，无法证实或证伪的消息不断滋生、传播，谣言似乎有了自我繁殖的能力。

有意思的是，关于侬智高的生死，在千年之后又有了新故事。1980 年前后，大理五华楼发现了一块元代大德三年（1299）立的墓碑，墓主是元代大理地区的名医白长善。

　　碑文讲述了白家世代行医、享誉杏林的光辉事迹。这块墓碑虽然磨损严重，但碑文中的一些重要字句仍然保留了下来。据碑文所载，白长善的祖先白和原是当年侬智高逃亡大理时的随从。"大宋仁宗皇祐四年壬辰，即我大理□□□□□□□□□□□□□□□□□南州府，有和原从之"，这里脱落了十余字，按其文意可能是想说，皇祐四年（1052）侬智高起兵，曾在大理南境活动，白和原曾追随他。

　　接下来的一大段文字都已残损，其中只有一个"江"字能够辨认，这一段很可能是描述侬智高在邕州兵败后沿合江口西逃大理的情况。然后是"降于大理。其医术之妙则和原，文学□□□□□□□□□□□□□□□□□□□□"。这段话虽然有二十字的磨损，但文意仍然是很清晰的，意思就是侬智高带着随从投靠了大理。随行人员中人才济济，白和原以精妙的医术闻名，还有人以文学等才艺知名。所以，碑文接下来说，"大理文学、医方、巧匠，于斯而著"，可见，侬智高带去的人才后来成为大理各行各业的翘楚，为大理的文学、医学、手工业的发展和繁荣奠定了重要的人才基础。

　　然后又是二十多个字完全磨损无法识读，接着就是一句非常关键的话，"不得不诛，然而不可使玉石俱焚□□□□□□□□□□□□□□□□□□□□□□□是函其首送于邕州萧□"。虽然这句话中大部分文字已无法辨识，但关键信息还在，意思就是大理迫于宋朝的压力，不得不将侬智高处死，然后将其首级送给了宋朝的邕州官员。碑文中的"邕州萧□"，应该就是当时负责追捕侬智高的邕州知州萧注。

根据"不可使玉石俱焚"推测，大理在处死侬智高后，将他的部属保护了下来，包括白和原在内的一众侬氏旧部没有受到株连，他们从此留在大理成为了大理人。

其后的一大段文字又因为残损完全无法识读，之后就是一段残毁非常严重但还可以识读出部分内容的文字，"是时黄玮以文学，和原以医术□□□□□□□□□□□□□□□□□□□□□□林，升和原为医长，由是为□□□□□□□□□□□□□□□□□□□"。这段话的意思大概是说，侬智高的部属中，黄玮以文学知名，白和原以医学著称，白和原后来因医术高超而成为大理国的医长，从此白氏世代为大理名医。

碑文中提到的黄玮，在宋代史籍中也出现过，乃是侬智高起兵时的主要谋士。根据《续资治通鉴长编》的说法，侬智高起兵前，经常跟广州进士黄玮、黄师宓一起商议。黄师宓后来在归仁浦之战中殒命，黄玮则下落不明。看来黄玮也跟着侬智高逃亡到了大理，并成为大理文坛的知名人物。

碑文给我们提供了相当多的重要信息，特别是关于侬智高的死，碑文给出了清晰的答案，那就是侬智高的确为大理所杀，其首级被送给了宋朝。碑文的相关内容，在一定程度上还可以和前面讲述的邕州知州萧注派人去大理追捕侬智高的故事相参证。按《萧注传》的说法，宋朝方面所派之人到了大理后还没来得及行动，"智高亦自为大理所杀"，事后大理又"函其首至京师"，这些叙事与白和原的经历基本上相合。

《龙川别志》《萧注传》和《侬智高传》的说法，三者比较起来，《萧注传》更加可信一些。但这也只是一种推测，无法进一步证实碑文所言就是真相。

这时，就要回到我们之前提到的谣言滋生的两个要素：信息的极度匮乏和信任的严重丧失。碑文上的说法，其实是两百多年后当事人后代的追述，白氏后人的说法并不见得就比《龙川别志》《萧注传》或《侬智高传》更可靠。特别是碑文的开篇部分，白氏后人用了大量篇幅追述自己的祖先是唐代大诗人白居易的从弟白敏中，这显然是附会之辞。因此，碑文记载的情节跟《萧注传》相似，未尝不是另一种附会。

白和原可能真的是当年跟着侬智高一起逃亡大理的医官，他当然知道侬智高生死的真相，但白家人并不一定能够准确传承这种真相。因为历史记载可以重塑个体或集体的历史记忆，家族历史的记忆尤其如此。从碑文的叙事手法来看，白氏家族的祖先记忆是被唐史改造过的，唐代名人白居易、白敏中的事迹明显窜入了白氏家族的族谱之中。而白氏家族的时间记忆则是被宋史改造过的，碑文中叙事的时间竟然用的是宋朝的皇祐纪年。他们没有用大理的年号,更没有用侬智高称帝之后自定的年号。

碑文中关于侬智高的故事情节与《萧注传》中的记载相似,有没有可能是因为《萧注传》的说法在后来的流传过程中成为主流叙事,从而影响到了白家人的历史记忆? 这个时候,信任就成为最重要的因素。我们是否可以对基于白家家谱的白和原事迹和侬智高结局予以完全的信任? 我想,任何一个史学工作者或者历史爱好者都不敢说家谱就很可靠吧。

甲午再乱谣言最后的高潮,事实上是由侬智高的生死不明掀起的。理论上来说,只有弄清了侬智高逃亡到大理后的动向和结局,才能真正让四川社会安定下来。然而,这个问题别说当时的人限于条件搞不清楚,就算是今天我们掌握了更长时段的信息和更大范围的史料,仍然说不清楚。

事实上,一些重要人物生死不明,在历史上并不特殊。甲午二乱中,在四川轰轰烈烈地大干了一场的李顺,最后的结局也是一个非常奇幻的罗生门。关于李顺的生死,足以拍成一部精彩绝伦的谣言大剧。

据《续资治通鉴长编》记载,淳化五年(994)五月初六,宋军在主帅王继恩的率领下收复成都,进城之后,擒获李顺及其所建立的大蜀政权的枢密使计词、吴文赏等人,缴获铠甲装备以及官服、器物等。《续资治通鉴长编》的这条记载,应该来源于王继恩在战后给宋太宗的军情奏报。五月十八日，朝廷收到四川平叛战事大功告成、李顺已被就地正法的消息，立即由宰相率领文武百官以及诸军将校在崇德殿举行了庆贺仪式。太宗和宰相、枢密使等人一起参观了王继恩派人送来的大蜀政权的龙袍和官印，以及缴获的金银器、铠甲、旗帜等战利品。

按照《续资治通鉴长编》的说法，李顺在起义失败后已经被王继恩就地正法了，整个过程情节详实，事实清楚，似乎没有什么问题。但令人匪夷所思的是，李顺死后没几天，就开始出现真正的李顺没有死，被王继恩斩首的李顺是他人冒充的这种传言。

南宋人王明清写了一本《挥麈后录》，他在书里引述了一段现在已经散佚了的《太宗实录》中的文字，其中说到淳化五年五月，李顺之乱被平定后没几天，就有一个叫张舜卿的人跟太宗说："臣听闻李顺早就逃跑了，前线将领们抓到的根本不是真正的李顺。"

张舜卿当时的官职是"带御器械"，有点像民间戏文里的御前带刀侍卫之类，是皇帝的近侍武官，虽然官不大，跟皇帝的关系却很亲近。在这种满朝欢庆的时候，张舜卿这种不和谐的话立即惹得太宗十分光火。太宗生气地斥责张舜卿道："李顺贼党才被平定没几天，你怎么就知道事情的原委了呢？你这是见不得别人立功，企图中伤朕的功臣啊！"说罢下令将张舜卿拖出去斩了。后来张舜卿并没有真被处斩，但也因此丢了官。张舜卿敢于在太宗面前这么说，显然是听到了很多李顺没死的流言。太宗出于稳定人心及树立朝廷威信的目的，果断地阻止了谣言在朝廷上的传播。

太宗虽然可以让官员们闭嘴，但李顺到底死没死，老百姓信不信李顺已死，这种事情，太宗却没有办法控制。李顺没死的流言蜚语和小道消息一直在民间继续流传。到了南宋，陆游结合在四川听到的消息以及后续发生的一些奇案，给我们讲述了一个非常精彩的李顺的人生结局。

陆游在《老学庵笔记》中说，宋军攻陷成都前，李顺知道大势已去，于是在城里以祈福的名义召集了数千名僧人举行供养仪式，又让属下童子数千人全部剃度出家，换上僧装。一切准备就绪后，等到傍晚时分，成都的东、西两座城门打开，让这几千名僧人一起冲了出去。这些僧人一下子全都跑散，李顺从此也失踪了。人们纷纷猜测，李顺已经提前剃发易服，混在这些僧人里面逃出了城。第二天，王继恩率大军入城，抓到一个相貌与李顺颇有几分相似的大胡子。于是将此人处斩，并向朝廷做了汇报。

讲完李顺化装潜逃的精彩剧情后，陆游接着说了张舜卿的故事，情节与刚才引述自《太宗实录》佚文的那个故事差不多。陆游说，太宗以为张舜卿在造谣生事，搬弄是非，差点杀了他。但陆游很快就帮张舜卿平了反，陆游称，有可靠消息说，真宗天禧元年（1017），真正的李顺在岭南被抓获。朝廷最初打算将这个新捕获的李顺公开处斩，并让百官上表称贺，却遭到当时负责审理此案的侍御史知杂事吕夷简的反对。最后，朝廷偷偷在狱中将新捕获的李顺处决，草草结案了事。这个时候一些大臣才明白，张舜卿所言非虚，是太宗冤枉了他。

《续资治通鉴长编》在天禧元年十一月九日记录了一个奇怪案件的处理结果。这一天朝廷下令，将广州的平民李延志黥面之后发配安州（治今湖北安陆）牢城。根据相关的案情记录，事情的来龙去脉是这样的：李延志是广州人，他在咸平三年（1000）王均兵变时寓居益州，曾在王均的裨将崔麻胡手下做事。王均兵变被镇压后，李延志逃回广州老家躲了起来。天禧元年的某一天，李延志跟广州怀勇军的士兵许秀等人喝酒，喝高兴之后，李延志说起了王均兵变和王小波、李顺起义的往事，讲得绘声绘色，犹如身临其境一般。许秀听后怀疑李延志就是李顺，于是向官府揭发，并且还找来经常跟李延志聊天的同营士兵来做人证。

广州知州李应机闻报之后，知道这是个大案子，不敢擅自处理，便将相关涉案人员一并押送京城交给御史台审问。知道抓获真正的李顺，枢密院的官员异常兴奋，甚至建议朝廷大肆庆贺一下。为此，枢密院一再催促御史台尽快以李延志就是李顺的结论结案。

但御史台审理之后发现李延志并不是李顺，负责此案的御史台官员吕夷简就把枢密院的意见硬顶了回去，还说："是可欺朝廷乎！"意思是枢密院贪功求赏，试图制造冤假错案。吕夷简因此得罪了当时枢密院的主官。据给吕夷简写行状的李宗谔"爆料"，这个枢密院的主官就是当时的枢密使王钦若。

最后，朝廷接受了御史台的审理意见，否定了李延志是李顺的说法，将此案以诬告案结案。李延志被刺字发配牢城，原告许秀则被"杖脊而遣之"。

按《续资治通鉴长编》的记载，李延志一案的案情相当详细，看上去条分缕析，似乎并无可疑。但仔细一想，其中的主要情节没有一处是通的，处处透露着诡异的味道。

照《续资治通鉴长编》记载的案情，李延志就算不是真的李顺，也是参与了王均兵变的漏网之鱼，多年后还跟士兵们炫耀当年造反的光辉岁月。这件事情闹这么大，对李延志的处理竟然只是黥面发配牢城，这个处罚也太轻了些。

另外，李延志劫后余生，从成都千里迢迢逃回广州，不隐姓埋名好好过日子，却天天跟一帮士兵厮混，还经常翻炒自己以前参与造反的旧闻，好像生怕人家不知道他是反贼余党。他这种作死的操作，简直让人觉得莫名其妙。

不过，从天禧元年（1017）这个案发时间点、广州这个案发地点，以及参与审案的御史台主要负责官员吕夷简这三个基本要素来看，李延志应该就是陆游在《老学庵笔记》里面讲的那个天禧元年岭南抓获真李顺故事的原型。

除此之外，沈括还为我们提供了另外一个版本的真假李顺案。沈括早年在泉州认识了一个叫陈文琏的退休官员，此人以前在广州做过巡检使。景祐年间（1034—1037），有人告发真正的李顺潜藏在广州，陈文琏奉命带兵抓住了这个真李顺。据陈文琏说，当时李顺已经七十多岁了。

这个真李顺被捕后，广州官府立即就地提审了涉案人员，把案情审问得非常清楚明白。接着这个真李顺就被押送去了开封，朝廷复核之后，确认案情属实。但朝廷考虑到此事已过去几十年，所以不想对外张扬这件事，最终只是把这个真李顺暗中处死了事。但结案之后，朝廷追认了陈文琏抓捕真李顺的功劳，给他升了官。

康定年间（1040—1041），陈文琏退休回到泉州老家，和少年沈括成了忘年交。据沈括说，景祐年间审问这个真李顺的详细案情记录，陈文琏一直收藏在家中，因此此事可谓千真万确。几十年后，沈括把陈文琏给他讲的这个真李顺被抓捕归案的故事写进了《梦溪笔谈》里。

沈括转述的陈文琏所破获的真李顺案，案发地点也是在广州，李顺身份暴露也是因为被人告发。除了时间对不上，其余的情节看上去跟天禧元年（1017）的李延志案是同一个案件，陈文琏应该就是此案中在一线指挥抓捕嫌犯的办案人员。《梦溪笔谈》为沈括晚年的作品，写作时间一般认为在 11 世纪 90 年代；这时离陈文琏给他讲这个故事的康定年间，已经过去差不多半个世纪了。很有可能多年以后，沈括记错了时间，把天禧初年发生的事情误植到了景祐年间。

沈括说李顺在起义失败后潜逃了三十多年，事实上，李顺在淳化五年（994）起义失败，如果此案发生于景祐年间，那么李顺已经潜逃超过了四十年。显然，把这事置于景祐年间，在时间上是有问题的。

李顺的生死结局跟所有的谣言一样，因为信息的缺乏或者不透明，产生出许多不同的版本，而在传播的过程中又进一步走样，以致同样的剧情可以演绎出几个不同的版本。《老学庵笔记》和《梦溪笔谈》中都说，朝廷最后接受了吕夷简的意见，暗中处死了真李顺。对比处处透露着怪异的李延志案，我们不得不怀疑，《续资治通鉴长编》上官方档案记录的李延志案的案情，很有可能被动了手脚。

一向政治站位高、大局意识强的吕夷简故意把真李顺说成是李延志，恐怕才是李延志在《续资治通鉴长编》中的言行如此不可理喻的真正原因。这个案件的真相很有可能是：李延志就是真李顺。为了掩盖这个丑闻，吕夷简故意大事化小，淡化处理，对涉案人员从轻发落。但这只是明面上的处理手段，暗地里，他又将李延志在狱中偷偷处决。所谓刺配牢城的判决，只是做出来圆谎的文字游戏而已。

不过，上述这个剧情演绎，也只是依据有限的信息填补空白后的猜测，没有任何证据可以证明整个故事的真实性。

事实上，李顺的生死就是一个非常经典的谣言故事。如果淳化五年起义失败后被王继恩处死的那个李顺是真的，则后面几十年里关于李顺还活着的一切传说就都是谣言；反之，如果淳化五年死的那个李顺不是真的，则向朝廷上报擒获李顺的前线主帅王继恩，以及首先被骗、后来为了维护朝廷颜面而非要坚持假李顺是真李顺的宋太宗，就都是在造谣。

谣言的背后一定有真相，但真相在很多时候往往是无法直视的。而且在谣言引起的一系列事件中，真相反倒没有那么重要。李延志案中，宋朝统治者似乎并不真正关心李顺是否已经伏法。负责在前线带兵镇压起义的王继恩关心的是能不能第一时间擒获反贼元凶向朝廷交差；宋太宗关心的是能不能及时宣布李顺的死讯，借此来营造胜利的氛围；几十年后告发真李顺的那些人觉得自己借此能兑换一场大富贵；而坚持要把李顺已死做成铁案的吕夷简关心的则是能不能保全朝廷的脸面。至于真相如何，都不是他们关注的核心问题。

当然，如果站在人民的立场上，李顺在起义失败后能够逃脱王法的制裁，逍遥法外几十年，当然是大快人心之事。而这恐怕才是真假李顺的谣言从北宋一直流行到南宋，始终为人们津津乐道的真正原因。李顺扑朔迷离的结局，从某种意义上来说，正是人民在用谣言创造历史。

曲终人未散

至和二年（1055）正月的上元节以后，在新任益州知州张方平的处置之下，侬智高图谋四川的谣言被揭穿，甲午再乱谣言的影响力也渐渐淡去。随着集体性大恐慌的消散，四川特别是成都的局势渐渐稳定了下来。

这年晚些时候，负责谏院工作的范镇正式向仁宗建议，把侬智高图谋四川谣言闹得最厉害的时候派去四川边境黎州、雅州驻防的陕西部队撤回原驻地。可见，虽然张方平入蜀后让陕西方面停止发兵入蜀，但此前已经调往四川边境地区驻防的部队还是留了下来。范镇说，"去年为西川奏侬智高事宜，权于陕西差那兵马于黎、雅等州驻扎"，但现在"边事既以宁息"，这些陕西部队已无必要继续驻防在黎、雅等州了。加上"近日两川物价腾长"，过多的驻军更会增加地方上的经济负担，而士兵们又不愿屯驻在这种边远小州，所以范镇建议朝廷将他们撤回，

"免致别有生事"。从范镇的话中可以看到，此时四川的局势已经相当稳定，恐慌彻底消散了。

次年，即嘉祐元年（1056）八月，张方平任满还朝，虽然没有像他的前任程戡那样进入"二府"，位列执政，但也升任了主管全国财政工作的三司使，说明他在四川的工作还是深得仁宗嘉许的。四川终于在有惊无险中度过了甲午年（1054），困扰朝廷和四川地方当局多年的谣言危机至此终于曲终。

由于朝廷和四川地方当局处置得力，四川没有在这第三个甲午年发生大乱。甲午再乱没有应验，此后，甲午必乱之说渐渐淡出了人们的记忆。到了下一个甲午年，即政和四年（1114），尽管这时已经到了北宋末年，属于典型的王朝衰世，四川地区类似甲午再乱之类的谣言恐慌反倒没有出现了。

甲午再乱的曲子弹到现在，似乎也该画上休止符了。然而，这场谣言危机的乐曲虽然终了，参与其事的人却未散。甲午再乱谣言中参与其事的人们的思维方式与行为模式，以传统文化的形式，从两宋经历元、明、清直至近代，得以长期存留下来。甲午再乱谣言的类似故事，这一年四川发生的这一切，既不是绝无仅有的，也绝不会到此结束。

回朝担任参知政事的程戡于至和二年（1055）十二月向朝廷上奏，反思如何防止这种利用时间巧合来制造大众恐慌的谣言危机再度发生。他奏请朝廷禁止民间传播《六十甲子歌》。

他说："臣在益州任职时，当地人都相信，四川每逢甲午年都会有乱事发生，因此每到甲午年前后，民心就会不安。据说，这是因为淳化年间的甲午年曾发生过李顺的叛乱。因此，臣请求禁止民间私自阅览《六十甲子歌》。"程戡的建议得到了仁宗的批准，从此《六十甲子歌》成为禁书。

北宋以后，此类干支纪年与国家命运之间具有神秘关联的观念，在中国古代社会仍然十分流行。南宋中后期的洪迈（1123—1202）在他所著的《容斋随笔》中就总结了所谓"丙午、丁未之祸"的历史。

宋人相信，丙午年和丁未年有着神奇的魔咒，遇到这两年中国总会有变故发生，不是内部发生祸乱，就是受到外部敌人的侵扰。当然，洪迈这里所说的中国，是古典意义上的中国，即中原王朝统治的地区。因为丙午年和丁未年前后相续，这个"规律"相当于说，只要到了丙午年、丁未年，中国就会有祸乱发生，不是当年就是第二年。

丙午年、丁未年与中国变乱之间的神秘关联，其呈现出来的时间和空间上的穿透力，似乎比甲午再乱谣言的核心观念——宋代中期才形成的甲午年与四川变乱的联系，还要厉害得多，虽然这种观念真正出现的时间要比甲午再乱谣言晚得多。

进入宋朝以后，第一个丙午、丁未之年，是宋真宗景德三年（1006）和景德四年（1007）。这个时候，宋朝刚刚与契丹达成了澶渊之盟，开启了宋辽双方长期和平共处的局面，这两个年头确实挑不出什么毛病。但洪迈换了个角度渲染所谓的丙午、丁未之祸。他说这个时候虽然刚刚解决了外患，但却招来了更大的内忧。澶渊之盟后，中原王朝的大国形象遭到重创，真宗受到了巨大的心灵创伤。景德四年十一月，真宗与宰相王钦若商量要干一件可以给朝廷挣回面子的大事，这就是随后发生的天书降世和泰山封禅。

大中祥符元年（1008）正月，真宗精心策划了天书降世的祥瑞事件。随后，群臣、百姓在真宗的鼓动下积极配合天书降世的活动，一时之间，到处都有天书降下，各地的祥瑞不断涌现。随后真宗开始制造"封禅泰山"的政治舆论。十月，真宗率领群臣浩浩荡荡地前往泰山，举行了中国历史上最后一次封禅大典。以当时宋朝的国力和真宗的功业，搞这场封禅泰山的大典纯属政治闹剧。宋真宗自我贴金式的封禅，在历史上只是一个笑话，在他之后，再也没有皇帝有兴趣玩封禅的游戏了。

为了举办这场盛大的封禅大典表演，北宋朝廷前后所花的财政经费高达八百多万缗。同时，为了配合天书降世的宣传，又在京城大肆兴建道观供奉天书，仅玉清昭应宫一项工程，就动用了工人三四万，前后修了七年。

后世常常慨叹，宋朝立国以后积贫积弱，终致亡国。弱指的是宋军战斗力差，在与辽、金的对峙中常常处于下风，而贫指的则是宋朝政府长期财政困难。

在宋人看来，宋代财政恶化就是从真宗搞天书、搞封禅、搞各种大型宫观建设工程开始的。北宋前期财政状况本来还比较好，但从真宗中后期开始，由于花钱大手大脚，中央财政寅吃卯粮，地方财政入不敷出，北宋前期积累起来的财富渐渐被败光，宋朝积贫积弱的局面就基本形成了。仁宗以后，财政困难成为困扰宋朝政府的头等大事，之后的庆历新政、王安石变法，都是为了解决政府财政困难的问题。所以洪迈才说，"皇朝景德"折腾得"海内虚耗"，这次的丙午、丁未之祸，也是不小。

宋朝的第二个丙午、丁未之年，是治平三年（1066）和治平四年（1067）。治平四年年初，宋英宗驾崩，宋神宗即位。九月，神宗任命王安石为翰林学士，召其入朝。宋代的舆论一般认为，随后开启的王安石变法是造成北宋亡国的主要原因。洪迈也持这个观点，在他看来，这一年王安石的入朝已经决定了宋朝的悲剧命运，所以这一年也是给天下种下祸根的一年。不过，王安石变法的真正开启要到熙宁二年（1069）他当上参知政事之后，丁未年王安石还没有上台执政，洪迈的说法未免有些牵强。

对宋人来说，真正的丙午、丁未之祸是靖康之难。京城开封在靖康元年（1126）被金军围困，而这一年就是丙午年。

宣和七年（1125）十月，金军大举南下，宋朝刚刚收复的幽燕地区得而复失。十二月，金军绕开河北诸镇，经邢州（治今河北邢台）、相州（治今河南安阳）迅速南下，直逼开封。十二月二十三日，被吓破了胆的宋徽宗退位，将皇位传给太子赵桓，是为宋钦宗。

靖康元年（1126）正月初二，金军攻破宋军的黄河防线，占领浚州（治今河南浚县）。正月初七，金军兵临开封城下。宋朝方面一边组织兵力守卫开封，一边派人与金军议和。二月初九，在得到了宋朝方面同意割让太原、中山（治今河北定州）、河间三大军事重镇的承诺之后，金军撤围北返。

金军撤走之后，钦宗君臣迫于舆论压力，后悔割让河北三镇，拒绝履约，却不加紧备战，而是寄希望于通过用重金贿赂金朝的方式，让金朝放弃占领河北三镇的想法。北宋朝廷的做法彻底激怒了金朝君臣。

这一年秋天，金军经过充分准备，兵分两路再次大举南下。东路军从燕京出发，一路经河北南下，于十月初攻陷真定，并于十一月二十四日左右兵临开封城下。西路军则在九月初攻陷太原，随后从山西南下，接连攻下平阳、泽州（治今山西晋城）、怀州（治今河南沁阳），于十一月十一日抵达黄河北岸。次日，金军向驻守在黄河北岸的十二万宋军发起进攻。宋

军一触即溃。西路金军成功渡过黄河，并在十一月三十日抵达
开封城下。至此，开封城被东、西两路金军团团围住，惨烈的
第二次开封围城战打响了。

闰十一月三十日，宋钦宗被迫答应出城，到金军大营商谈
议和条款，在答应了放弃抵抗并给予金朝巨额赔款以后，十二
月初二，宋钦宗被金军放回。随即，金军在没有遇到任何抵抗
的情况下进入开封城。开封城正式沦陷。

靖康二年（1127）正月初十，在金军逼迫下，宋钦宗再次
出城前往金营，从此被扣留下来，没能再回到开封的皇宫。扣
押钦宗后，金军向宋朝君臣提出了巨额勒索，包括绢一千万
匹、金一百万锭、银一千万锭。二月初六，徽宗及全部宗室成
员也被押送到金军大营，金朝正式宣布废黜钦宗和徽宗的皇帝
和太上皇之位。

靖康元年（1126）是丙午年，而靖康二年（1127）正好是
丁未年。

洪迈说，"靖康丙午，都城受围，逮于丁未，汴失守矣"，所
言不虚。北宋亡国的惨祸，最激烈的剧情确实就发生在丙午、
丁未之交。事实上，宋代流传的"丙午、丁未之岁，中国遇此
辄有变故，非祸生于内，则夷狄外侮"的说法，真靠谱的大概
也就是这一次。

丙午、丁未之祸的说法，虽然最早系统地见于洪迈《容斋

随笔》，但这种说法绝非洪迈的发明创造，而是南宋中后期以来便普遍流行的，本质上就是一个给北宋末年昏君奸臣"洗白"的谣言——将北宋亡国的人祸归咎于天意。

丙午、丁未之祸的谣言，在南宋末年进一步被阴阳术士赋予了理论意义。淳祐六年（1246）和淳祐七年（1247），这是宋朝碰到的最后一个丙午、丁未之年。淳祐六年，有一个担心南宋会再次遭遇大祸的太学生柴望，向朝廷进献了他的术数学著作《丙丁龟鉴》。他在书中历数了从秦昭襄王五十二年丙午（前255），到后汉天福十二年丁未（947）共计1202年的历史，这期间干支纪年为丙午、丁未的年份共出现了二十一次，而这些丙午、丁未之年都发生了重大的动乱或变故。

该书南宋末年成书以后，开始在术数界流行，并且在元代继续被传播。元人为该书所作《续录》的序言中，首次系统地从阴阳五行术数的角度，解释了丙午、丁未之年必有大劫的原因："丙、丁属火，遇午、未而盛，故阴极必战，亢而有悔也。又云丙禄在巳，午为刃煞，丁禄居午，未为刃煞。"再后来，又因为天干的"丙"五行属火，而火为红色，地支的"未"在生肖上属羊，于是民间就把丙午、丁未之祸称为"红羊劫"。

丙午、丁未之祸和红羊劫的说法，元代以后一直流传，信谣传谣的人很多。道光二十七年（1846）前后，曾经当过广西巡抚的梁章钜在其所著《归田琐记》中说，当时朝野已开始流传"丙午、丁未为国家厄会"的说法。梁章钜回忆说，六十年前的乾隆五十二年（1787）就是丁未年，这一年台湾爆发了声势浩大的林爽文起义，东南沿海地区颇受震荡。

所以，到了道光二十七年（1847）这个丁未年，大家都比较紧张，结果什么也没有发生。但随后就爆发了洪秀全、杨秀清领导的太平天国起义，于是民间又附会洪、杨的姓氏，将"洪杨"转化为"红羊"，把太平天国起义附会成另一种形式的红羊劫。

六十年后，同盟会发动群众搞革命时，也用过红羊劫来做宣传动员。当时革命派中流行着一首诗，"万象阴霾扫不开，红羊劫运日相催。顶天立地奇男子，要把乾坤扭转来"，其中"红羊劫运"就是从南宋一直流传到清末的丙午、丁未之祸的那套说辞。革命派大概是想借"红羊劫运"，把清朝搅个天翻地覆。

甲午动乱从后蜀明德元年（934）到北宋至和元年（1054）只上演了三次。由于宋仁宗和朝臣们成功解决了甲午再乱的谣言危机，这个说法渐渐失去了吸引力，最终消失在历史长河之中。而丙午、丁未之祸的谣言及其变种红羊劫，则一直流传将近一千年，可谓是历史最悠久、生命力最顽强的关于时间与国运关系的谣言了。

结语　历史的听觉

　　1894 年的甲午战争是近代中国的噩梦，其实甲午年的阴影早在千年之前就已经震撼过世人。宋人认为，甲午年有着奇怪的魔咒，尤其是在四川，一遇甲午必有血光之灾。五代孟知祥据蜀自立，宋初王小波揭竿而起，俱在甲午之年。当时间成为谣言的核心内容时，会更加震撼人心。民间流行的《六十甲子歌》等各种形塑大众知识与信仰的内容，构建了甲午再乱谣言得以产生的精神背景。

　　乱世谣言丛生，容易理解。可甲午再乱的谣言为什么会在盛世流行？宋初大乱之后，到宋仁宗初年，四川渐渐安定下来。四川的老百姓向朝廷报告，田间地头盛开着一种"太平瑞圣花"，这种花已六十年未曾绽放了。这意味着属于大宋王朝的太平盛世已经来临。

　　可是开封的朝廷却不认为盛世可期，他们觉得"总有刁民想害朕"。四川人民节日里素来喜欢穿着古代帝王将相的"戏服"，抬着二郎神游街，却被认为是意图谋反。为了防止驻军图谋不轨，宋廷甚至禁止驻蜀军队平日里配备武器搞训练，使其成为一支不能打也不允许能打的奇葩军队。仁宗的盛世，背后暗潮涌动，于是在造反与造谣之间，宋代的老百姓选择了后者。

可惜，真出事的时候，帝王将相并不像他们自己在没事的时候自诩得那样英明神武。

面对大量的不确定性信息，皇帝其实也没有多少定力。民间更是热衷于宣扬各种难以理解的咄咄怪事。司马光的父亲司马池在益州下属的郫县做县尉的时候，忽然有一天盛传有兵变和外寇，城中富人蜂拥出逃，连金银财宝都来不及带走，只能埋在地下以待将来。各地白头翁到处吃人的谣传更是每隔一段时间就会甚嚣尘上。而京城里的"帽妖"——据说是一只会飞的帽子——竟然可以来去无踪，杀人于无形，更是在天子脚下搅得满城风雨。

所以，当甲午再乱的谣言传来，仁宗又怎能不信！皇帝相信甲午年会有大乱，老百姓也相信甲午年会有大乱，官员们更是严阵以待。可是至和元年（1054）的甲午年却出奇的安静，"自春抵夏，未尝有毫发惊"。连一场所谓的未遂的兵变，其实也只是街巷之间的妄传。

当乱未乱之际，写下"遍身罗绮者，不是养蚕人"的诗人张俞上书四川地方当局，直言所谓甲午必乱的传言不过是无知之辈起哄而已。他以丰富的知识与阅历，审时度势，大声疾呼"甲午之说诞矣"——甲午再乱的谣言根本就是荒诞的。

谣言止于智者，读书人就应该以他们的智慧终止谣言。不过，诗人的自信心在这种时候显然有些膨胀了，现实马上狠狠地打了他的脸。

当甲午年真的来临了，那一年的天空是很可怕的。从五月起，一颗从未见过的新星出现在天关东南，无论白天还是黑夜，人们都可以看到它在天上闪耀——那是世界天文史上最著名的超新星SN1054。宋人称之为"天关客星"。占星术有言，客星临空，人间必有"兵丧饥馑，民庶流亡"。

不久之后，一位失败的造反者、销声匿迹多时的侬智高突然出现在云南。民间纷纷议论，他的下一个目标将是四川，旦夕之间就会兵临城下，四川的大乱迫在眉睫。于是集体性大恐慌爆发了，老百姓被吓得"男女婚会，不复以年"，贱卖产业，各自逃命。

该来的始终要来，大家相信甲午再乱的预言终于应验了。这时，四川官府面对突如其来的危机惊慌失措，匆忙指挥老百姓做各种准备，使百姓"日夜不得休息"。官府用瞎忙来掩盖自己的无能，反倒让老百姓更加人心惶惶。

正当不知如何收场的时候，张方平来了。至于侬智高是否会来，没人知道。张方平"镇之以静"，成功地对抗了无根的谣言。他中止了一切军事准备，私下里，他也派人去打探消息，寻出谣传的源头，阻断了谣言的再生产。

新年的上元夜，成都办起了热闹的灯会，人们终于相信，这盛世一如既往。而侬智高的生死我们却无从得知。有消息说他确有袭击四川的打算，也有消息说他早就被人杀死，反正他最后不明不白地消失在了历史长河之中。然而，甲午谣言之曲虽终，参与其事的人却未散。类似的故事在之后一千年里还有很多，百年之后，洪迈仍然相信丙午、丁未之交中国必遭大灾，而这个关于时间的谣言，从南宋中后期一直流传到近代。

从皇祐四年（1052）年底到至和二年（1055）年初，甲午再乱的谣传从最初的"传闻其事"，发展到高潮时期的"諠譊震惊"，两年多的时间内，四川特别是成都，上演了一出又一出的谣言大戏。

上至皇帝下至民众，都被卷入这一既荒诞又紧张的谣言危机中。宋廷在皇祐四年十二月，即甲午年到来前夕，选择重臣程戡前往四川坐镇。从宋朝中央到四川地方当局，都采取了一系列措施，尽最大可能让谣言不会成真。本地士人则心态复杂，他们一方面深知这是让朝廷和四川地方当局注意到四川人民的不满情绪的机会，但也担心谣言的疯传最后会导致局面失控，因此他们积极建言献策。张俞和苏洵就是典型代表。

预期中的内乱并未发生，整个甲午年前后，既没有像一百二十年前那样出现地方势力的割据，也没有像六十年前那样发生人民起义，当然也没有发生宋廷一直担心的驻蜀军队的兵变，一切都是那么平静。这个时候，外来的威胁却不期而至。

造反失败后不知踪迹的侬智高图谋四川的消息传来，四川社会的谣言危机被迅速放大，局势一度失控成为集体性大恐慌。最后恐慌得以平息，前后两任益州知州程戡和张方平起到了重要作用。特别是张方平，处理谣言危机的技巧可谓炉火纯青。

在谣言危机之中，我们也可以看到各种力量的交织，皇帝、朝廷大臣、地方官员、本地士人和民众，甚至四川边缘地区的少数民族部落，在这一过程中都试图实现各自的利益诉求。随着事态的演进，相互交织的联系与盘根错节的纠葛一一展开。

甲午再乱谣言的兴起和变化调动了各方力量，使北宋朝廷调整了部分在四川长期施行的酷政，改善了四川的政治环境和人民生活条件。这场谣言危机的圆满解决使朝廷终于放下了长期以来对四川再度发生动乱的担忧，从此以后，四川的情形不再是宋廷的关注焦点。地方士人借此机会得以表达意见，对地方政治发挥影响。

然而，四川的民众成了谣言的直接受害者，他们在谣言危机的高潮面前惊慌失措。尽管甲午再乱的谣言来自民间，是四川民众对于自己处境不满的一种宣泄，然而，在各种政治博弈中，四川民众始终处于弱势地位，他们被裹挟到这场危机的洪流之中，在甲午年下半年的大恐慌中付出了惨重代价。

谣言现象在古代政治与社会生活中普遍存在，偶然发生的谣传，常常出其不意地打乱常态下的风平浪静。在古代，社会主流信息的生产与传播基本上都垄断在官府和知识精英手中，民间社会很难有发声并引起朝廷和地方当局注意或重视的机会。

"唐宋八大家"之一的曾巩甚至把谣言和日食、地震、洪水、饥荒一起视为需要引起朝廷重视的国之大变。他说，"在天则有日食星变之异，在地则有震动陷裂、水泉涌溢之灾，在人则有饥馑流亡、讹言相惊之患，三者皆非常之变也"。显然，曾巩把谣言恐慌当成了一种天灾，认为其代表着上天的意志，表明上天在警告皇帝。

事实上，谣言的兴起与传播并不是天意，实际上反映了人心。它的出现以及短时间内的风靡天下，并非神秘主义逻辑下的天心难测。谣言恐慌是社会舆情最直观的反映，是民意最简单粗暴的表达，也是底层人民反抗封建统治压迫的一种成本最低的手段。甲午再乱谣言的产生，是传统的宿命论、阴阳五行思想、四川地方社会的不满情绪和古代另类的舆论表现形式交织而成的结果。看似偶然的甲午再乱谣言突然产生，引起一系列连锁反应，影响到其后数年朝廷政局的发展与民间社会的运转。

因此，不同集团、不同阶层的人对于甲午再乱谣言的应对与利用，展示出一幅鲜活的北宋中期政治与社会的画卷。朝廷在这个过程中担心害怕而力求息事宁人；地方官员则接受了一场执政能力的考验，高良夫的惊慌失措，张方平的"以静镇之"，是这场考验中最具代表性的表现；地方士绅则乘机积极参政议政，尽管张俞与苏洵在认识上截然不同，却不约而同地给成都地方政府建言献策。

普通民众在这一过程中，由焦虑、恐惧到情绪几乎失控，从张方平抵达成都前四川民间婚姻失序、藏金埋银的惊恐举动中可以看到，无论在何种危机中，民众终究是弱势的一方。可以说，甲午再乱谣言危机成为了一个考察北宋中期王朝政治与地方社会难得的平台，它为通常只能做概论性考察的社会政治状况，提供了一个可以深入到具体运作过程中来详细观察的机会，既为我们提供了生动的小故事，又为我们展示了地方性事件的大历史。

北宋中期君主与士大夫共治天下的士大夫政治，是中国古代政治史上一个空前绝后的高峰，不但令宋人引以为傲，也使后来元、明、清三代的文人官僚们艳羡，甚至到今天仍然被很多人津津乐道。然而有意思的是，在北宋中期，士大夫政治之所以能够稳定地运转，谣言在其中竟然起到了至关重要的作用。

澶渊之盟后，真宗的骄虚之气被激发，在战场上失掉的面子，他想要在花费巨资搞出来的大排场上找补回来。此后几年里，真宗接连搞了天书降世、泰山封禅等一系列旨在提振王朝政治正向精神的表演。他花钱如流水，引得朝野忧心忡忡，社会上关于真宗很像唐玄宗的说法开始流行。

大中祥符六年（1013）十月的一天，龙图阁待制孙奭（962—1033）上疏提醒真宗，说他这几年做的这些事情"外议籍籍"，意思就是民间流言纷起，猜测他现在是有意在效法唐明皇（唐玄宗）。孙奭非常认真地跟真宗说，唐明皇绝对不是好皇帝，他宠爱杨贵妃，宠信杨国忠，导致了安史之乱，唐明皇是无道昏君。

可见，谣言就是舆情，可以成为大臣制约皇帝的舆论武器。当然，大臣们可以借机给皇帝提意见，皇帝也可以不听，比如真宗，他听了孙奭的话后不以为然，还专门写了一篇文章《解疑论》，亲自下场为自己辩解。他在文章中说："朕做的这些事情，唐明皇确实也做过。但不能因为这些事唐明皇当年做过，而唐明皇后来又搞出了安史之乱，就把他和唐朝的衰败捆绑到一起。秦始皇比唐明皇更加暴虐无道，但是现在朝廷的官僚体制、文书行政体制、郡县体制等都是秦始皇开创的。因为某人成了坏人，就把他所做的事情都看成是坏事，显然是没有道理的。"真宗的这套说辞，在逻辑上是没有问题的。可惜孙奭借谣言的流行上疏给皇帝提意见，最终并没有说服真宗。

仁宗与谣言的故事则要温馨得多。庆历三年（1043），曾经当过知枢密院事的大将王德用（980—1057）主政定州，把两个美女送进宫里献给仁宗。这个消息不胫而走，朝堂上下议论纷纷。

这时，真宗朝著名宰相王旦（957—1017）的儿子王素（1007—1073）正在做谏官，他听说了之后，找到仁宗谈起此事，希望仁宗不要接受外臣送来的美女。仁宗好奇地问王素："这种宫闱秘事，爱卿从何得知？"王素回答说："臣的职责就是风闻言事。"所谓"风闻言事"，也就是可以根据谣传的消息来给皇帝提意见。在宋代，御史和谏官都有风闻言事的权力，验证传言的内容是否属实不是言官的责任，给皇帝提意见，给执政大臣找麻烦，是宋代言官的政治正确。

听了仁宗的质问，王素理直气壮地说："陛下收了美女的事情如果是真的，陛下应该改正错误；如果没有这回事，则是谣言乱传。陛下又何必问臣是怎么知道这件事情的呢！"

仁宗哭笑不得，只能跟王素套近乎。他对王素说："朕是真宗的儿子，你是王旦的儿子，咱们俩与别人不同，是有两代人的深厚交情在的。"

王素的父亲王旦也是一代名臣，在真宗时代当了十多年的宰相，深受真宗的尊重和信任。士大夫间的舆论对王旦的评价也比较高，王旦和真宗的关系称得上是宋代君臣关系的典范。仁宗这么说，一是缓和一下气氛，二是想让王素看在两代人的交情上放过这件事情。

但王素却不依不饶，仁宗最终只得接受了他的意见，给这两个美女各发了三百贯的遣散费，送出宫去了。此事后来被王素的儿子王巩（1048—1117）写到了他所著的小书《闻见近录》里。

在这个故事里，仁宗收了王德用献上的美女，是王素听来的八卦消息，属于"传闻其事"的流言。

真实是历史最大的生命力。长期以来，历史学家都相信"眼见为实"，我们对于"看到"的历史过于偏爱。"听觉"在历史中的存在感实在太低，而谣言故事恰恰是"历史的听觉"最生动的展示。

从本书讲述的各种谣言故事中，我们可以发现，"听说"，无论是在朝堂之上，还是在庙堂之外，都是我们重建历史的重要途径。细想一下，历史上所有发生的事情，本质上都是听说来的。听说得之于传闻，传闻本质上就是谣言，而谣言其实在塑造着我们所知的历史。历史的画卷绝非只是一场场文字的盛宴，它更是一部丰富多彩的交响乐。在历史的乐章中，"听觉"的存在感虽然很弱，却同样具有重要的价值。

传统史家对于谣言在历史上的负面作用有非常深刻的认知。刘知幾在《史通》中控诉"讹言难信，传闻多失"。谣言在历史上无处不在，传闻之事如果被写进历史往往容易使历史失真。刘知幾说历史上的那些著名谣言，比如"曾参杀人，不疑盗嫂，翟义不死，诸葛犹存"等非常经典的故事，不但在当时会成为人们乐于议论的头条新闻，在后世也会成为史家书写时的心头之好。

"曾参杀人"最早见于《战国策》。有一个跟曾参同名的人杀了人，事情很快传扬开来。曾参的母亲正在家里织布，有人把这个消息告诉了她，曾母最初相信自己儿子的人品，不相信曾参杀了人，淡定地继续织布。但没过多久，又有人来说曾参杀了人，曾母就有些不淡定了。等到第三个人来跟曾母说曾参杀了人，曾母终于相信了，扔下梭子逃跑了。

"不疑盗嫂"出自《汉书·直不疑传》。西汉大臣直不疑是汉文帝和汉景帝时代的重臣，官至卫尉、御史大夫，是一个忠厚宽仁的人。当时朝中传言说他和嫂嫂有苟且之事。这些谣传后来传到直不疑那里，他只是淡淡地说："可是我根本就没有兄长啊。"面对谣言的中伤，直不疑的态度是懒得理会，任由谣言乱传。

"翟义不死"出自《汉书·翟方进传》。翟方进是西汉末年的丞相，他的儿子翟义任东郡太守，与东郡都尉刘宇、严乡侯刘信一起起兵讨伐王莽，最后兵败被杀。翟义死后，老百姓很怀念他，都说他其实没有死。王莽篡位之后，王郎发动起义，就曾声称翟义未死，以壮声势，事见《后汉书·王昌传》。

"诸葛犹存"可能是当时流行的一个习语，跟"翟义不死"一样，是因为大家怀念诸葛亮，在他死后坚称他其实没有死。具体指的是什么事，现在已经无从知晓了，但从语境上来看，显然不是那个众所周知的"死诸葛吓走生仲达"的故事。

　　所以，刘知幾说史家最讨厌"道听途说之违理，街谈巷议之损实"。然而，把历史上发生过的谣言摒弃在历史之外，是否就是最好的历史呢？答案显然是否定的。谣言的出现，往往能在不经意间击穿厚重的正史精心编造的谎言，以夸张的方式诉说那些被遗忘或掩盖的往事。这些耳闻的碎片，或许无法像眼见的历史那样直观、明确，但它们却以独特的方式勾勒出了历史的另一面。

　　"听说"在历史上虽不如"看见"那般确凿无疑，却发挥着不容低估的作用。它像是历史的暗流，在表层的浪花之下涌动，影响着历史的走向和人们的认知。有时，一个看似微不足道的谣言，却能在人群中激起千层巨浪，成为我们从多角度认知历史的关键因素。因此，当我们探寻历史的真实时，不应只局限于"看见"的目光，更应倾听那些"听说"的声音。它是历史的一种特殊表现形式，是历史"听觉"的生动体现。它反映了当时社会的风土人情、人们的思想观念，以及历史中的事件在民间社会的传播与解读的曲折过程，有助于我们更全面地理解历史，更深入地感受历史的魅力。

　　传闻的价值与意义，在于给历史记录补充了各种花边新闻。许多历史事件，尤其是那些发生在基层、涉及广泛的事件，往往难以被官方记录详尽地涵盖。而传闻正是这些事件的民间记忆，是历史真相的另一种呈现方式。事实上，传闻也是历史研究的重要线索。通过分析不同时期传闻的内容、传播的方式以及人们对传闻的态度，我们可以窥见当时社会的大众心理、价值观念以及舆论氛围，从而更全面地理解历史。

当然，传闻也存在着一定的误导性和不确定性。在享受传闻给历史叙事提供的精彩素材的同时，我们也需要审慎对待传闻，结合其他各种说法进行综合分析，最大程度还原历史真相。在注意到"历史的听觉"这个维度的时候，"历史的听力"也相当重要。我们能否在众声喧哗中发现历史的微妙之处？"历史的听觉"考验的是史学家的综合素养。寻找真相，但也不必执着于真相，真相背后的历史，有时可能比真相更加精彩。

参考文献

古籍史料

（汉）班固撰，（唐）颜师古注：《汉书》，中华书局，1962年。

（汉）郑玄注，（唐）孔颖达等正义：《礼记正义》，《十三经注疏》，中华书局，1979年。

（唐）房玄龄等：《晋书》，中华书局，1974年。

（唐）刘知幾著，（清）浦起龙通释，王煦华整理：《史通通释》，上海古籍出版社，2009年。

（宋）李焘：《续资治通鉴长编》，中华书局，2004年。

（宋）司马光撰，邓广铭、张希清点校：《涑水记闻》，中华书局，1989年。

（宋）张方平：《乐全先生文集》，《宋集珍本丛刊》第五册，线装书局，2004年。

（宋）袁说友等编，赵晓兰整理：《成都文类》，中华书局，2011年。

（宋）苏洵：《嘉祐集笺注》，上海古籍出版社，1993年。

（宋）苏辙撰，俞宗宪点校：《龙川别志》，中华书局，1982年。

傅增湘原辑，吴洪泽补辑：《宋代蜀文辑存》，重庆大学出版社，2014年。

（宋）杨仲良：《皇宋通鉴长编纪事本末》，黑龙江人民出版社，
2006 年。

（宋）司马光编著：《资治通鉴》，中华书局，2011 年。

（宋）陆游撰，李剑雄、刘德权点校：《老学庵笔记》，中华书局，
1979 年。

（宋）沈括撰，金良年点校：《梦溪笔谈》，中华书局，2015 年。

（宋）曾巩撰，王瑞来点校：《隆平集校证》，中华书局，2012 年。

（宋）吕陶：《净德集》，文渊阁四库全书本。

（宋）王称撰，吴洪泽笺证：《东都事略笺证》，上海古籍出版社，
2023 年。

（宋）邵伯温撰，李剑雄、刘德权点校：《邵氏闻见录》，中华书
局，1983 年。

（宋）邵博撰，李剑雄、刘德权点校：《邵氏闻见后录》，中华书
局，1983 年。

（宋）洪迈撰，孔凡礼点校：《容斋随笔》，中华书局，2005 年。

（宋）魏泰撰，李裕民点校：《东轩笔录》，中华书局，1983 年。

（宋）范镇撰，汝沛点校：《东斋记事》，中华书局，1980 年。

（宋）邹浩：《道乡先生邹忠公文集》，《宋集珍本丛刊》第三十一
册、线装书局，2004 年。

（宋）王安石撰，刘成国点校：《王安石文集》，中华书局，2021 年。

（宋）滕甫撰，黄纯艳整理：《孙威敏征南录》，《全宋笔记》第一
编第八册，大象出版社，2006 年。

（宋）释文莹撰，郑世刚、杨立扬点校：《湘山野录》，中华书局，1984 年。

（宋）蔡絛撰，冯惠民、沈锡麟点校：《铁围山丛谈》，中华书局，1983 年。

（宋）尹洙：《河南先生文集》，《宋集珍本丛刊》第三册，线装书局，2004 年。

（宋）宋祁：《景文集》，文渊阁四库全书本。

（宋）王铚撰，朱杰人点校：《默记》，中华书局，1981 年。

（宋）欧阳修撰，李逸安点校：《欧阳修全集》，中华书局，2001 年。

（宋）苏轼撰，孔凡礼点校：《苏轼文集》，中华书局，1986 年。

（宋）田况撰，张其凡点校：《儒林公议》，中华书局，2017 年。

（宋）王巩撰，张其凡、张睿点校：《清虚杂著三编》，中华书局，2017 年。

（宋）张詠撰，张其凡整理：《张乖崖集》，中华书局，2000 年。

（宋）薛居正等：《旧五代史》，中华书局，1976 年。

（宋）欧阳修撰，（宋）徐无党注：《新五代史》，中华书局，1974 年。

（宋）徐梦莘：《三朝北盟会编》，上海古籍出版社，1987 年。

（宋）江万里撰，李伟国整理：《宣政杂录》，《全宋笔记》第七编第八册，大象出版社，2016 年。

（宋）孟元老撰，邓之诚注：《东京梦华录注》，中华书局，1982 年。

（宋）夷门君玉撰，杨倩描、徐立群点校：《国老谈苑》，中华书局，2012 年。

（宋）张唐英撰，黄纯艳整理：《蜀梼杌》，《全宋笔记》第一编第
　　八册，大象出版社，2003 年。

（宋）张端义：《贵耳集》，文渊阁四库全书本。

（宋）朱熹：《五朝名臣言行录》，北京图书馆出版社，2003 年。

（宋）朱熹注：《诗集传》，中华书局，2011 年。

（宋）彭百川：《太平治迹统类》，《丛书集成续编》，新文丰出版公
　　司，1988 年。

（宋）江少虞：《宋朝事实类苑》，上海古籍出版社，1981 年。

（宋）黎靖德编，王星贤点校：《朱子语类》，中华书局，1986 年。

曾枣庄、刘琳编：《全宋文》，上海辞书出版社、安徽教育出版社，
　　2006 年。

（宋）余靖：《武溪集》，文渊阁四库全书本。

（元）脱脱等：《宋史》，中华书局，1977 年。

（元）马端临：《文献通考》，中华书局，2011 年。

（元）脱脱等：《辽史》，中华书局，2016 年。

（元）刘一清撰，王瑞来校笺考原：《钱塘遗事校笺考原》，中华书
　　局，2016 年。

（元）陶宗仪撰，徐永明、杨光辉整理：《南村辍耕录》，上海古籍
　　出版社，2014 年。

（元）佚名撰，汪圣铎点校：《宋史全文》，中华书局，2016 年。

（明）郎瑛：《七修类稿》，上海书店，2001 年。

（明）达仓宗巴·班觉桑布撰，陈庆英译：《汉藏史集》，西藏人民

出版社，1986 年。

（清）徐松辑，刘琳等校点：《宋会要辑稿》，上海古籍出版社，
　　2014 年。

（清）吴任臣撰，徐敏霞、周莹点校：《十国春秋》，中华书局，
　　2010 年。

（清）赵翼撰，王树民点校：《廿二史札记校证》，中华书局，
　　1984 年。

（清）查慎行撰，范道济点校：《敬业堂诗集》，中华书局，2017 年。

司义祖整理：《宋大诏令集》，中华书局，1962 年。

［越］吴士连原著，陈荆和编校：《大越史记全书》，东京大学东洋
　　文化研究所附属东洋学文献センタ刊行委员会，1984 年。

段金录、张锡禄主编：《大理历代名碑》，云南民族出版社，2000 年。

陈尚君辑校：《全唐诗补编》，中华书局，1992 年。

学术专著

方燕：《宋代信息传播与管控：以流言为中心的考察》，中华书局，
　　2019 年。

黄博：《不与天下州府同：宋代四川的政治文化与文化政治》，世纪
　　文景·上海人民出版社，2024 年。

龚延明：《宋代官制辞典》（增订本），中华书局，2017 年。

陈世松、贾大泉主编：《四川通史》（五代两宋卷），四川人民出版

社，2010 年。

吴天墀：《吴天墀文史存稿（增补本）》，北京师范大学出版社，
　　2016 年。

粟品孝等：《成都通史》（五代两宋时期），四川人民出版社，2011 年。

胡昭曦：《王小波李顺起义》，四川人民出版社，1985 年。

刘复生：《僰国与泸夷——民族迁徙、冲突与融合》，巴蜀书社，
　　2000 年。

杨伟立：《前蜀后蜀史》，四川省社会科学院出版社，1986 年。

漆侠：《宋代经济史》，中华书局，2009 年。

郭黎安：《宋史地理志汇释》，安徽教育出版社，2003 年。

李之亮：《宋川陕大郡守臣易替考》，巴蜀书社，2001 年。

刘复生：《西南古代民族关系史稿》，上海古籍出版社，2020 年。

方铁主编：《西南通史》，中州古籍出版社，2003 年。

段玉明：《大理国史》，云南人民出版社、云南大学出版社，2011 年。

何忠礼：《宋代政治史》，浙江大学出版社，2007 年。

赵瑶丹：《两宋谣谚与社会研究》，中国社会科学出版社，2015 年。

吕宗力：《汉代的谣言》（修订版），四川人民出版社，2023 年。

［美］韩森撰，包伟民译：《变迁之神：南宋时期的民间信仰》，浙
　　江人民出版社，1999 年。

［英］白锦文编，何文忠、蔡思慧、郑文慧译：《恐慌帝国：传染
　　病与统治焦虑》，浙江大学出版社，2021 年。

［美］奥尔波特等撰，刘水平等译：《谣言心理学》，辽宁教育出版

社，2003 年。

［德］汉斯－约阿希姆·诺伊鲍尔撰，顾牧译：《谣言女神》，中信
出版社，2004 年。

［法］古斯塔夫·勒庞撰，冯克利译：《乌合之众——大众心理学
研究》，广西师范大学出版社，2007 年。

［美］戴维·波普诺撰，刘云德、王戈译：《社会学》，中国人民大
学出版社，1999 年。

［美］柯文撰，杜继东译：《历史三调：作为事件、经历和神话的
义和团》，江苏人民出版社，2000 年。

［美］孔飞力撰，陈兼、刘昶译：《叫魂：1768 年中国妖术大恐
慌》，生活·读书·新知三联书店，2012 年。

［法］弗朗索瓦丝·勒莫撰，唐家龙译：《黑寡妇——谣言的示意
及传播》，商务印书馆，1999 年。

学术论文

黄博：《甲午流言：承平时期的内忧外患与危机应对——北宋中期
四川政治与社会研究》，四川大学硕士学位论文，2005 年。

黄博：《甲午再乱：北宋中期蜀地的流言与朝野应对》，《四川师范
大学学报（社会科学版）》，2013 年第 1 期。

方燕：《宋代讹言的传播与控制》，《甘肃社会科学》，2011 年第
1 期。

方燕：《宋真宗时期的神异流言——以天书事件和帽妖流言为中
　　心的考察》，《四川师范大学学报（社会科学版）》，2017 年第
　　6 期。

芮传明：《古代预言、预兆"应验"原因探讨》，《史林》，1994 年第
　　1 期。

余蔚、任海平：《北宋川峡四路的政治特殊性分析》，《历史地理》
　　第 17 辑，上海人民出版社，2001 年。

刘复生：《由虚到实：关于"四川"的概念史》，《中国历史地理论
　　丛》，2013 年第 2 期。

粟品孝：《宋朝在四川实施特殊化统治的原因》，《西华大学学报
　　（哲学社会科学版）》，2012 年第 2 期。

曹鹏程：《两宋时期的蜀地形象及其嬗变》，《四川师范大学学报
　　（社会科学版）》，2016 年第 2 期。

田志光：《宋代民谣传播与社会政治变革》，《中州学刊》，2016 年第
　　7 期。

顾吉辰：《论后周末年的一场政治谣言——兼论赵匡胤上台》，《学
　　术月刊》，1994 年第 4 期。

李峰：《北宋开国故事：众声喧哗中的造假与虚构》，《史学月刊》，
　　2015 年第 11 期。

卿希泰：《试论〈太上洞渊神咒经〉的乌托邦思想及其年代问题》，
　　《四川大学学报丛刊》第 25 辑《宗教学研究论集》，1985 年。

后记

"于无聊处有趣，于无情节处有故事，于无人问津处有激情"，此时此刻，当我敲下《如临大敌》的最后一个字的时候，又想起这句两年前我在《如朕亲临》的扉页上用来自我感动的话。

历史学学术研究成果的通俗化转化已成为当今历史写作的一个新潮流。这与过去一段时间里的那些尝试在枯燥乏味的史料中发掘趣味历史的通俗历史写作，在旨趣上迥异。其实，把历史分为有趣和无趣，本身就很无趣，把无聊的历史写得有趣，才是受过专业训练的史学工作者应该追求的方向。本书发掘的这些从前不太为人注意的谣言故事，其实是我的硕士毕业论文尝试处理的主题。算起来，本书的写作时长已经将近二十年了。

记得2006年秋季学期的某一天，刚刚读完孔飞力的《叫魂》和柯文的《历史三调》的我，坐在学校图书馆里为了毕业论文的选题快速翻检《续资治通鉴长编》里有关宋代四川的史事。一条宋仁宗被一则谣言搞得精神紧张、表现反常的记载，突然狠狠地拽住了我飞速翻动书页的手指。我在《长编》的第4182页停留了许久，终于决定毕业论文要从这一页入手。几天之后，在找到了仅有的几条与这个主题直接相关的史料的情况下，我大着胆子跟我的导师刘复生教授说想以"宋代谣言"作为我的硕士论文选题。在得到刘老师的肯定和鼓励后，我开始投入到这一主题的史料收集和理论准备的工作之中。

2008年的夏天，我的硕士论文《甲午流言：承平时期的内忧外患与危机应对——北宋中期四川政治与社会研究》顺利通过答辩。在硕士论文的撰写过程中，我对宋代谣言的研究产生了浓厚的兴趣，在申请攻读博士学位的面试时，我把"谣言与宋代社会"的博士论文写作计划交给了刘老师，当时想的是在未来的三年内，继续深挖宋代谣言研究的话题。没想到的是，在机缘巧合之下，我跟着刘老师读了藏学方向的博士，转向去研究西藏古格王朝的政教关系史了。

2011年博士毕业留校以后，我才有机会在业余时间重新打磨我的硕士毕业论文，直到2013年才将这篇硕士论文的修改稿《甲午再乱：北宋中期蜀地的流言与朝野应对》正式发表，此后忙于藏学研究工作，再也无暇继续宋代谣言的话题。虽然在这期间我加入了四川师范大学方燕教授的国家社科基金"宋代信息传播与管控研究：以流言为中心"的课题组，并且答应承担其中军事流言内容的写作，但最后还是因为各种杂事缠身没能完成任务，放了方燕师姐的鸽子，实在是惭愧万分。

好在方燕师姐的课题没有因为我的不靠谱受到影响，她后来不但圆满地结题，还在 2019 年出版了《宋代信息传播与管控：以流言为中心的考察》一书，对宋代流言的信息传播和管控进行了系统的研究。本书在写作过程中吸取了她的研究成果中的许多养分。可惜的是，她因为感染新冠病毒引发的并发症永远离开了我们，已经听不到我在这里的感谢之辞了。

让我意想不到的是，我在放下宋代的谣言这个话题十多年后，重新捡起这个主题，竟然是要把它转化为一部非虚构历史写作的作品。感谢中华书局，特别是本书的责任编辑邦冠兄的信任和支持，使我有机会完成年轻时的梦想。

在历史写作领域，学术研究的通俗化转化并非易事。把书写得"好看"，大概是现代历史学的宿敌。这种"好看"往往和历史写作的"真实感"是相违的——不是社会的真实，而是历史写作的真实——是矛盾的。历史永远比小说精彩，小说可以不讲逻辑，但历史写作如果不讲逻辑，则会给读者非常强烈的不真实感，这大大增加了历史写作的难度。

历史学的发展，从近代以来已经发生了好几次大的转向，从 19 世纪的客观实证史学思潮，到 20 世纪广泛运用各种社会理论重新叙述、解释某个历史时段或地域的社会和文化现象背后的结构和机制的现代史学；再到 20 世纪中叶以来持续到当代的新文化史思潮。无论在哪个发展阶段，史料的辨析和理论范式的运用，都是现代历史学的题中应有之义，把历史写得"好看"恰恰不是重点。换句话说，历史学的"进步"正是以牺牲历史书写的"好看"为代价的。

历史写作应该追求一种"真实感"，也就是尽可能地还原和靠近历史的真实。历史故事源自现实，而现实中常有一些荒诞的人和事，会让历史写作者感到十分困惑。荒诞的现实容易让人觉得不真实，在写作时如何理解和处理这种不真实，就是一个问题。本书中讲述的一些稀奇古怪的谣言故事，很容易让写作者觉得可能是当时或后世的人的编造，在写作时感觉会无法抵达"历史的真实"。不合逻辑的史料，或者说用我们的日常生活经验难以理解的史料，我们就会怀疑其真实性。而日常生活的经验总是有限的，有限的经验并不能完全理解历史和现实。历史写作的"真实感"，是与历史或现实意义上的"真实"存在着距离的。

那么，怎样才能达到历史写作者追求的"真实感"？一方面是对史料的搜集和解读能力；另一方面，日常生活经验之外的一些超日常经验的材料和知识背景，是需要写作者特别注意的，它们可能恰恰反映了某种"历史的真实"。

本书在写作的过程中，有一个困惑了我很久的问题，就是非虚构历史写作或者说通俗历史写作的呈现形式，到底需不需要符合所谓学术规范的套路。由于习惯了当代学术写作的规训，我在《如朕亲临》和《宋风成韵》的写作时，虽然放弃了在写作或叙事中使用晦涩的学术语言，但在形式上仍然采用了页下注的方式给出相关内容的史料来源。

本书的初稿，本来每一页都注满了密密麻麻的史料出处，由于本书的主题实际上是勾勒和分析1052年到1055年这三年间所有跟甲午再乱谣言有关的宋代政治与社会的历史画卷，一一标注每件事情或每个说法的文献来源，显得极为繁琐，非常影响行文的流畅性和阅读的体验感。于是我最后大胆决定，将页下注全部删去，不在形式上追求言必有据，而是尽量通过行文的描述来展示史料的出处。有心的读者完全可以从行文中对有关史料背景的交待，以及书末附录的参考文献编目，找出书中所有故事的史料来源。当然，我相信大部分读者恐怕并没有这个兴趣。

近年来，国内历史学的学术研究成果的通俗化转化潮流的出现，其实是现代历史学过分社会科学化后，即学术性需求超越可读性需求之后造成的新的历史学危机之际，历史学家的一种自我救赎。它在今天有一个更为时髦的名字——非虚构历史写作。与传统的历史学著作相比，非虚构历史写作更注重文学性和叙事技巧的运用，用更生动、更吸引读者的方式呈现出历史的趣味和洞见。非虚构历史写作在学术与通俗之间，找到了一种平衡。

通俗历史写作中的可读性，追求的是故事好看，但真正好看的故事，不全在于文学技巧的运用。文学技巧的运用是为了讲好故事，但讲什么样的故事，却不是文学技巧能够解决的。事实上，在通俗历史写作中饱含学术深情，往往比单纯地讲好故事更受读者欢迎。

通俗历史写作也不一定要在学术性上打折扣，随着整个社会的阅读和接受水平的提高，过去那些不那么通俗的历史写作作品，现在也可以成为大众读者的心头好了。随着通俗历史写作大行其道后培育起来的历史爱好者阅读群体的壮大，学术型历史写作的通俗趣味也开始被读者们发现和接受。此外，专业的、严肃的历史写作能给读者带来灵魂深处的触动，或是给读者带来思想上的震撼，一样能够展现出别样的趣味。

可以断言，未来学术历史写作与通俗历史写作之间的边界将会越来越模糊。一方面，通俗历史写作在形式和内容上越来越具有学术性；另一方面，学者们也开始纷纷下场，以平实晓畅的文字给大众科普一些相对冷门的新知，将自己多年来积累的研究成果进行通俗化的转化。什么是通俗，什么是学术，可能并不太好分辨。

在研究成果已经汗牛充栋的今天，勉强能够发掘出一个不为人知或少为人知的新故事，这一点本身已经可以称得上是幸运了。本书所讲述的甲午再乱的谣言故事其实在历史上未必是一个真正的故事，尽管这个故事中的每件事情都是史有明文的，但整个故事的开端、过程与结局，都是我主观上处理史料的结果，即这是一个在史料的基础上进行梳理、筛选以及重新编排之后讲述的故事。也许，这不过是甲午再乱谣言众多说法中的一个当代版本罢了。

本书的写作，既依靠我自己关于宋代谣言研究的学术成果，又建立在当代学界对这一问题的广泛而深入的探索和研究成果的基础之上，但这并不意味着本书是将既有的学术研究成果进行一般意义上的通俗化的转化。

在把甲午再乱谣言这个话题，从理论分析为主的学术写作变成以讲故事为主的非虚构历史写作的过程中，我硬着头皮把许多过去用学术话语可以囫囵吞枣糊弄过去的地方，重新做了细致的梳理，搞懂了许多以前不甚了然的诸如宋代制度史、经济史等方面的内容，在细节和结论上进行了大量的修正和补充。同样，过去只需要简单地引述一些谣言学和大众传播理论就可以搪塞过去的对谣言事件的分析，现在则必须在好好吸收相关理论研究成果以后，用自己的理解重新表达。

事实上，本书的定位虽然是通俗读物，但它的学术含量绝对比当年那篇相同主题的硕士毕业论文要高得多，尽管后者才是让我进入学术大门的那块敲门砖。

黄博

2024 年 5 月 3 日于成都